和孩子们在一起

与孩子们交流

在澳门参加2006年国际儿童读物联盟第30届世界大会

在连云港师专一附小参加“李四光”中队的主题队会

把孩子培养成财富

BA HAIZI PEIYANG CHENG CAIFU

卢勤／著

漓江出版社

·桂林·

图书在版编目（CIP）数据

把孩子培养成财富 / 卢勤著．—桂林：漓江出版社，2021.1

ISBN 978-7-5407-8702-8

Ⅰ．①把… Ⅱ．①卢… Ⅲ．①家庭教育 Ⅳ．① G78

中国版本图书馆 CIP 数据核字（2019）第 131896 号

把孩子培养成财富

作　　者　卢　勤

出 版 人　刘迪才
策划编辑　文龙玉
责任编辑　章勤璐
封面设计　周泽云
封面插图　白云轩主人
责任监印　黄菲菲

出版发行　漓江出版社有限公司
社　　址　广西桂林市南环路 22 号
邮　　编　541002
发行电话　010-65699511　0773-2583322
传　　真　010-85891290　0773-2582200
邮购热线　0773-2582200
电子信箱　ljcbs@163.com
网　　址　www.lijiangbooks.com
微信公众号　lijiangpress

印　　制　香河县闻泰印刷包装有限公司
开　　本　710 mm × 960 mm　1/16
印　　张　19
字　　数　270 千字
版　　次　2021 年 1 月第 1 版
印　　次　2021 年 1 月第 1 次印刷
书　　号　ISBN 978-7-5407-8702-8
定　　价　39.80 元

目 录
Contents

前　言
Preface

我做“知心姐姐”已有几十年了，每天与孩子、父母打交道，因此，我更容易走进孩子的内心世界，也更能理解家长的良苦用心。我把自己的一些体会写成了书，很多家长都读过，说是得到了很多启示，有的家庭从此“阴”转“晴”，一路阳光灿烂。可是，有的家庭在具体的教育过程中还有这样那样的问题，很多家长到处打听，求助，要我“帮帮忙”，我桌上的两部电话从未歇息过，我每周都应邀到全国各地做讲座，我在央视及其他电视台、知名网站做的节目也一直在继续。但家教问题就像被揭开盖儿的汤锅，一些细节源源不断地冒出。我与家长通上话后，他们往往先是对孩子进行一番“控诉”，然后是一把辛酸泪地说自己多么不容易，最后说:“我的一切都是为了他（她），可他（她）还这样，我简直没法活了！”

现在的家长压力太大了。回想我们的父母辈，每个家庭四五个子女，很少听说哪个父母常去寻找夜不归宿的儿女，四处给子女请家教，倾家荡产也要送儿女上重点中学，也没听说哪家子女一辈子不工作不劳动，只在父母身边做寄生虫，哪家子女用刀子逼家长要钱。

过去的家庭，一家人住在一起，同甘共苦，相互帮助，家庭成员之间的交流沟通朴实真诚。现在的家庭，物质上丰富了，独生子女出现了，家庭教育问题相继出现了。

独生子女的教育意味着100%的成功或失败，孩子几乎成了大人的全部。殊不知就是这“全部”“一切”，会剥夺孩子的快乐，会让父母失去希望。因为孩子从来就不是父母的“全部”“一切”，他从脱离母体起就是一个独立的个体，他有自己的思想和行为。

现在的父母在物质上给孩子的太多，在精神上给孩子的却又太少，要知道给他金钱让他挥霍、留下遗产让他继承，都不能让孩子一生幸福、让自己晚年快乐，把财富留给孩子很容易，但把孩子变成财富就不那么容易了。

所以，我呼吁广大的父母，与其把财富留给孩子，还不如把孩子培养成财富！

把孩子培养成财富，首先是父母的人生观要摆正。什么样的人生是财富？快乐健康，积极向上，有成就感，有事业心，劳动、创造、享受，生活幸福，家庭和睦，孝敬长辈，这样的人生是社会的财富，也是父母最大的精神财富。

家长对孩子的要求首先要从盲目变得清醒，要明白成功的最佳目标未必是你认为最有价值的，而应该是你的孩子最可能实现的；不是要选最好的，而是要选最合适的。

教育的核心应该是首先成人然后才能成才，最后才能成功。望子成龙没有错，但没有做人这个基础，这条龙也飞不起来。要培养孩子有健康的人格，真诚对待父母、老师、同学、朋友，具有乐观的心态，拥有一个幸福的人生。要知道，拥有最多物质财富和考取好大学不一定就能拥有幸福快乐的人生。

怎样把孩子培养成财富？

首先，赏识孩子，给他自信。每一个孩子都像一个未被开发的宝藏，如何挖掘，让他们发挥出应有的价值，需要我们每一个人用心去探索。盲目的爱和一味地训斥、指责，只会让孩子对自己失去信心。“你真棒”这句看似简单的话语蕴含着深刻的教育哲理，它不仅仅是一句简单的话，而是一种和孩子沟通的方法，一个看待孩子的角度，它可以体现在孩子成长的每一件具体的事情中。

夸孩子一定要夸得具体、由衷，告诉他哪儿棒。比如，孩子给你倒水喝了，你就要告诉他，你倒水这件事是关心父母，很棒。孩子自己想办法解决了一个难题，你要告诉他这就是独立思考，很棒，以后继续这样，什么困难都能解决。孩子还不了解自己，需要大人给他指出棒在哪儿。

其次，要规范孩子，让他长得正。家长要学会向孩子说“不”，要有规范，有批评。没有挫折的教育是不完整的教育，孩子没有经历挫折会变得脆弱异常，因此，要让孩子在生活中有禁区，他们犯了错误要受到惩罚，要让孩子懂得有些规则是无法动摇的，有些过失是要自己承担后果的。

家庭教育是一个春风化雨的过程，要耐心、细心，有智慧。有的父母最初是溺爱孩子，之后对孩子期望值过高，他们把自己没有实现的目标都寄托在孩子身上，希望孩子帮他们实现，却不去考虑孩子的能力与感受。当孩子没有达到预定的期望值后，父母又没有很好地引导，有的甚至对孩子丧失信心，从希望到失望再到气急败坏、无可奈何。一步错，步步错，问题越来越多，矛盾越来越激化。

最后，还有重要的一点：永远不和别人家的孩子比，只要你的孩子今天比昨天有进步，你就应该祝贺他、肯定他、鼓励他。一个孩子长大要经受人们无数次评价，不管别人说什么，父母的评价永远是基石。家长切记孩子的成长比分数更重要。

种种细节，都在这本书里，奉与广大读者。

2006 年 11 月

第一章　家庭教育新概念

时代在发展，社会在进步。若想获得家庭教育的成功，首要的是更新家庭教育思想和观念。每个时代有每个时代的家庭教育观念，21世纪的家长为什么会在家庭教育中产生困惑？主要是现在社会变化太快了，我们的家长要在一代人的时间中走完人家现代化国家几代人的路程，显然是十分困难的。现在我们应该既把子女当作子女，也把他们当作朋友，当作一个与家长有平等关系的公民。我们必须抛弃“天下无不是的父母”这种陈腐的观念。

如今，在各国的家庭中，孩子的地位有了很大变化。往日贫困生活所加在孩子身上的责任与义务渐渐被淡化，多数家庭不必为温饱操心，父母对孩子的期望更多地转向孩子的未来，希望他们做好学生，将来有好出路，并不要求他们为家庭做什么贡献。社会经济的增长，也为孩子提供了更多的物质享受的选择。在这样的环境下，他们开始渐渐丧失以往因为能替家庭做贡献而带来的自豪与自信，取而代之的是以自我为中心的个人主义与孤独感。很多父母终于觉醒，开始注意培养孩子的独立生存能力，并从各方面给予关心。

中国的家庭教育已经由“多子女家庭教育”向“独生子女家庭教育”转变。这个现实，给今天中国的家庭教育带来三个变化：

家长的心态变了。独生子女的唯一性，使这一代家长对孩子的成败带有下赌注的感觉，自己承受过的苦难，转化为强烈的补偿心理和惧怕心理，对孩子的培养表现出“五过”：过高的期望、过分的溺爱、过多的干涉、过度的保护、过多的指责，致使这一代孩子中有不少人出现“五无”：无情、无能、无望、无奈、无责任感。

孩子成长的环境变了。孩子的成长环境由“儿童世界”转化为“成人世界”，成人对孩子的影响在加大，孩子对成人的依赖心理在加大，同时孩子与成人的矛盾也在加大。

孩子的生活内容变了。今天的孩子是在电视机和电脑前长大的孩子。虽然住房的空间越来越大，但孩子与父母沟通的时间却越来越少。慢慢地，孩子向父母关闭了心灵的大门，形成了不健康的心理。

中国的父母已经意识到，家庭是孩子的第一课堂，也是终身课堂；家庭教育要跟上时代的变化，父母就要重新学习，重塑自己。在这种情势下，父母应该更新家庭教育观念，把家教当作一种学习，与孩子一起快乐成长。

一、做孩子喜爱敬佩的父母

1. 跟孩子一起贴近时代

父母们不妨学会在孩子面前“化化妆”——用新知识、新技能包装自己，“演演戏”——每天花上几十分钟，学点新知识，设计一些“脚本”，用自己的行为影响孩子，用新鲜的话题引导孩子。

上海浦东三林镇妇联曾开展的“母亲素质大调查”调研活动遇到这样的情况：一边是母亲盼子成才的沉甸甸的爱，一边却是孩子对这份母爱的排斥和抗拒。

这个以全镇近千名学生为对象的调查，结果令母亲们大吃一惊。认为母亲缺乏魅力、语言粗俗、思想平庸的占 31.5%；认为母亲要加强学习、提高自身修养的占 75.8%；希望母亲改变教育方式，和他们多交朋友的占 80.2%；要求母亲尊重个人爱好，给予独立成长空间的占 80.2%。仅有 3.7% 的学生能接受母亲现行的教育方式，认为母亲能令自己敬佩、仰慕的仅占接受调查者总数的 7%。

从调查中可以看出，孩子们心目中理想的母亲形象，远远超过传统的“慈母形象”。他们理想的“现代母亲”可以概括为五个一点：懂一点电脑，化一点淡妆，少一点说教，露出一点微笑，多给一点空间。总的来说，希望母亲有气质，爱学习，像朋友一样。

孩子们的要求并不过分。时代在变，孩子在变，孩子衡量父母的尺子也在变。

可是让父母一下子变得“现代”，难度还是挺大的。当孩子们向我诉说对父母的“不满”时，我常常让他们对父母多一点体谅和宽容，可孩子们有时并不服气。

孩子离时代前沿近。家里有一个上学的孩子，就会时常带来崭新的气息，使我们跟上时代的步伐。

时代在变化，今天与昨天不同，明天与今天也不同。尤其当数字化、网络化、全球化这些新的名词和新的概念闯入我们的生活后，我们天天都能感受到科学技术的发展给人类生活带来的巨大变化。这些变化不仅包括我们所使用的许多产品不断更新换代，使用周期越来越短，也包括我们所学的知识与技能，随着社会政治经济的变革，贬值越来越快。我们祖祖辈辈沿袭的教子模式，越来越不适合今天的孩子。特别是当我们进入信息时代后，生活方式将会发生意想不到的变化。也许以后我们身上只带一张卡片，就可以走遍全球。人们将越来越感到学习新知识、新技能的重要性，没有学习能力就寸步难行。

专家建议父母们不妨学会在孩子面前“化化妆”——用新知识、新技能包装自己，“演演戏”——每天花上几十分钟，学点新知识，设计一些“脚本”，用自己的行为影响孩子，用新鲜的话题引导孩子。

另外，做父母的要注意沟通方式。先反思一下：您是否唠叨？您是否开口就讲学习方面的事？您是否喜欢窥探孩子的隐私，并作为话题教训他？您同孩子讲话是否总是居高临下，不断提要求？您是否经常倾听孩子说话？您训斥孩子时是否听他的辩解？您是否经常暗示自己孩子越来越不听话？孩子采纳了您的部分要求您是否认为他听话？之所以请您反思，是因为孩子在长大，或多或少会表现出逆反心理，我们越是要求他们，他们越不听。最好的做法是改变我们自己的做法，打开与孩子交流之门，缩短与孩子的心灵距离。

孩子们天天在用现代的眼光审视我们，促使我们去学习新东西，督促我们跟进时代潮流，这是多么好的事情啊！在21世纪，变是唯一不变的真理。变是常态，不变是病态。因此，作为21世纪的父母，我们不妨改变一下自己，用21世纪的尺子来量量自己，学点新知识，变个新形象，努努力，当孩子喜爱敬佩的父母！

值得父母注意的是，孩子对父母的敬爱，不应该源于孩子惧怕的家长权威，而应该来自家长的人格魅力、学识素养等各方面，而且惧于家长权威的孩子，根本也不可能真正对家长产生敬佩和爱戴。

2. 用孩子易于接受的家教

呆板的、单一的、简单的家教已经行不通了，多从孩子的立场和角度出发，与孩子一起成长，才能缩短心灵距离，让家庭教育成为一种享受，充满快乐与惊喜。

几年前，一位年轻的妈妈曾向我讲述了一件让她困惑的事。

女儿上初中了，整天蹦蹦跳跳，爱吃爱玩，对东西很不爱惜。新买的衣服，穿几天就不喜欢了，扔到一边不予理睬，对家人也漠不关心。

妈妈准备对女儿进行一次“忆苦思甜”教育。她花了 400 元，买了两张票，陪女儿去看芭蕾舞剧《白毛女》。

看后，她问女儿有什么感想，女儿想都没想就说：“喜儿去当白毛女，我看是让她爸逼的。借债还钱本来就是天经地义的事，杨白劳借了黄世仁的钱，为什么不早点儿还给人家，逼得女儿躲进山里？喜儿也够傻的，黄世仁那么有钱，嫁给他算了，干吗要到深山老林去当白毛女？”

女儿的回答让妈妈目瞪口呆。

“我女儿好像是从另一个星球来的，怎么什么也不懂，真拿她没办法！”

这位妈妈困惑了。自己小时候看《白毛女》电影时，为喜儿流了那么多眼泪，恨死了黄世仁，可今天同样的故事，孩子怎么看不懂了呢？

我对她说，孩子不懂历史，又没有体验，她不知道今天的好日子是怎么来的，当然会产生这么幼稚的想法。

让孩子们了解历史，了解父母所经历的风雨，是孩子理解父母、宽容父母的前提。

别怪孩子不懂事，我们需要与时俱进，科学、民主应该是适应时代的家庭教育观念。

父母要用科学的心理学、教育学、生理学等理论指导自己的家庭教育。对别人的经验和常识要进行分析，对孩子要因材施教。

我们常常不约而同地以一种思维模式教育孩子——

孩子上幼儿园的时候，我们把他揽在怀里说：“那儿有很多小朋友和玩具，不要哭，妈妈会早早来接你。”

孩子上小学了，我们会摸着他的头说：“要好好学习，听老师的话，争取做个好学生。”

孩子上了高中，我们也没忘记嘱咐他不要贪玩了，或者说：“不要熬夜，要劳逸结合。”

孩子考上了大学，我们说："学会照顾自己，需要什么跟家里说。"

孩子走向社会，我们又说："不是在父母身边了，性子要收一收，和同事处好关系，好好工作。"

总之，在孩子的成长过程中，我们一直画好了框规范着孩子的思想和行为。我们认为我们应该这样做，我们认为这是一种发自内心的责任和爱。

然而，世界上就有那么一位母亲不这么做，她从孩子懂事起就告诉他：你要坚强，坚强得足以认识自己的弱点；你要勇敢，勇敢得足以面对恐惧。你要堂堂正正，在遇到挫折时能够昂首而不卑躬屈膝；你要能面对掌声，在胜利时能够谦逊而不趾高气扬。她告诉他：真正的伟人直率真诚，真正的贤人虚怀若谷，真正的强者温文尔雅。并且她和他一起向上帝祷告：请赐予他足够的幽默感，让他尽可能庄重而不盛气凌人，让他在拥有未来的同时，永远不要忘记过去。

这位母亲就是林肯的继母——萨利·布什。她是用勇气和坚强铸造孩子的心灵。

在家教中，我们应注意在家庭中不能事事包办代替，要减少孩子的依赖性。当孩子断然做出某个决定或承诺时，告诉他，要对自己的做法及可能产生的后果负责。这样可以避免事后不必要的埋怨和牢骚。卡尔威特有个教育细节：如果在星期天孩子执意要9点以后起床，那么在午饭前不能给他吃任何东西。因为吃早点的时间已经过了，如果想吃早点，就必须在9点钟以前起床。

我们应该向孩子指出，哪些事情不可以做。家长要弄清孩子为什么不同意某个行为准则，然后耐心疏导，以理服人。如有必要，可以坐下来与孩子一起讨论这些准则。

当您的孩子抱怨您处理某件事情不当或有误时，您应该放下架子认真反思和敢于对孩子说声"对不起"，这不但不会失去尊严，反而会增加您同孩子的感情。

家长要注意在生活中尊重孩子，不羞辱孩子，不求全责备，多鼓励孩子。

家长还应注意不偷听孩子电话，不拆孩子的信，不偷看孩子的日记，允许孩子有自己的隐私。

什么是“现代家庭教育”？李岚清同志曾做出过科学的论述：“家庭教育应当由经验育人向科学育人转变，由片面注重书本知识向注重教孩子正确做人转变，由单方面命令向平等沟通转变。”

呆板的、单一的、简单的家教已经行不通了，多从孩子的立场和角度出发，与孩子一起成长，才能缩短心灵距离，让家庭教育成为一种享受，充满快乐与惊喜。

什么样的家教易于、乐于被孩子接受？这值得父母好好思考。看来，我们要重新学习了。

3. 好父母的言传身教

“中国的家长，从来没有像现在这样重视孩子的学习成绩及各种技能的提高；但同样可以毫不夸张地说，中国的家长从来没有像现在这样忽视孩子情感与道德的培养。”

家庭德育实在是完善孩子人格的根本。如果一个人无德，他的身体越健壮，智力越发达，就更助长他作恶，对社会更加无益。家长要注意的是，培养孩子的良好品德，一是自己要以身作则；二是要像春雨一样，润物无声，使孩子不知不觉之间得到熏陶。法国社会学家塔尔德有句名言：“社会就是模仿。”小学生具有强烈的模仿心理，家长的榜样就是无声的教育。

已退休的李振霞是中央党校的兼职教授，但人们更感兴趣的却是她作为四个博士的母亲这一身份。

李教授的三个儿子，一个是美国麻省理工学院的博士，一个是英国剑桥大学的博士，一个是中国航空研究院的博士，而大女儿金萤则是美国约翰斯·霍普金斯大学的博士后。

“老实说，我们并没有刻意要把孩子培养成名成家，我们只是用爱心、信心、恒心、苦心织了一张网，谁料到它们竟给我网回了四个博士。”说到这儿，李教授找出了一张手绘仕女图递给记者，已经泛黄的纸页上记着这幅幼稚作品的诞生时间：1971年10月5日。

“怎么样？我女儿画的。”言语间流露出慈祥、爱意和骄傲。

“我们给她取名叫‘萤’，希望她像萤火虫一样，能自己照亮自己就够了。”结果呢，金萤上学时书读得好，下乡时猪养得好，做医生时手术做得好，出国后又逐步成为约翰斯·霍普金斯大学基因工程研究的骨干。

身教重于言教。李教授非常喜欢列宁夫人克鲁普斯卡娅的一句话：“家庭教育对父母来说，首先是自我教育。”在四个孩子眼里，父母嗜书如命、忘情工作，给他们留下了深刻印象，孩子和书是父母生活中的主角。孩子们成了博士，而他们的父母也成为业界翘楚，双双获得国务院特殊津贴。无言的行动有力地传达出做人和做学问的真谛。金萤说：“小时候，我们家很清贫，在物质上，父母给予我们的不丰厚，但他们给予了我们一个求学与做人的根本，那就是健康的心灵。”

教育专家李镇西老师因为他的爱心、师德闻名于教坛。他培养女儿的目标是女儿一生能善良，快乐，勤奋。女儿晴雁小时候像大部分孩子一样，普通，胆小，腼腆，学习感悟力一般，在李镇西的言传身教下，她优秀成才，品德臻于完美，并以优异的成绩考入重点大学。

2006年10月11日《中国青年报》发表了四川大学李晴雁的一篇文章——《80后：我们是一群昏迷的宠物》，引起了当代大学生及家长、教师关于价值观的讨论。人们在思考的同时，无不称赞李晴雁思想的正直纯真，文笔的洒脱。

李老师非常爱孩子，女儿小学时的成绩一直不冒尖，他就一直非常注意保护她的快乐感，坚持认为学习的快乐比学习成绩更重要，他舍不得女儿轻看自己。

一次，李老师的女儿说自己考试考得不好，糟透了，她感到难过，觉得自己是“差生”了：“爸爸，你的女儿没考好，给你丢脸了！”李老师说：“也许在今天看来，你没有考好，你觉得是天大的‘灾难’。但五年、十年、二十年……当你真正在精神上成熟、经历并战胜了更多的人生挫折之后，再回过头来看今天的期中考试，你会觉得这一次挫折不过是人生长河中一个小小的漩涡而已，简直微不足道！我愿意和你一起再次高声朗读一位诗人的话：‘没有比脚更长的路，没有比人更高的山！’”

女儿的话令李老师心痛而不安，但作为爸爸，他给女儿的开解的话语感人而又不乏清醒冷静的哲理。

李老师常常说：“孩子，爸爸允许你下次考试失败！”

关于李老师教育女儿成才的事，清华附小校长、教育专家窦桂梅深有感触地说，李老师对于女儿品质的守望远甚于学业，而最后获得了让人羡慕的收获。“可是，今天有的家长对孩子的成绩永远不会满意，在内心深处，这些家长总把自己的孩子看成是天才，而没有把孩子看成是一个普通人。每次考试都理想化地认为应该是满分，因此，家长永远对孩子表示失望。这种失望，对孩子的自信心而言，无疑是最具杀伤力的武器。的确，中国的家长，从来没有像现在这样重视孩子的学习成绩及各种技能的提高；但同样可以毫不夸张地说，中国的家长从来没有像现在这样忽视孩子情感与道德的培养。”

4. 赏识教育如温暖阳光

“想让孩子成为什么样的人，就让孩子深信他是什么样的人。”赏识教育如同阳光育苗，多给孩子阳光吧。在阳光下长大的孩子，心智一定是健康快乐的。

赏识的语言和行动如温暖的阳光，能融化人心中的冰山，注入无穷的力量。

一些世界名流回忆他们成功的时候都有一个共同点：在他们小时候，经常被家长称赞“你很棒”“你很聪明”“你将来一定有出息”。世界三大男高音歌唱家之一帕瓦罗蒂还是个孩子时，祖母常把他抱在膝上对他说：“你将会成为一个了不起的人物，你不久就会明白的。”后来他当了小学教师，偶尔唱唱歌。但他的父亲不断鼓励他，说他唱歌很有潜力，于是他在22岁那年开始从事保险业，从而争取到比较充裕的时间以发挥唱歌的天赋。成名之后他说：“如果没有父亲的激励，我就永远不会站在舞台上。老师培养训练了我，但是祖母的那句话让我有勇气和信心走向成功。”

优秀的父母应该在孩子小时候，每当他取得了好成绩，或者做了一件让他自己觉得很自豪的事情，或者让家长觉得很骄傲的事情时，都像开新闻发布会一样，向所有亲友炫耀他的“成功”。这就像拿着放大镜一样，去放大他的优点。而且夸赞时一定要当着他的面，得是有意识的表扬。

赏识可以鼓舞人的勇气，激发人的自信。周弘的女儿周婷婷一岁半时因注射庆大霉素造成双耳失聪，然而婷婷却取得了许多正常人都难以取得的成绩——6岁多便能认很多汉字；10岁与爸爸合著的12万字的童话故事出版；11岁荣获“全国十佳少先队员”称号；她先后3次跳级，仅用9年便学完了中小学12年的全部课程；16岁成为中国第一位残疾少年大学生；17岁被评为全国自强模范。后来她以优异成绩毕业于辽宁师范大学，获学士学位，又被美国最好的聋人大学加劳德特大学录取。这之后，周婷婷又在波士顿大学攻读了博士学位。周弘说，他给女儿测过几次智商，水平都处于正常人的范围，丝毫没有“天才”“神童”的迹象，但他就是通过一次次的鼓励、赏识，使女儿达到了常人达不到，甚至都不敢想象的人生境界。周弘像欣赏婴儿说话一样，欣赏着女儿在各方面的点滴进步，在欣赏中教育，在教育中欣赏。他终于领悟到：在教育女儿的同时，女儿也教会了他很多。女儿那颗纯洁的童心，让他像在读一本充满真善美、充满良知的书，使他认识到人生的价值，找到了新的自我。

对孩子的赏识教育是一种艺术。根据自己孩子的特点和心理，要遵循以下几个赏识原则。

（1）及时激励。孩子的良好行为一经发生，就要及时肯定，时间越早，效果越好。就像批评教育孩子一样，一定要在孩子有体验的时候进行，这样才能强化他对被赏识的记忆和感受。

（2）表扬要具体，切忌说些不符合孩子心理的空话。比如，孩子和小朋友一起摔倒了，孩子把小朋友扶起来，家长就不能只说："今天你真乖啊！"这样指向性不强。你可以说："你今天把小朋友扶起来，做得很好，妈妈很高兴，以后就要这样，和小朋友互相关心、互相帮助。"要让孩子明白因为什么受到奖励。

（3）注意赏识的态度和语言，让孩子有满足感。"你一定花了很多时间和精力做这件事，真好！""这孩子还真行，这么难的问题他竟然解决了。真不错。""你很有潜力啊，下次一定做得更好。"孩子的心灵其实是很敏感的，态度真诚的激励，才会被孩子接受。不能习惯性地在激励的时候，再加上消极的评语。

（4）激励应该根据孩子的性格特点。对外向型的孩子不宜过多地激励，恰当表达出赏识，以防止他滋长骄傲和虚荣；而对内向的孩子，则应及时并充分地进行激励，以激发他的自信心。

（5）奖励可以是精神的，也可以是物质的，要了解孩子最感兴趣的是什么，最希望得到什么。

（6）不能仅仅是赏识而没有教育，赏识一定是和教育引导连在一起的。

"想让孩子成为什么样的人，就让孩子深信他是什么样的人。"赏识教育如同阳光育苗，多给孩子阳光吧。在阳光下长大的孩子，心智一定是健康快乐的。

5. 哈佛女生的家教启示

对于汤玫捷，与其说机会等她，不如说她找机会。积极的人生观，开阔了她的眼界，而她有这种积极的心态和性格，是因为她父母从小放飞了她的心灵——做到你自己最好的状态。

19岁的上海女孩汤玫捷，高中上的是上海一所普通中学，却成为2005年国内唯一一个被美国哈佛大学提前录取的中国学生，更获得了哈佛校长提供的每学年4.5万美元的全额奖学金！

这个在学校400名学生中排名仅在百名左右的普通女生，究竟具有何种魅力，居然让世界名校为她敞开大门！哈佛究竟看中她什么？

说真的，我也特别想知道答案。

一个星期天，汤玫捷和北京电视台的编辑记者一起走进了我的办公室。我觉得眼前一亮：这姑娘真漂亮！汤玫捷特健美，个子高挑，说话朴实。

“你就是2005年的‘哈佛女孩’？”我好奇地问。

“我叫汤玫捷。请别叫我‘哈佛女孩’，我不喜欢这个叫法。我是地地道道的中国制造——MADE IN CHINA！”汤玫捷说话干脆利索。

“哈佛究竟看中你什么呢？”我一上来就迫不及待地问。

汤玫捷笑了，“狡猾”地解释说，她的一个校友，专门去哈佛招生办打听了为什么录取她的事。那里的老师讲了三点：第一点，汤玫捷这个人很严谨，有很好的学术背景，而且在许多比赛中，获得了让哈佛认可的奖项。第二点，汤玫捷上高二时，曾作为上海唯一一名中学生赴美学习过一年，在这一年的经历中，汤玫捷给美国当地学校和所有与她交往过的同学、家长都留下了非常好的印象；美国的历史老师更是在推荐信中夸奖说：“汤是一个热情、勇敢、自信、不太一样的中国学生……”第三点，进哈佛也要经过一系列考试，完成一系列申请材料，在这些方面，汤玫捷都做得很好，毫不逊色于其他的申请者。

其实，汤玫捷的“勇敢、自信”，正是来自她不一样的个人经历。

汤玫捷的父亲是一名中学教师，母亲是一名退休工人。夫妇俩对女儿唯一的要求是：“做到你自己最好的状态。”因此，他们从不把女儿按在题海之中，从不过分关注女儿的分数、排名，也从不认为女儿参加社会活动是在浪费时间。小学时，汤玫捷就以全票当选了中队长；从初中起，她在上海市红领巾理事会担任小理事，还做过小记者、校刊主编，办过网站，出过指导小朋友上网的小手册……那些大大小小包括“上海市十佳少先队员”“上海市青少年溜溜球比赛第三名”等76个市级以上的奖项，都从另一个方面映衬出汤玫捷多彩的青春年华。对此，她深有感触地对我说：“在我成长的经历中，好像没参加过什么培训班。兴趣就是最好的老师。只要是我喜欢的，我就一定会去做！”

“那么，你都喜欢什么？”我问她。

汤玫捷又笑了。“喜欢旅游啊。可我旅游有两个原则：一是不跟旅行团走，二是不要导游。跟着旅行团走的最大坏处就是，到一个景点拍一堆照片，然后赶鸭子似的轰你上车，急匆匆奔向下一个景点……这种方式我特不喜欢。所以，不管在美国还是在中国，我都是选择自助式旅游。”

“不要导游又是为什么呢？”我有些不明白。

“我看到的世界，不是一个导游能够用语言描述的，而是一个我自己用心感受到的世界。就说一些名胜古迹吧，人们首先就会想到很具体的标志性建筑，但实际上，那些东西离寻常百姓的生活非常遥远。打个比方说，北京人不会天天去天安门吧，我在上海当然也不会每天爬一趟明珠塔……是这样吧？太不实际了！离人们的生活太远了！所以，我旅游的时候，从不以一个游客的心态去观看一个城市，而是融入其中，悄悄地关注人们是怎样在那里生活的。要想做到这一点，就不能光听别人的解说，还得靠自己走遍那些土地。而且我认为，在一个人的成长历程中，‘行万里路，读万卷书’后还应该再加上一条‘和万人交流’，这才是完美的学习。”

“看来，你比较看重的是经历，是自己的所见所闻、所思所想。这一点我很赞同。”我高兴地说，“在我们周围，有些人外出旅游就是遵循‘上车就睡觉，下车就尿尿，到处去拍照’的死模式，结果只能是‘回家啥也不知道’。这正是因为他们没有用心去体验，身在心没在。”

“太对了！”汤玫捷提高嗓门说，“依我看，这个道理跟素质培养其实差不多嘛。比方说上美术班，你一进去，指导老师就像导游一样，告诉你这个世界是怎样的，这一笔应该怎样画，那一笔应该涂成什么颜色……可我认为，真正的美术学习不是这样一个过程，而应该是一个人在成长过程中，出于对美的热爱，对美的追求，用自己的心去操纵手中的画笔，自己走进这个门。”

汤玫捷说得很对，进兴趣班、参加各种比赛……其实只是一种经历。只要是自己愿意做的，就只管去做好了！有没有名次真的并不重要，重要的是，自己有没有感受。

聊到开心的时候，汤玫捷还忍不住告诉我说，就在升高二的那年夏天，她和一个好朋友计划独自去安徽自助旅游。由于知道父母肯定不会支持，于是她俩就隐瞒了真相，把这趟出游说成是一次夏令营活动，结果没等回来事情就彻底穿帮了，她还被爸妈责罚一个多月不准出门。对此，汤玫捷却毫不后悔：“我觉得这是一个选择问题。与其说要帮助一个人提高素质，达到未来获取某种成功，倒不如让他从小就学会选择。”

汤玫捷和同学的这次私自出游虽然受了罚，却也证明了她很有能力。她的爸爸妈妈发现，孩子离开大人半个多月，没缺胳膊没少腿，就连旅行袋和行李也都完好无损地带回来了，不但先前自己担心的“钱被抢了”“包搞丢了”之类的事根本没有发生，而且看到女儿这一路上玩得特别开心，还学到了很多东西，以后也就不再过多地干涉她了。后来，女儿远赴美国进行一年的学习交流，父母几乎就没担心过，始终坚信自己的孩子一定能行！

“说真的，假如没有这么一段经历，我的父母肯定会说：美国太危险了！”对这一点，汤玫捷显得很自豪。

的确，美国学校之所以最终确定了她，重要的一点就是：她的人际交往能力特别强。

而汤玫捷也是抱定了“和万人交流”的信念去美国的。

美国希德威尔私立中学是华盛顿地区一所著名的中学，云集着上流社会的子弟，克林顿总统的女儿就曾经在这所学校读过书。学校每年都会招收两名中国留学生。可是长期以来，中国学生却给美国孩子留下了这样一种印象：不爱说，不爱笑，更不爱户外运动，整天就知道埋头傻学，像木头桩子一样。数学成绩好有什么了不起？物理课上有出色表现又能怎么样？要是有种的话，就跟我们去体育场，和我们比试比试。

所以，希德威尔中学校长到上海复旦附中挑选交流学生时就提出要求：最起码来交流的这个孩子得能说话。千万不要来了又不说话，待上一年就走！既然是交流嘛，美国人希望的就是，你能满足他们对中国的好奇，更希望你给他们带去自己国家的不同文化。

汤玫捷在美国学习了 9 个月后，彻底扭转了全校师生和当地居民对中国孩子的印象。

到美国后，汤玫捷就读于 11 年级。但是，她所选修的课程却跨遍了所有年级，有些甚至还是大学的内容。在国内，她的英语还算不错，可是到了美国，立刻就显出了差距。不过，这可难不住自信的汤玫捷，聪明的她很快就找到了提升英语水平的方法。在她寄宿的美国家庭中，女主人是个学历史的自由撰稿人。虽然每天忙忙碌碌，但有遛狗的习惯。所以每到那时，汤玫捷就会放下手中的事，风雨无阻地陪着这位“临时妈妈”每天遛狗一个半小时，还陪着她养鱼、喂猫……你可千万别小看每天的这一个半小时。“收获也许是在‘新东方’里待几周都不能达到的。”汤玫捷这样说。

汤玫捷与“临时妈妈”的谈话内容，论远纵横天下以及 200 多年的美国历史，论近则囊括当下的所有新闻。她还天天坚持翻阅英文报纸，对某一则消息有了自己的想法后，找机会就要和“临时妈妈”议一议。就这样，只用了小半年的时间，她就出色地过了语言关，那发音，那语调，听起来都相当“美国化”了。

正如希德威尔中学希望的那样，汤玫捷不但爱说爱笑爱交流，而且在运动场上也时常可以看见她的身影。

“打篮球我会抢着第一个运球上篮，冲浪时我也是第一个踏上冲浪板。我并不知道冲浪有很多危险，甚至我还不会游泳！但是，如果我想做一件事，就会对事情的结果有个大致估计，然后便坚决去做！曾经有人说，我被哈佛录取有着这样那样的原因。其实要我说，倒不如说哈佛觉得这个孩子有一种强烈的好奇心，对新鲜事物感兴趣，而且上手快，掌握得也快，体现了一种勇敢和自信，以及百分之百的投入热情。哈哈，我是不是有点‘老王卖瓜’啊？”

人常说见多识广，美国作家威廉·福克纳也说过：“不要竭尽全力和你的同僚竞争，你应该在乎的是，你要比现在的自己强。”

对于汤玫捷，与其说机会等她，不如说她找机会。积极的人生观，开阔了她的眼界，而她有这种积极的心态和性格，是因为她父母从小放飞了她的心灵——做到你自己最好的状态。

二、家教中的正能量

1. 要做人中人，不做人上人

所谓有平常心，就是让孩子快乐地成为自己。有平常心的父母往往创造出平常之中的不平常。你的孩子并不是你，你可以给他爱，却不能给他思想，因为他有他的思想。

做父母的本应该有颗平常心。因为，生儿育女是最平常的事情。

著名的教育家陶行知先生早就告诫过父母们：不要让孩子成为人上人，不要让孩子成为人下人，也不要让孩子成为人外人，要让孩子成为人中人。“人中人”就是“平常人”。

“平常人”就是心地平和、能与人和谐相处的心理健康的人。邓小平同志是一位世纪伟人，可他却把自己看成是一个平常人。他有一句让老幼动容的话：“我是中国人民的儿子，我深情地爱着我的祖国和人民。”

一个伟人把自己看成是平常人、人中人，我们这些普通人，却非逼着孩子去当什么“人上人”不可，这不是害孩子吗？有了这种心理，对待和教育孩子自然不可能科学冷静。为了让孩子当“人上人”，许多家长逼着孩子拼死拼活考大学。考试成绩稍差，家长便冷眼相待；如果排名靠后，更会暴跳如雷，甚至对孩子大打出手。孩子承受着巨大的思想压力，失去了对学习的兴趣，如此下去，孩子不仅没有成为“人上人”，反而成了最没有志气的平庸之辈，变成了“人下人”。

培养平常人，要有平常心。所谓做平常人，就是少给孩子提一些过高的、难以做到的要求，而是把人生的道理，用最平常、最通俗的语言讲给孩子，让他们自己去把握自己的命运。

所谓有平常心，就是让孩子快乐地成为自己。许多父母喜欢支配孩子，喜欢按照自己的愿望支配孩子的未来，逼着孩子委屈地去做他没有兴趣的事情。这样的结果只有两个：一是使孩子成为只能顺从地按照别人的意志办事、缺少创造力的人；另一个是引起孩子的反感，使孩子与父母较劲儿，你让他朝东，他偏要向西，事与愿违，走向了期望的反面。

仔细想一想，古今中外成大事、立大业者，有几个人是由父母安排的？马寅初的父亲给他安排的前途是当账房先生，而马寅初选择的道路是离开家乡，到上海、天津求学，再到美国深造，拿回哥伦比亚大学经济学博士学位，后来成为著名的经济学家。

有些事情的结果和你所想的相反，说怪也不怪。你想把孩子培养成伟大的人，但最可能的结果是孩子很平庸，连普通人也做不好；而如果你按照平常人的模式培养孩子，也许经过或长或短的历练，最后孩子真能成为一个人物。

有平常心的父母往往创造出平常之中的不平常。

台湾著名漫画家蔡志忠先生教育孩子的信念是——让孩子快乐地一辈子“当自己”。他认为，父母并不是孩子本身，凭什么替孩子决定前途？尤其是依从父母的意愿而不是孩子内心的想法，这根本是“本末倒置”。他认为孩子的快乐是金钱买不到的，童年也不会重来，强迫孩子学习不喜欢的项目，那份痛苦会成为孩子心里抹不去的阴影。对女儿的教养，蔡志忠先生采取的是顺其自然、因材施教的办法。他曾送给女儿一个这样的小故事：

有一棵小番茄秧，人们告诉它，只要努力，就可以长得很高，结的果实像西瓜一样大，味道像香瓜一样甜，并且还会像苹果一样有营养。小番茄秧很努力地吸取养分，很卖力地做体操运动。结果，它的果实仍然只是小小的番茄。最糟糕的是，现在小番茄秧不再认为自己是番茄秧，它甚至连一点儿自信心都没有了。

蔡志忠说，他只要自己的女儿快乐地成为她自己，只要能够健康地长大，别的什么都不重要。对孩子抱有过高的期望，强迫他实现自己力所不能及的目标，不仅会让孩子感觉到迷失，更会戕害他们的心灵，这实在是大错特错。

不要把你的愿望强加在孩子的身上，不要等着让孩子来实现你自己的愿望。尊重每个孩子的不同，让孩子在规则中找到自己的路，留一个自由的空间，让孩子尽情地成长，完全地自我发展。你的孩子并不是你，你可以给他爱，却不能给他思想，因为他有他的思想。

2. 多传正信息，少给负信息

在正信息中长大的残障孩子，肢体虽然不健全，但心理是健康的；在负信息中长大的正常孩子，肢体虽然健全，可心理有病。

用正常的眼光看别人的孩子，用反常的眼光看自己的孩子，是当今父母普遍存在的问题。许多家长只要觉得自己的孩子不如别人，就怀疑自己的孩子有毛病，有的家长甚至当着孩子的面说孩子有病，这本身就不正常。我们不该让孩子的头上从小就笼罩着“有病”的阴云。

我想起一个外国男孩的事儿。他出生时就一条腿长，一条腿短。后来爸爸妈妈告诉他，所有的人都是这样，他们之所以跑起来那么自如，是下功夫练出来的。孩子的爸爸妈妈始终把孩子看成正常人，一样让他参加体育活动，一样让他去跑步……这个孩子虽然身体有残疾，可心理一直很正常。经过刻苦锻炼，终于成为一名优秀的运动员。

这叫什么？正信息！对孩子来说，“有病”就是负信息，“没病”是正信息。在正信息中长大的残障孩子，肢体虽然不健全，但心理是健康的；在负信息中长大的正常孩子，肢体虽然健全，可心理有病。总怀疑自己有病，时间一长，真会出毛病。

有位妈妈很不负责任，她的女儿一年级时成绩较差，她十分焦急。一天老师对她说，你的孩子是弱智，送到弱智学校去吧！这位妈妈信以为真，没有经过医院鉴定，就把女儿送进了智障学校。上六年级时，女儿参加全区智障学生运动会，获得了第一名的好成绩，结果一体检，医生说她是个完全正常的孩子，成绩不算数。记者闻讯前来采访这个“假弱智生”，问她这六年的感受。女孩说，刚刚来学校的时候，觉得周围的人说话走路都不正常，可没过多久，周围的人却认为她“不正常”“有病”。她就开始学“弱智生”走路说话的样子，慢慢地，别人看她“正常”了，她就真的变成“弱智”了。

可以说，是环境改变了人，把正常人变成了不正常的人。

如果父母有了反常心理，总怀疑原本正常的孩子不正常，就会总是处在紧张、焦虑之中，这样不仅影响自己的身体健康，还会影响孩子的正常成长，使一些孩子小小年纪就患上糖尿病、高血压、哮喘等大人的常见疾病。因为父母精神一紧张，小孩立刻就能感觉出来。成人体内具有了一定的抵抗力，所以有时没有什么症状，而孩子的抵抗力差，只好替父母生病了。

怎样让自己变得轻松呢？那就恢复正常吧！当你学会用正常的眼光、发展的眼光看孩子，你就会理解孩子的心理，原谅孩子的过失，看到孩子的长处，你就会发现“太阳每天都是新的”！

不要拿自己的孩子跟别人的孩子比较，要相信自己的孩子。今天的父母对孩子多有烦恼，少有惊喜，原因在于他们不是用心去赏识自己的孩子，而总是钉着别人的孩子不放。

3. 要陪孩子成长，不要替孩子成长

要和孩子一起成长，我觉得谁都不是天生知道怎么当父母的，都是一边学一边当的；孩子也不是生下来就知道怎么做孩子。爸爸妈妈和孩子都要看到，眼前我们都是一张白纸，但路要一块走，不停地学习，只要体验就是财富。

今天的父母面对孩子那么心浮气躁，是因为什么？

虚荣！

孩子考试没考好，你觉得是让你没了面子，便拳脚相加；孩子没考上大学，是让你丢了面子，于是冷眼相待；孩子有了点儿成绩或考上了大学，是给你增添了光彩，于是到处炫耀，把孩子的一切和自己的荣誉连在了一起。把考高分的孩子当成往自己脸上贴金的招牌，把有缺点的孩子看成是自己的耻辱，把有特长的孩子当成自己的摇钱树。这是为什么？

是虚荣！是对孩子的不负责任。

有的父母甚至说：“考不上大学你就别回家来！”这是多么不负责任！就算孩子学习成绩再差，做父母亲的也不能说出这样的话，难道只有上了大学才是

有前途的吗？有些父母看到儿女上了大学，尤其是上了重点大学，高兴啊，以为真是完成了什么重要的使命！但等待他们的又是什么呢？说不定是一场悲剧！

每年，大学中自杀的学生不止一个两个。如果这是你的孩子，你怎样对待？且不说孩子承受力如何低，单说家长一生的心血，不都付诸东流了吗？为了让孩子能够出人头地，家长真是操碎了心，什么事情都替孩子想好、办好，甚至把孩子的前途都设计好了。但活生生的现实向我们发问：你的那些设想和做法，符合社会的需要和孩子成长的规律吗？即使什么都替孩子打点好了，你能够真正替孩子把人生的路走到底吗？

世界上最长的路是人生之路。人生路上，每个人都有着自己的使命。那么，父母的使命是什么呢？

做孩子的知心朋友，陪孩子走一程。

可我们有些父母却忘记了自己“陪”孩子的使命，反而喧宾夺主，把“陪”变成了“替”，把“配角”当成了“主角”。孩子上小学，替孩子收拾书包，背书包；孩子上大学，替孩子扛行李，收拾床铺；孩子去春游，替孩子在车上“抢”座位；孩子要考大学，替孩子选学校，选专业；孩子参加兴趣班，替孩子选兴趣……无怪乎有人说，孩子有点儿什么事情，最忙乎的是家长。

家长包办一切，孩子却没有事情可做了；家长情绪饱满，乐此不疲，孩子却早没有了兴趣，在一边“旁观”。

“减负”以后，我去北京几所重点小学和孩子们聊天，想听听他们说一说“解放”后的快乐感受。谁知，一个漂亮的小姑娘愁眉苦脸地对我说：“‘减负’前，我妈给我报了三个兴趣班；‘减负’后，我妈说这回有时间了，不能闲着，又给我报了两个兴趣班。我苦死了，哪有快乐呀！我每天真是度日如年啊……”

命运像她这样的孩子不止一个。

一个男孩子告诉我：“我爸逼着我学钢琴，我不爱学，他就打我，还说什么有了特长考大学可以加50分！”

我对他们说：“能加分的只是极少数。每年全国报名参加艺术特长生测试的学生相当多，其中报考钢琴的竟占一半，而被各个重点大学降分录取的只有几个人，被选中的概率真是太小了。如果你不喜欢弹钢琴，单纯为那50分去拼命，我看不值。”

男孩说：“您要是我爸就好了。我可说不服我爸，我不知道我得熬到哪一天……”

家长们对设计孩子的未来兴致勃勃，孩子却觉得苦不堪言。家长替孩子着急，替孩子花钱，替孩子受累，到头来孩子非但不领情，反而感觉被爱得“死去活来”。

我们真应该冷静地想一想，我们让孩子学这个学那个，如果孩子不愿意学，不想学，不好好学，我们岂不是白花钱。

有位爸爸让孩子学习一项特长，将来好在上大学时加分，前后花了2万多元钱，结果孩子不但没有学出来，没有考上大学，反而对生活失去了兴趣，每天只想着自杀。这位爸爸真是追悔莫及，写信给我，求我救救他的儿子。

“替”和“逼”的背后是什么呢？

虚荣。

过去人们在一起比吃，比穿，比钱多；现在呢，发展到了比孩子。比谁家的孩子上了重点学校，比谁家的孩子考了高分，比谁家的孩子上了父母期望的大学……把孩子学业上的成就当成装饰品，当成向别人炫耀的资本。

前不久，我在一份家教报纸上看到一篇文章。

在我国一个偏远的小镇，有一个小学体育老师，一心希望儿子能出国留学光宗耀祖。但儿子分数差了一点儿，失去了出国留学的机会。父亲着急得不得了，到处托人找关系，想让儿子早一点儿出国。最后，通过一个中间人，交了2万美元，终于把儿子“弄”到了美国。父亲逢人便说：“我的儿子出国留学去了！”

儿子出国以后，先后把自己挣的1000美元寄回了家。父亲立刻“牛”了起来，穿戴也讲究了。后来，儿子被打伤了。他给父亲打电话诉说了自己的遭遇，并提出要回国，父亲勉强同意了。儿子回来以后，父亲很不高兴，说：“你真不给我争气。我现在正在竞选校长呢，你偏偏这个时候回来丢我的脸！你最好找个没人看到你的地方待着去！”

这是个很典型的例子。从中我们可以看到，虚荣心是很可怕的东西，父母的虚荣心会给孩子带来伤害。正如一位名人所言：“虚荣心很难说是一种恶行，然而一切恶行都围绕虚荣心而生，都不过是满足虚荣心的手段。”

很多大人把孩子当成工具，为了实现自己未能实现的梦想，要求孩子为父母争面子，于是，一味地要求、强迫孩子，不尊重孩子。殊不知，这也是对孩子心灵的一种摧残。

我们要认识到，孩子不是父母的工具，孩子的生命是为了本身的目的而存在的，父母只是陪着孩子走一段路程而已。

要和孩子一起成长，我觉得谁都不是天生知道怎么当父母的，都是一边学一边当的；孩子也不是生下来就知道怎么做孩子。爸爸妈妈和孩子都要看到，眼前我们都是一张白纸，但路要一块走，不停地学习。所以我到各地举办各种讲座呼吁，爸爸妈妈要成为知心妈妈、知心爸爸，老师要成为知心老师，跟孩子拉着手一块往前走，遇山就爬山，遇水就过水，遇到什么事要积极面对，不要回避。总之人生路上，只要体验就是财富。

4. 多用肯定式，少用否定语

肯定的语言，是孩子成长的正信息；否定的语言，是孩子成长的负信息。

家庭教育是靠家庭语言来完成的。家庭语言是一种最有影响力和渗透力的家庭教育方法。

孩子笔下的妈妈和一些儿童教育专家研究的结果表明，这一代年轻的妈妈使用最多的不良语言有三种，我们将这些语言称为“家庭红灯”。

（1）否定词

孩子们在家每天所听到的、妈妈常讲的词语中，由“不”组成的否定词最多：“不许”“不能”“不要”“不可以”“不乖”“不聪明”“不行”……有个孩子在一篇名叫“不许妈妈”的作文中，写了妈妈讲的很多很多“不许”的语言，“不许淘气”“不许玩沙子”“不许晚回来”“不许去同学家”“不许看电视”“不许乱花钱”……

这种家庭的子女教育是由一连串的“不许”组成的，家长像警察似的，他们的任务是不断向孩子亮起红灯。可是，准许干什么，家长又没说。于是孩子只有不断地犯错误，不断地受指责。

（2）限制词

“应该”“必须”是妈妈常用的词。这是表达主观愿望、主观意向的词。妈妈强调的只是自己的主观愿望，完全忽视了孩子的客观存在，用一种强硬的态度让孩子进入某个规定的位置，并按自己的设计“修剪”孩子。其结果是，孩子常常陷入不知所措之中，这极大地影响了孩子思维的发展。

（3）挑剔词

在中国的家庭教育中，挑剔词比激励词的用量多好几倍。许多家长几乎是不停地去发现孩子身上的缺点，并及时拉出来进行施教，以为只有把孩子的缺点说出来才能使孩子获得帮助并有所改变。基于这样一种教育思想，中国家长对孩子使用各种挑剔的语言时毫不犹豫、决不心软。其中最常用的有“太笨”“不成”“太差劲”等。这些消极的词，完全是一种负信息，强化了孩子的弱点，最终会让孩子以否定的态度对待自己，对自己失去信心。

父母的语言，是孩子成长的营养，爱的语言多了，会结出“爱”的果子；恶的语言多了，会结出“恶”的果子。肯定的语言，是孩子成长的正信息；否定的语言，是孩子成长的负信息。

家庭亮起的“红灯”，使孩子觉得很累很烦，使他们觉得整天生活在噪声中。父母每天用不变的腔调、老掉牙的语言，和一连串的否定词、限制词、挑剔词进行说教，令孩子们感到生活索然无味。

其实，在家庭中，真正的“红灯”是应该禁止使用不利于家庭精神文明建设的语言。

现在，社会上有各种各样的服务忌语，我想，家庭成员间也应有一些忌语。

只有讲文明的父母，才能培养出讲文明的孩子。如果你的孩子出言不逊、打架骂人，你是否该查查自己；如果你的孩子不守秩序、不讲公德，你也要查查自己；如果你的孩子出口伤人、不讲礼貌，你还要查查自己……

“您好”“对不起”“给您添麻烦了”“打扰您了”“谢谢您的帮助”等礼貌用语，不仅小孩子要学会，我们做父母的更要学会。

著名教育家徐特立讲过：“今日的儿童转眼即青年，稍不注意就难补救了。”因此，就青少年的成长而言，“重要的是教育父母”，不知年轻的父母是否认同这个说法？

5. 首先注重帮孩子立身

在人才市场上，你的孩子面对的已经不再是纸质的试卷，而是一道道的生活实践题，他答得怎么样，要看他是如何对待生活的。

我们对孩子的培养目标是什么？

理想的人是品德、健康、才能三位一体的人。不重视体育，孩子可能成为废品；只重视体育，孩子将成为可悲的“兽人”。不重视智育，孩子可能成为次品；只重视智育，孩子会成为弱不禁风的病夫，或成为社会的危害。不重视德育，孩子可能成为危险品；只重视品德教育，孩子可能会无能。这样的人对社会，对人类都是无用的，或者是有害的。因此，对孩子的教育必须三方面并举。今天，对孩子的教育又增加了美育、劳动教育、心理健康教育、性教育等方面的内容，从而使我们的教育目标更趋完善。我们的家庭教育应该是综合教育，使孩子在德、智、体、美、劳诸方面得到全面而和谐的发展。

当今世界，随着社会经济和科学技术的飞速发展，全球各国、各个地区间的经济联系和相互依存越来越密切，世界市场正在加速形成。因此，人才的争夺也趋于全球化，全球都需要高素质的"现代人才"。

英国《泰晤士报》的总编西蒙·福格每年的五六月份都要接到一些大学的邀请，要他去做择业就业方面的演讲，因为他曾在寻找职业方面创造过神话。

那是他刚从伯明翰大学毕业的第二天，为了寻找工作，他走进《泰晤士报》总经理办公室，问："你们需要编辑吗？""不需要。""记者呢？""也不。""那么排字工、校对员呢？""不，都不。我们现在什么空缺都没有。""那么，你们一定需要这个了。"福格从包里掏出一块精致的牌子，上面写着：额满，暂不雇用。结果，福格被留了下来，干报社的宣传工作。25年后，他升至总编的位置。这一故事见报后，福格就成了各大学的座上宾，给学生们做择业就业方面的演讲。

然而，每次演讲，他对自己的这一经历总是避而不谈。他讲得最多的是一位护士的故事。

这位护士刚从学校毕业，在一家医院做实习生，实习期一个月。在这一个月内，如果能让院方满意，她就可以正式获得这份工作。否则，就得离开。

一人因车祸而生命垂危，实习护士被安排做外科手术专家——该院院长亨利教授的助手。复杂艰苦的手术从清晨进行到黄昏，眼看患者的伤口就要缝合，这位实习护士突然严肃地盯着院长，说："亨利教授，我们用的是十二块纱布，可是您只取出了十一块。”

“我已经全部取出来了。一切顺利，立即缝合。”院长头也不抬，不屑一顾地回答。

“不，不行。”这位实习护士高声抗议道，“我记得清清楚楚，手术中我们用了十二块纱布。”

院长没有理睬她，命令道：“听我的，准备缝合。”

这位实习护士毫不示弱，她几乎大叫起来：“您是医生，您不能这样做。”

直到这时，院长冷漠的脸上才浮起欣慰的笑容。他举起左手手心里握着的第十二块纱布，向所有的人宣布：“她是我最合格的助手。”这位实习护士理所当然地获得了这份工作。

我们精心培养出来的孩子，早晚有一天要走向社会。他们走向社会之时，首先要通过人才市场的挑选，所以，每位父母都不得不关注这个市场的“行情”。

当今，人才市场有三个变化特别引人注目。

（1）由单向选择变为双向选择

以前没有人才市场，大学毕业生由国家统一分配。毕业生只要“一颗红心，两种准备”就可以了，只要“服从分配”就可以走上工作岗位。用人单位也只能是“爱你没商量”“厌你没办法”，不要也得要。作为毕业生，不想去也得去，否则要按“不服从分配”论处。

在市场经济下，人才市场是双向选择。单位有权选择大学毕业生，大学毕业生也有权选择单位。学生从学校毕业，不是填写毕业分配表就可以找到工作，而是要接受人才市场的严格挑选。

对毕业生来说，同样有了择业自由。愿意去的单位，你可以自己去争取，不愿去的单位也没有人勉强你一定要去，真可谓“海阔凭鱼跃，天高任鸟飞”。

这些变化，给毕业生、家长和社会都带来了活力，同时也带来了压力。

（2）从看重“硬件”到看重素质

北京一所学院在校内举办了人才招聘会，有近百家公司参加，也吸引了不少外校的学生。在人头攒动的招聘会现场，一个应届毕业生拿着自荐书高声喊道：“我要到湘潭电机集团工作！”周围的同学都把目光对准他，他没有胆怯，又喊了两声。正当人们疑惑不解时，正在现场招聘的湘潭电机集团人事部负责人说：“好，就要你了！”随后与这位同学签订了求职意向书。

这位人事部负责人说，他们这次招聘的是销售人员，需要应聘者具有良好的心理素质。前来报名的大学生不少，但真正具有开拓精神的人并不多。从学生的推荐材料来看，符合他们招聘条件的有十几个人，而敢于当众大喊三声的只有几个。最后，他们就录取了这几个人。

他还说，这种招聘方式可能并不完善，却是对以前招聘方式的一个反思。过去招人，过分看重学生的学历和成绩，有些成绩优秀的学生在实际工作中并不出色，甚至能力欠缺。所以，现在招人，在学历合格的条件下，更看重学生的实际能力。

社会上已经有很多人意识到了“分数不等于能力”。一位中学校长深有感触，他说：“两个学生来我校实习，一个是学习尖子，但管理能力差，他管的班乱哄哄的，学生根本不听他的；而另一个学习成绩中等的学生，有创造性，很会管理，同学喜欢他，他管理的班很快成为优秀班集体。你说这两个学生我要谁？当然要第二个。我要的是会教课的老师，而不是只会考试的学生！”

（3）从注重笔试到注重面试

小音毕业于北京外国语大学英语系，理想是到某大银行去工作。这家世界著名的银行需要既有金融专业知识又有外语专长的人，而小音不懂金融，只懂英语。这次招聘，人家只录用十个人，报名的人竟有一千多！可是，在强手如林的竞争中，小音却获得了成功，成了那百分之一！

“那么多人竞争，你是怎么成功的呢？”我问小音。

“我过了三关，”小音说，“第一关是问我的经历。对我从小学、中学到大学都干过什么，当没当过干部，参加过什么样的社会活动，组织过什么社团……问得可详细啦！我做过学生会工作，所以这一关的通过占了不少便宜。第二关当然是笔试，很容易的，一般人都能过！”小音得意地说：“不过，最难过的是第三关。”

“为什么？”

“第三关是面试。面试最难，因为你摸不透他们要考你什么。实际上，从一进入面试室，主考官就开始留意你的一切了，比如走路的姿态好不好啦，目光是不是自信啦，说话的表情怎么样啦……通过你的不设防，他们可以更多地了解你身上的东西。当时，一位考官问我：‘你为什么要到我们银行来？’这个问题可难不倒我，因为我事先早做了充分的准备，对这家银行的百年历史了解得非常清楚，所以对答如流！”小音说到这里，眉目间透着自信。

“考官接着问我：‘如果你能来我们银行，希望做什么工作？’说实话，我并不愿意到前台去收银，我希望到后面搞联络，我的口语好，擅长与人交往，这样可以发挥我的优势。但是，如果我这样讲，人家肯定会认为我有缺陷，所以我回答说：‘干什么我都能够胜任。’”

一位进入国家机关的博士生告诉我他应聘的故事。

在等待招聘结果的时候，用人单位的领导找他谈话：“你的各方面成绩都很优秀，但这次的名额只有一个，所以很遗憾，你没有被录取。”这位博士生当时想也没有想，马上说：“没有关系，我很有实力，今年没考中，明年我还来考。”

“没想到，这是最后一道考题，我被录取了！”博士生讲到这儿笑了。

他们的故事给我们这样的启示：人生的答卷不是背出来的，而是靠实力做出来的。

在人才市场上，你的孩子面对的已经不再是纸质的试卷，而是一道道生活的实践题，他答得怎么样，要看他是如何对待生活的。

作为父母，你企盼孩子成功，就把他培养成一个热爱生活、具有良好素质的人吧！

有的父母只注重自己孩子的考试分数，忽视了对孩子进行做人与做事的教育，对待孩子是以分为本，而不是育人为本，结果培养出来的孩子，只会做题，不会做人也不会做事。这样的孩子在考场上也许能得高分，可在人生的舞台上却会失分。更有一些父母放纵孩子，缺乏对孩子的管教，或是教孩子耍心眼，孩子以自我为中心，损人利己，这样的孩子不会被社会认同，一生都不会幸福。

处在经济变革竞争激烈的时代，做父母的不能只注重帮孩子立业，更应该首先注重帮孩子立身。“以学立业，以德立身”是教育的宗旨。

6. 维护孩子的尊严

对待孩子，没有比保护他的自尊更重要的事了。尊严是人类灵魂中不可践踏的东西。

一个人最宝贵的是尊严。对一个孩子来说，最害怕的不是棍棒、拳头，而是失去面子、失去尊严。当你知道孩子偷了东西，但还不能确定时，请你要保持冷静，千万不要冤枉孩子；而当你已经有证据确认孩子犯了错误时，请一定给孩子留点儿面子，孩子会为此感激你一辈子！

作家梁晓声写了一篇文章《橘皮》。梁晓声上小学时，家里十分困难，父亲又患了哮喘病咳得很厉害。他听说橘皮能治哮喘病，便偷偷拿走了教室窗台上晾的干橘皮。老师发现了这件事，一直替他保密，没有对别人说起。梁晓声说，他从内心里感激这位老师，这种感激之情持续至今，鼓励着他用一生的努力来回报社会。

对待孩子，没有比保护他的自尊更重要的事了。

尊严是人类灵魂中不可践踏的东西。有一位作家曾经说过：“人受到震动有种种不同，有的是在脊椎骨上，有的是在神经上，有的是在道德上、感受上，然而最强烈的、最持久的则是在个人的尊严上。”一个从小失去尊严的孩子，长大后很难堂堂正正地做人，很难拥有健全的人格。

一般来说，人格是“引导一个人做出善行的内在品质”。少年时期，人格教育十分重要，它可以开发人的良知和才能，使人的身心得到全面成长与成熟，从而去实现成功人生的理想。如果孩子的人格从小受到伤害，那对他的一生都会有恶劣的影响。前南斯拉夫一位记者来到中国少年报社做客时讲过一句话：“战争毁坏的房屋是可以修复的，但是，战争在孩子心灵中留下的创伤是无法修复的。”作为父母，对于自己的孩子，要永远充满爱意，即使孩子犯了再大的错误，也不能说“你给我滚出去”这样的话。因为，家永远是孩子安身立命的地方，除了家，他再也没有什么地方可以去。

谈到少年犯罪，时任全国政协委员、社会与法制委员会副主任委员的巫昌祯对我说过：“你要告诉家长们，孩子犯了罪，不要抛弃他、歧视他，更不能把他推到社会上去，那实际上是把孩子往火坑里推。挽救犯罪少年，不但要靠社会的教育，更要靠父母的爱。犯了罪的孩子，最需要的也是父母的关爱和家庭的温暖。”

一个人从小没有受到社会公正的对待，便很难公正地对待社会；相反，如果从小能够受到社会公正的对待，便能够公正地对待社会。

第二章　给孩子一片成长的天空

一、今天的孩子缺什么

首先我想说说今天的孩子缺什么。我问了很多爸爸妈妈，你们的孩子缺什么，他们告诉我说缺钱、缺钙、缺时间，说着说着大家忽然就明白了，家长自己就缺少对孩子心灵成长的关注。

我认为今天的孩子的成长有几大缺失。

1. 缺失童年快乐

孩子心中的好日子不是有多少钱，而是有一个宽松和谐的成长空间。

今天很多孩子不快乐。去年我去非洲的时候，和非洲孩子照相，他们虽然生活很穷，但是他们照相的时候满脸灿烂的微笑。我忽然想起和中国孩子照相的时候，一定要有一个孩子喊茄子，现在不喊茄子、田七，就没人笑。走近孩子，觉得今天当孩子真累，今天当家长真烦，当老师真难。我作为知心姐姐这两年真切感受到孩子不快乐，为什么不快乐呢？两个原因，一是孩子太累，二是没有空间。我过去理解还不那么深，现在有了很深刻的理解。

原来《知心姐姐》是《中国少年报》的一个栏目，现在由于中央加强未成年人思想道德建设，“知心姐姐”上了电视，很多人把我认出来了。我开始还挺高兴，后来忽然发现被很多陌生人认识挺累的。我们家门口有一个商场，本来到商场买东西可以随便买，现在一进去，“知心姐姐来了”，一大堆人来跟你咨询。本来有些东西可以砍价，现在有人认识你，没法砍了。我到医院看一个朋友，出来的时候，到洗手间去，洗手间人太多，我上完赶紧提着裤子就出来，小护士笑眯眯地说：“卢老师怎么来了？我妈可喜欢你了，天天在电视上看你。”我心里想，下次人多的时候，得把裤子系好了再出来。

一个中年妇女朝我走来，说：“我怎么越看你越像卢勤，越看你越像知心姐姐。”她跟我拥抱，都没经过我允许。“我是四川来打工的，给《人民日报》一个领导家当保姆，一看时间不早，买菜……原来您就住这个楼，您赶快买菜，时间不早了。”她一边走一边说：“神了，神了，我看见活的，我看见真的了。”

当她一回头，我就真的觉得太累了，我忽然理解了今天的孩子。我曾经问过一个孩子，我说你有爸爸妈妈、爷爷奶奶、姥姥姥爷，六个大人关心你，多幸福啊。他说，每天六个大人十二只眼睛瞪着我，我多累！一个初中学生的妈妈是妇联主席，说她的儿子每天回到家，就把自己关到屋子里，挂出一个牌子：“请勿打扰，谢谢合作。”我到上海跟小学生座谈，问他们心中小康社会什么样，一个孩子说：“我希望自己有一个大房子，大房子门很小，只有我一个人能钻进去，爸爸妈妈都钻不进去，他们一天到晚跟着我，我太烦……”“我想发明一种药，让我妈吃进去，只说好的，不说坏的。”“我买了床不搁家里，搁在树上，省得她一天到晚唠叨我。”

一个小男孩给我打来电话说：“我最恨钢琴了，为了学钢琴，我挨了多少打骂。我坐在钢琴前就像坐在电椅上一样。”我问他：“那你喜欢什么呀？”“我喜欢踢球，我舅舅送我一个足球，但刚玩了两天就被我爸扔出去了。”孩子的快乐被父母挤压到了小小的空间里。

我忽然明白了，孩子心中的好日子不是有多少钱，而是有一个宽松和谐的成长空间。现在的家庭就一个孩子，爸爸妈妈钉得那么紧，学校钉得那么紧，当孩子就觉得没意思了。多少想自杀的孩子找我的时候，说没意思。没有空间的人，真的很累，很多人钉着你，你能不累吗？

和谐的社会需要宽松和谐的空间，孩子为什么不快乐，因为他们远离了大自然。今天的爸爸妈妈认为好学生就是从小坐在课桌前写作业。一个小孩的爸爸妈妈半夜给我打电话说，不好了，我儿子得了多动症，坐不了半个小时就出去跑。我问你儿子多大了，他们说三岁半了。

今天孩子学习上最发愁什么事？不会写作文，一写作文就发愁。其实这也是因为缺失童年快乐。有一个老师跟我说，他给小学生留了一个作文题——我做了一件好事。全班70%的孩子写的都是捡钱包，共捡了37万。孩子写作文发愁，那就给孩子买优秀作文选吧，但是如果天下作文一大抄的话，我们国家还怎么创新？其实高考已经发生了很大的变化，有一年高考四川的作文题目是“筷子”，拿到这个题好多孩子发愁，许多孩子就写夹完菜夹肉。其实筷子就是合作，还有很多很多其他的思路。

一个孩子没有感悟，为什么呢？他们远离了大自然，很多孩子生下来就没见到过什么，目光短浅。我已经发现一个新的规律，走向高层的多数是农村孩子，他们上了大学有了受教育机会就比城里孩子更棒，因为他们接受过大自然的能量，而城里的孩子越来越可怜，无法接触大自然。所以我今天要跟很多爸爸妈妈说，节假日有时间带孩子出去玩玩，开阔眼界，眼界有多高，走得就有多远。现在的爸爸妈妈倒想得开，节假日愿意带孩子出去了，但人是去了，心没有去。爸爸拿手机不停地打电话，妈妈兜里很多钱，把旅游变成了购物，孩子跟着东一头西一头什么也看不着。三个人上山，爬几步就照相，爬到山顶还照相，回家看照片，大自然给他什么感受他全忘了。咱们出去旅游，常常就是上车就睡觉，下车就尿尿，到处拍了照，回家啥也不知道。这样让孩子写作文，他能写出作文吗？所以今天的孩子不快乐。

2. 缺失学习动力

一个人只有把学习和远大的目标联系在一起，才会有强大的动力。

父母对孩子学习期望的过高，让许多孩子误认为学习是父母的事，考试成绩好，就可以要什么给什么；考试成绩差，就会受到责骂甚至接受“男女混合双打”。这种教育让孩子对学习失去了兴趣。兴趣来自目标，有了目标，内心的力量才会找到方向。一个人只有把学习和远大的目标联系在一起，才会有强大的动力。对于今天的孩子，将民族的责任交给他们，是最重要的。

很多孩子觉得是在为父母学习，为他人学习。一个孩子跟妈妈生气时摔书包，一边很委屈地说：“我不读书了，一家人吃饭靠我一个人读书?！”

要让孩子明白，他们将来是要主宰自己命运的主人，他们要为自己负责，为家庭负责，为国家负责。上学是他自己的事，今天的学习是为明天做准备，为明天打基础，所以要学习、进步，要对自己的今天负责，妈妈爸爸没有义务替他包办一切。

另外，孩子缺乏学习动力的另一个重要原因是缺乏父母的肯定和鼓励，致使学习的兴趣被压抑甚至完全消失。

有一个爸爸说，卢老师，我女儿有个事情已经困扰了我很多年了。原来她是在香港出生的，一生下来就讲英文，后来我们到北京工作，就把她带到北京了。幼儿园的时候上了一个大班，然后就上小学。她在香港上幼儿园的时候，成绩都很好，而且写繁体字英文都不错。可是回到北京来以后，慢慢就不行了，英文也忘光了，学习老提不起精神，没有一点儿激情，老喜欢看电视。从小学就慢慢这么过来，今年好不容易到了初一，我们跟她讲了特别多，但她老是觉得提不起劲，很贪玩，除了看电视就是上网。因为是女孩子，我们也不想讲太多，怕她思想上有负担。我们都是非常认真学过来的，我想是不是条件太好了造成她这样子。她什么都不会干，初一我们让她读寄宿学校，好一点儿，但学习上的精神还是不好。我们非常困扰，不知道怎么办好。

女儿阿静说，我不是觉得困难，就是不想学，觉得学着特累！不想学，不想听讲，觉得没劲。我对语文比较感兴趣，还有美术吧。我觉得数学是最枯燥的，一堆数学作业题，做不下去就不听了不学了。如果老师讲得有意思点儿，然后在游戏里面加学习吧，应该还想学。我觉得我爸爸脾气太暴躁了，不太听别人说的话，我希望他能改正。每次学习上我拿作业让他检查，他就说我这个不对那个不对的。我就说老师是这么安排的，他说不可能，我就跟他顶呗！

爸爸说，她说的也是这么个情况，因为有时候她作业完成不好，我们问她的时候，她说完成了。可是回到学校去，老师反映没有完成好或没有做完，所以我们就比较生气。原来我们想信任她，不检查，你说完了就算可以了。可出现这样的问题，我们觉得不检查不行，因为毕竟孩子大了，我们不想伤她自尊心，但是有时逼得我们不得不这样。她刚才说我急躁确实是这样的，我现在都不能辅导她，因为我辅导她我就着急，说怎么这个你都不知道，所以一般都是她妈辅导她的功课。她老是觉得她学习没用似的。我说哪能这样子，现在是知识世界，知识就是力量。她老是没有学习的激情，我们非常着急啊！

其实我们跟很多人聊天，都回忆过我们童年的时候，为什么喜欢这个课程。我小时候特别爱写作文。为什么呢？因为我的作文经常被老师念，我就期盼着老师念作文那一刻，一看见老师念作文的时候特高兴，于是下次特别认真地写。我们班很多同学都爱写作文，为什么呢？老师每天都爱念作文，今天念你的，明天念我的，为了等来老师念的一刻，就都特别认真地写作文。这可能是很多孩子提高学习兴趣的一个重要原因：得到老师或者父母的一种充分地肯定。

我对这位爸爸说，我觉得您的孩子很文静，而且说话很清楚，很有情感。我觉得女孩子是很需要肯定的。她一周五天才回一次家，您知道她爱您，但是希望您能表达您也爱她。您对她的满意度和对她的肯定程度决定了在她眼里您有多爱她，一看您这样着急，她肯定对自己很不满意。她可能在这五天里就没有一点儿成就感。但我相信这五天她一定有做得很棒的地方，有值得您高兴的地方。所以我觉得如果您换一种心情，换一种眼光看您女儿，不要老想我小时候那么棒，将来您的女儿可能比您还要棒。但她现在可能有各种各样的问题，有各种各样的情况。

多肯定她，看看这五天又有什么进步了，让她有一种成就感，慢慢再提出建议，这样她就能够把握自己。要不然这五天白过了，什么都不是，明天面对爸爸还是这一套，可能她很想听的话都听不进去了。这叫“亲其师，善其道”，孩子要对您很亲切很愿意接受，您说什么话她就能听进去，不然的话她对您是恐惧，虽然她很爱您但是她很怕您，您的话可能一时起作用，但不能永远起作用。我想您稍微改变一点儿，可能会好一点儿。

3. 缺失精神文化

一个孩子从小缺钙，就会变罗圈腿；从小缺少爱心将来会无情无义；从小缺少精神文化的滋养，将来不能把握自己的命运。

父母不应该只关心孩子吃什么，还要关注他们在看什么、读什么。孩子的心是块空地，种什么长什么；孩子的头脑是一张白纸，画什么有什么；孩子的阅读习惯是从小养成的，养成什么是什么。

对孩子负责任的父母，一定会舍得花钱给孩子订好报买好书，让孩子从小和好书好报好影片交朋友，用先进文化滋养孩子的心灵。

孩子在接受先进文化的过程中，投入了多少，是否都学进去了？阅读对人的影响，不是眼前看得出来的，而是日后看出来的。

30年前，在黑龙江生活着一个10岁的小男孩，他家里很穷，买不起课外书，他人生中第一本课外书是《小种子旅行记》。美丽的故事深深地打动了这个男孩，他梦想有一天像小种子一样飞到天涯海角去。后来，他考上了上海外语学院，真的去了一趟祖国最南端的“天涯海角”，大学毕业后，他又走进了外交部的大门，成了一名年轻的外交官。

莎士比亚说过：“书籍是全世界的营养品，生活里没有书籍，就好像大地没有阳光；智慧中没有书籍，就好像鸟儿没有翅膀。”

一个孩子从小缺钙，就会变罗圈腿；从小缺少爱心将来会无情无义；从小缺少精神文化的滋养，将来不能把握自己的命运。一个少年用榔头打死了自己的母亲，还有的人向同学求爱不成便夺人性命，向家长要钱不给便杀人，都是没有人性的例子。

很多人意识到环境的恶劣侵害着我们的健康，但人们没有意识到心灵的尘暴威胁着千千万万幸福的家庭。我曾在《中国青年报》上写了一篇长文，其中写道，今天孩子成长的环境呈现三大三小：生活的空间越来越大，生长的空间越来越小；住房的空间越来越大，心灵的空间越来越小；外面的压力越来越大，内在的动力越来越小。

我忽然觉得，要想改变孩子，首先应该改变孩子成长的环境；要想改变孩子成长的环境，首先应该改变我们爸爸妈妈老师的教育观念。过去孩子多，父母理直气壮成为“长”；今天就这么一个孩子，你再是“长”，孩子哪里服气？应该平等沟通，学习共同成长。让我欣慰的是，学校和很多家庭都开展了知心教育，有的学校成立了知心家庭学校，有了教育科研成果，学校有知心报，有知心团，孩子跟父母达到很好的沟通。

我曾去了两次少管所，出的一本送给爸爸妈妈的书——《告诉孩子，你真棒》送给了所长一本，没想到所长拿到这本书后非常感慨，他说我问你，2000年时少年犯不足千人，现在有2500个少年犯。这些孩子在外面不爱读书，进了高墙玩命读书，2000多个孩子蹲在操场用膝盖当桌子答政治题，这是为什么？

后来我送给他的那本书被少年犯抢来抢去，我忽然意识到他们缺书。那个时候公安部、全国妇联等十家单位推出一个活动，聘我为爱心大使，带着这个称号和一份责任，还有300名教职员工捐助的2800册书，我给2000多个孩子做了一场报告——“为了明天从今天开始”。我讲了三个小时，三个问题：从今天开始，珍爱生命；从今天开始，珍惜时光；从今天开始，珍重自己。

讲之前我问，谁小时候读过《中国少年报》？两千多人无一人回答，等了半天有一个孩子站起来说，我上四年级在四川读了一年。谁知道知心姐姐？无人知晓。这十几年来，我无论走到哪里，那些成功的人士见到我第一句话就是，我从小是看着《中国少年报》长大的，我是读着知心姐姐信箱长大的。

报告讲完之后，我拿着话筒走下台，走到他们中间，跟他们说，孩子们，今天知心姐姐来了，谁有话可以站起来说了。一个男孩站起来说，知心姐姐，能送给我一本书，给我签上名吗？我当场签了本书给他。一个孩子站在我对面说，我能叫你一声妈妈吗？我过去做了很多坏事，现在我想做好人，你能相信吗？我说妈妈相信你。有一个孩子上来问我，你能告诉我你的生日是哪一天吗？我愣住了。他说，所有孩子都不能忘了父母的生日。没想到他会问我，本来不想告诉他，可是看两千多双眼睛看着我，我说了，他们掌声响起。又一个男孩上来问我，你能告诉我出去怎么立足吗？我说你什么时候出去。明年二月。把头抬起来，虽然你过去做了很多坏事，但现在是好人，你要堂堂正正做人，做一条龙。他说我就叫龙。

又一个男孩问我，我能跟你拥抱一下吗？我说可以，当他跟我拥抱的时候轻轻说了一句话：“妈妈从来没拥抱过我。”我的眼泪就流出来了，我忽然意识到，这是一群严重缺少爱的孩子，他们的主要罪行是抢劫罪，少数强奸罪。我说真不想在这儿见到你们，如果在军营里见到你们该多好，如果在校园里见到你们该多好，可今天在高墙里跟你们见面。我不想见到你们，可是我没有办法，既然进来了，我告诉你怎么出去，我说我进来的时候你们门口有一个大的雕像，那个手就是爸爸妈妈的手，那个太阳就是你，那只和平鸽象征着自由。

当我离开他们的时候，他们全体起立，掌声经久不息。当我经过他们的时候，我被深深地震撼，全是 15 ~ 17 岁的男孩，站在那儿像一片树林。这是一种多么大的力量，能摧毁这个世界，也能建设这个世界。后来少年犯中的一个打电话给我，说我的报告在少管所引起强烈的反响。接着我收到好几位少年犯写给我的信。一个孩子说，妈妈，你到高墙里来看我们，我们很感动，长这么大没人给我们讲如何做人，我只会做题不会做人，早一点看这本书我不会犯那样的错误。孩子说，我从来不知道什么叫感动，我流过血没流过泪，听您的报告，我流了三次泪。我把这些话都写在我另一本书里——《告诉世界，我能行》，是写给孩子们的。写的时候我就想，把这本书再次送给他们，可是我不想一个人送，因为他们渴望更多的关爱，我发动很多人跟我一块，把书送到少管所，在他们想读书的时候，让他们读进去。

我又在想，这种缺失怎么来的？谁关注过他们，当他们缺失精神文化滋养的时候，他们不能把握自己的时候，他们失去了青春，他们失去了自由。于是我开始反思，什么都可以缺，但是不能缺少精神文化的滋养。一个人缺失了文化的滋养，就不能有清醒的头脑，不能把握自己的命运，就会在充满诱惑的世界里走向泥坑。所以我今天在广泛宣传阅读，如果真是一个爱孩子的校长，一个有责任心的老师，首先要告诉孩子去阅读一份好的报纸、好的期刊，一本好书。当孩子对读书感兴趣的时候，这个民族才真正有希望。

4. 缺失亲情沟通

要教育孩子从小学会与人沟通，第一要说，第二想好了再说，第三好话好说。更要多跟父母说。教育孩子时学会倾听，孩子肯定有什么话都跟你说。

那些离家出走的孩子很少考虑到父母的感受，他们为所欲为，不计后果。面对那些心急如焚、痛不欲生寻找自己的父母，他们却无所谓。正是父母过分的溺爱以及沟通的缺失，让这些孩子变得无情无义。面对孩子的绝情，父母们应该思考：在孩子情感的世界里，自己播种的是爱的种子还是恶的种子？面对自己的不孝，出走的孩子也该扪心自问，我的良心哪儿去了？

这十年比过去变化都要快，爸爸妈妈对孩子来说是一个不知道的世界，孩子对父母来说也是一个不知道的世界。

一个妈妈看到毛主席挥手的像，妈妈问：你认识这位爷爷吗，你知道他在干什么？孩子说我认识他，他叫毛主席，毛主席正在打的呢。妈妈看到这个像，知道是毛主席挥手我前进，可孩子不懂。当过知青的爸爸带孩子去吃知青餐馆大饼，孩子说，当知青真好，很奇怪你不愿意当了，这大饼子真好吃。

孩子的事情父母也不理解。儿子上小学不会写作文，小保姆替儿子写一篇作文，得了一百分；妈妈是作家，替儿子写一篇作文，不及格。儿子在网上找了一个女朋友，女朋友问他，F4 知道吗？儿子不知道，问爸爸也不知道，爸爸说没关系，我查字典，F4 是美国轰炸机。儿子照此回答，女朋友说拜拜吧，我奶奶都知道 F4 是谁。

今天很多孩子告诉我，爸爸妈妈都是外星人，说什么他们都不懂。你不懂我，我也不懂你，而且两个世界的心态不是很好。我们的这些孩子由于营养过剩，过早进入青春期，青春期最大特点是跟大人较劲，你让我朝南我就朝北，你让我干我偏不干，我跟你对着干。爸爸妈妈压力太大，过早进入更年期，最大特征跟孩子较劲，让你干你就给我干，不干我跟你急。青春期的孩子逆反，更年期的父母暴躁，青春期碰撞更年期，沟通变得更为艰难。

沟通成了世界主题，怎样和孩子沟通，也成了今天家庭教育最大的主题。爸爸妈妈全到报社找我，各种各样的原因，都是困惑得不得了的事情，到这时再沟通就晚了。要教育孩子从小学会与人沟通，第一要说，第二想好了再说，

第三好话好说。更要多跟父母说。

孩子要学会表达，父母要学会倾听，要听孩子说。教育孩子时学会倾听，孩子肯定有什么话都跟你说。我们办了一份新的杂志《知心姐姐》，就是为了促进两代人沟通的，拿到这本杂志看了你就会豁然开朗。有一篇文章叫《和孩子沟通的天龙八部》，问八句话，就能让孩子把心里话说出来。过去的爸爸妈妈孩子多，教育这个孩子的经验下一个孩子还可以用，我们现在就一个孩子，等你有经验就晚了，所以你要学别人的经验。不要放弃孩子，对离家出走的孩子宁愿寻找、等待也不要放弃，因为你是孩子心中唯一的希望。最近帮一个孩子出了一本书叫《出走》，他是一个问题孩子，抽烟喝酒，多次离家出走，父亲是教育局局长。后来孩子回来了，为什么呢？他跟我说了两条：一是我爸说了一句话，局长不当，我也要把儿子找回来。这局长了不起，他不光顾自己的面子，他要孩子，不要面子，孩子被感动了。二是他的妈妈为了找儿子，打了上千个电话，她相信孩子一定能找回来。

别放弃你的孩子！你要改变你的孩子，首先要改变你自己，孩子常常是有烦恼的，你不能再把你的烦恼强加给他，你要学会和孩子沟通。

5. 缺失成就感

今天孩子成长的路上缺的不是老师，是观众。

迷恋网吧的孩子，他在学习上没有成就感。一个孩子道出了他的心声：“爸妈看不上我，老师看不上我，反正我是没好了。但网上那么多人关心我，发一个帖子有那么多人回应我。打游戏，冲过一关我就觉得成功了，于是再冲一关。”

好老师是懂得鼓励学生的。有一个学生，上课时每次都举手，老师叫他回答他又不会。老师问：“那你举什么手呀？”他说：“我就想表现积极，但是我就是不会。”“下次记住了，不会的举右手，会的举左手。”孩子记住了，后来老师挑他举左手的时候叫他回答，每次都回答正确，孩子举左手的次数越来越多……

孩子迷恋网吧的另一个原因，就是爸爸妈妈老是拿自己的孩子跟人家比较，你瞧人家，多好多棒！觉得自己的孩子是沙子，人家的孩子是金子。有个小男孩曾经委屈地对我说：“我从来没当过干部，做梦都想当，好不容易捞个队长当，乐得屁颠儿屁颠儿的。回家跟我妈说：‘妈！我当上小队长了！’我妈不但没夸我，反而把嘴一撇，说：‘小队长有什么好吹的？这是中国最小的官儿了！我小时候当的是大队长！’可我妈不知道，我哪赶得上她呀，我能当上小队长有多不容易呀！我跟老师说了很多好话，做了很多保证，老师才让我当这个小队长，还是个副的，老师说，随时准备撤下去！本来想给我妈一个惊喜，没想到，我妈还是瞧不上我！”一个刚上任的中队长对我说：“我当上中队长，心里特高兴，回家跟妈妈一说，我妈当时就问：‘大队委的候选人有你吗？’您说，我妈多不知足！”你们看，这些妈妈真是太难为孩子了。爸爸妈妈的标杆永远超越孩子的水平，这就是今天孩子的悲哀呀！这样他们的孩子永远不会有成就感。如果按照这种观点设想，学校里成功的学生只有两名：一个是大队长，一个是学习尖子。其实，你的孩子就是你的孩子，没有必要总去和别人的孩子比，任何比较都是有害的。每一个孩子都有自己的个性，每一个孩子都应该在他实际的基础上发展，而不是做别的孩子的复制品。正确的方法应该是：永远不和别人家的孩子比，只要你的孩子今天比昨天有进步，你就应该祝贺他、肯定他、鼓励他。

很多人都说，今天世界上数中国的孩子学习最刻苦，成绩最优秀，但中国的爸爸妈妈对孩子满意度最差。有一个同学的儿子在美国读书，学校里有中国孩子、美国孩子，一块在操场打球。中国孩子十个球进了九个，中国妈妈不满意，那个球怎么没进，美国孩子十个进了一个，美国妈妈说孩子真了不起。于是进一个球的美国孩子有成就感，进九个球的中国孩子有失败感。中国家庭最大的问题是满意度差，不为孩子得到而欢呼，为失去而遗憾。我们有一个孩子到北京来，他说我妈给我报了五个兴趣班，有三个还行有两个最讨厌。问他最喜欢哪个，他说最喜欢电子琴班，因为爸爸妈妈都不会弹，每次弹一个曲子，会说真不得了，还能整出这玩意儿。最不喜欢数学，因为我爸教数学，做出一个难题给他看，他说这么简单都不会，真没出息。父母不了解孩子的心情，他们需要激励。今天孩子成长的路上缺的不是老师，是观众。谁在为孩子鼓掌喝彩？都在挑孩子毛病，这样孩子能有兴趣吗？

特别对淘气的孩子，从小要给他一点做正面人物的成就感。我什么朋友都有，一个特淘气的孩子跟我交往，告诉我，老师老跟我过不去我就跟他过不去，我就跟他捣乱。有一天区领导要来学校参观，校长在走廊里，我从教室跑到走廊，从走廊跑到教室，来回跑。校长急了，问我你哪个班的。我说是某某班的，我们班主任叫什么名字。校长气呼呼地去找班主任了。你以为孩子没招治你？你能把他怎么样？你看，你不给孩子一点点成就感，老指责他，他会以其人之道还治其人之身的。

爸爸妈妈想一想，如果别人对你好话不说，专门冲你说坏话，你什么感觉？有时候人需要鼓励，本来不觉得怎么好，别人说你好，你觉得自己真不错，就找到了当好人的感觉，谁也不想当坏人的。给孩子一个当好人的机会，谁生下来都是有亮点的。

二、成长比分数更重要

1. 成长比成功重要——输得起的孩子最成功

要让孩子成为一个人格完善的人，而不仅仅成为一个成绩好的学生，就要让孩子有丰富的人生经历，既要有成功的经历，也要有失败的经历。

现在的父母有个奇怪的现象，什么都替孩子干，认为孩子的任务就是念书。我组织夏令营，一个很小的孩子看着煮鸡蛋发呆，我说："你不爱吃吗？""爱吃！""那你怎么不吃呢？""这鸡蛋跟我们家鸡蛋长得不一样！""你们家鸡蛋长什么样？""我们家鸡蛋是白的、软的，这鸡蛋太硬咬不动！"后来一问才知道，这孩子从小就没见过家人煮鸡蛋、剥鸡蛋的过程，都是切成四块摆好了放在面前吃。所以家长别老预设结果，而要重视成长过程，走好脚下的路，那么成功就是水到渠成的事。

一名少年犯这样回忆他的犯罪历史："5 岁那年，妈妈带着我乘公共汽车，我顺利逃票后，妈妈不但没有责怪我，反倒夸我很聪明。以后我就常常逃票，结果长大我就变成了抢劫犯。"由此可见，让孩子成人比成功重要。当前父母教育孩子时，一定要告诉他们什么是荣，什么是耻。

家长们常常急功近利，以为只要孩子能考上大学就万事大吉，孩子其他的需求根本不去管。而人的成长有多方面的需求，不是单注重智力的发展。现在有很多孩子学习成绩虽然很好，可是因为心理发生了问题，结果最终也考不上大学。这些孩子不是没有能力，而是因为非智力因素限制了他们的发展。我常常对家长说，孩子的成人比成功重要，成长比成绩重要，经历比名次重要，付出比给予重要，鼓励比指责重要。要让孩子成为一个人格完善的人，而不仅仅成为一个成绩好的学生，就要让孩子有丰富的人生经历，既要有成功的经历，也要有失败的经历。家长要对孩子一生负起责任，那就要想明白你培养的是一个孩子，而不是一架考试的机器。反过来说，心态很好、充满自信的孩子，一定会成为各方面都优秀的孩子，也一定能考出好的成绩，考上好的大学。

有一回召开全国优秀新闻工作者表彰大会，我们一起到了传媒大学，一个学生问我一个问题，一个记者发现井盖掉了没有管，而在一辆自行车掉下去时拍摄了一张照片，你怎么看。我回答说，这是一个缺德的记者，因为他首先是人，然后才是记者，哪能把你的照片建立在别人的痛苦上，太没有道德。白岩松说话了，说有一个记者拍了一张震撼世界的照片，一只巨大的老鹰追捕非洲的孩子，最后老鹰把孩子吃掉了。这张照片获得国际大奖。人们谴责那记者，你看到你为什么不救他，他说没救下来，人们不再谴责他，但他自己良心受到谴责，后来自焚而死。这是道德的力量，成人比成功重要。

2. 经历比名次重要——让孩子接受挫折教育

明智的爸爸妈妈一定不会把孩子泡在蜜罐里，养在温室里，而是让他们多经历，多磨炼，激发出同情心、责任心和意志力，这些是孩子一生的财富，是幸福快乐的基础。

有一个厨师让小和尚去打油，说千万不要洒了，小和尚手哆嗦，洒了。厨师大怒：告诉你别洒，还洒了！老和尚告诉小和尚，你再去，一边看看外面的风光有多好。小和尚说我不是打油的料，盯着还洒一半，看风光还不洒光了？老和尚说洒光也没事，主要看看外面有什么就行了。小和尚拿着油，开始看风光，春光真美，低头一看手里油一滴没洒。厨师盯着小和尚的油，结果油洒了一半，老和尚关注小和尚的见识，结果油一点没洒，那是因为心态决定胜败。路还是那条路，小和尚还是那个小和尚，心态不同，结果完全不同。小和尚按老和尚说的去做，不但得到好的结果，而且过程中有收获，更锻炼了一种好心态。

今天的爸爸妈妈心态坏到了极点，给孩子太多的压力，孩子一考试就说，好好考，考不好回来我揍你。孩子一考试就紧张，有个孩子说过去考试后是“单打”，现在是“男女混合双打”。妈妈说：“你给咱们家多考一分，就给咱们省下三到五万块钱。”自从我上学后，父亲就变成了挣钱机器，我就变成了挣分的机器，我们家没了快乐，变成了战场。有的孩子因为成绩排名在后而跳楼，重点学校时常发生这种现象。如果我们只在乎孩子取得的结果，忽视孩子成长的过程，结果往往都不好。

都说现在孩子心理承受能力差，经受不起挫折，这是因为家长不给他们接受磨炼、承受失败和挫折的机会，只注重学习成绩，根本不关心孩子的心灵成长。

其实对成长中的孩子来说，困难和挫折作为一种经历，是最好的大学。

无论什么人，只要他没有试过饥与渴的滋味，他就永远不知道食物和水的重要，不懂得生活到底是什么滋味；一个孩子，如果他没有经历过困难和挫折，就品味不到成功的喜悦，没有经历过苦难，就永远感受不到什么叫幸福。

近年来，在培养跨世纪人才的话题中，挫折教育越来越引起人们的关注。让孩子在艰苦的环境中，一洗养尊处优的习气，磨砺坚强的意志，学会在“黑暗中看到光明”的自信和技能，培养他们的韧性、耐挫力和受挫后的恢复能力，从而使他们不仅学会从别人或外界的给予中得到幸福，而且能从内心深处激发一种自己寻找幸福的本能。这样，他们才能在任何困难和挫折面前泰然处之，保持乐观。这是人生的无价之宝。

我们做父母的，不愿让孩子去经历苦难，总是千方百计地为孩子设计充满笑脸和鲜花的明天。但是，生活是无情的，也许有千百种灾难在等待着一个年仅几岁或十几岁的孩子，畏惧这些灾难的人，永远不会有幸福。

奥斯特洛夫斯基曾经说过：“人的生命似洪水奔流，不遇着岛屿和暗礁，难以激起美丽的浪花。”一帆风顺长大的孩子，很难创造出生命的辉煌。

关于挫折教育，早在远古时代就已经开始了。在一些原始部族里，少年男子如果想拥有成年人的权利，被社会所接纳，必须要通过一次近乎残酷的优胜劣汰的考验：大人们把这些男孩放到一个没有人烟的、野兽经常出没的恶劣困境中，让他们品尝孤独和挫折的滋味，学会面对和战胜各种困难。只有经过千辛万苦奋力挣扎返回部族居住地的男孩，才能被证明已是个成年人，是个真正的男子汉，才能享有成年人的一切权利。这种考验可视为人类早期挫折教育的雏形。当然，这种以生命为代价的挫折教育，不免有些惨无人道。

现代社会里，尤其是一些发达国家，由于物质生活条件优越，就更加重视对下一代进行挫折教育。

日本很早就开始对孩子进行挫折教育。一些平民学校的老师经常带领学生到户外上课，让学生们到大自然中寻求知识和体验生活。这种名为修学旅行的教学方式一直沿用至今，其中体验生活的内容与我们现在开展的挫折教育相仿。

近年来，日本比较流行的做法是，定期向学生供应清汤萝卜、粟粒煮成的“饥馑午餐”，目的是让他们了解父辈的艰苦生活。学校还规定了穿短裤、短裙的日子，这一天，哪怕气温再低，全校学生也一律都要换短裤或裙子；在学校规定的穿长衣的日子，无论天气多热，学生们都必须换上长衣长裤……

每年，日本都有一些有钱的人花钱让孩子到中国来参加夏令营活动，让孩子背着很沉重的背包，到草原上走一走，尝尝吃苦的滋味。他们有时还把孩子放在荒岛上，让孩子懂得什么叫饥饿，让他们学会自己生存。

有位老师对我说，不久前他们学校的孩子同日本的孩子一起开展了一次活动。老师们发现：日本孩子身上有一种不怕困难、坚忍不拔的韧劲，耐受力很强，孩子发了烧，自己想办法，不去找老师。他们的领队说，从小家长就告诉他们，爱护身体是自己的事，自己的事要自己负责。

在韩国，家长同样也很注重从小锻炼孩子的意志。他们给孩子穿上羽绒服，让他们在冰窟窿里待上一阵儿再出来，让孩子懂得“寒冷”的滋味。

承受挫折的良好心态，是人在童年和青少年时受过挫折并不断地解决困难中磨炼出来的。这是一个人素质高低的重要标志。

卢梭曾经说过：“你知道用什么方法可以使你的孩子不幸吗？这个方法就是百依百顺。”

所以，爸爸妈妈对孩子过分娇纵、百依百顺，只会产生强烈的负面效应。妈妈爸爸无微不至的关怀，只能是让你的孩子一次次地与能磨炼他成长的艰难困苦、失败挫折失之交臂，使得他们缺乏面对挫折并战胜挫折的勇气和经验。

一旦遭受到挫折，便会无所适从，一蹶不振。

巴尔扎克说过："苦难对于天才是一块垫脚石，对于能干的人是一笔财富，对于弱者是一个万丈深渊。"一个人受不了委屈，经不起挫折，害怕困难，是不可能面对未来竞争激烈的大千世界的。哪位父母又能够保证，你的孩子一生不会遭遇挫折呢。

我想，明智的爸爸妈妈一定不会把孩子泡在蜜罐里，养在温室里，而是让他们多经历，多磨炼，激发出同情心、责任心和意志力，这些是孩子一生的财富，是幸福快乐的基础。

3. 对话比对抗重要——别跟孩子较劲

因为缺少朋友，所以渴望交朋友是现在许多孩子的愿望。他们都有交异性朋友的需求，家长不能强行禁止，而要与孩子对话，了解他们，引导他们。

青春期的孩子爱跟父母"对着干"，四五十岁的父母也爱跟孩子"较劲"，双方各站一方，把自己的意见强加给对方，只想改变别人，不想改变自己。比如谈到早恋，许多家长就简单粗暴地阻挠，强行压制。

青春期的孩子正处在成人感迅速增强，但心理却不成熟的时期。他希望得到大人的尊重，又对父母缺少基本的信任，因此逆反心理很强，心灵的大门只朝着同龄人开放，这时候他特别需要心灵关怀，需要理解。

今天的爸爸妈妈喜欢偷听孩子的电话、偷看孩子的日记。一个初二女孩的妈妈跟我说，女儿上了初二，一个柜子锁得严严实实，一天妈妈发现钥匙放在柜子上，喜出望外，想看女儿的日记，爸爸说别那么干，妈妈只好把钥匙放了回去。女儿回来后大叫起来，你们偷看了我的东西！妈妈说没看，女儿说钥匙上那根头发丝不见了，还说没看。她打开柜子发现里面纹丝未动，说："对不起，冤枉你们了。告诉你吧，我所有东西上都有记号。”

其实，处于青春期的孩子肯定有秘密，要给他们留一点空间，留一点秘密，让他们有隐私，没什么大不了的事。父母应该尊重他们。因为缺少朋友，所以渴望交朋友是现在许多孩子的愿望。他们都有交异性朋友的需求，家长不能强行禁止，而要与孩子对话，了解他们，引导他们。

4. 付出比给予重要——给孩子爱你的机会

只对孩子付出爱，会让他们没有责任感，只会一味索取。

今天爸爸妈妈给孩子的爱是无原无则，今天的孩子无情无义，多少父母流下了痛苦的眼泪，过去是父母打孩子，今天是孩子打父母。我经常遇到这样的案例。

只对孩子付出爱，会让他们没有责任感，只会一味索取。有一个丢了工作的妈妈知道孩子喜欢吃虾，咬牙从市场买来，看孩子吃得津津有味，自己舍不得动筷子，眼看孩子已吃完饭，妈妈忍不住想尝一口。“别动！”13 岁的孩子说，“那是我的。”过分溺爱、无限纵容滋长了孩子的自私，使孩子心中只有自己，没有别人。

爸爸妈妈说，什么都不要你干，你考第一就行了。所以现在无情的孩子、无能的孩子比比皆是。某校校长曾讲述了这样一个故事，学校开学后来了许多新生，一位母亲为孩子每天穿哪件衣服都编了号。有一天下雨了，这个孩子却穿着单衣外出，结果感冒了，孩子责怪父母为什么让穿这件，我都感冒了，家长说，实在对不起，我不知道今天变天。有一个孩子参加冬令营，因为他从小跟他妈一被窝，现在住上铺，晚上害怕，就钻到下铺大男生被窝里，被一脚踢出来，钻到另外一个孩子的被窝里，又被轰了出来。过分溺爱，只知道给予，只会害了孩子。

娇生不能惯养，自作就得自受，独立必须自主，从小吃得苦中苦，将来才能少吃苦。今天家庭教育的问题已经凸显出来，我们光顾着照顾，光顾着给予爱，孩子将遇到巨大的适应社会的问题。据报道，有一个研究生到了 20 岁不会做饭只知道吃膨化食品，什么家务也不干，该长大而没长大。这就是因为小时候没让他做应该做的事情。父母们，你能替孩子做事，但代替不了孩子成长，这是今天特别应该引起广大家庭和学校注意的事情。

三、成长的天空

1. 成长需要梦想——“放飞你的梦想”

童年是多梦的季节，真爱孩子的父母应当精心保护孩子的梦想，这样梦想的种子才有可能长成参天大树。因为任何一个成功都是从梦想起头的。梦想是心灵世界的阳光，目标是人生路上的动力。

孩子天生都有梦想，童年是梦想的故乡。

梦想是鸟儿飞翔的翅膀，不展开翅膀，你永远不会知道你究竟能飞多远。一个人心中拥有了梦想，就会在希望中生活，并不断地创造生命的奇迹。

童年是多梦的季节，真爱孩子的父母应当精心保护孩子的梦想，这样梦想的种子才有可能长成参天大树。因为任何一个成功都是从梦想起头的。黎巴嫩著名诗人纪伯伦说：“我宁可做人类中有梦想和有完成梦想的愿望的、最渺小的人，而不愿做一个最伟大的无梦想、无愿望的人。”但是很多父母面对孩子的梦想，会说那是不切实际的好高骛远。他们不明白，正是有了梦想，不切实际才有可能变为实际。梦想就像人体成长所需要的微量元素与氨基酸，缺少它，大脑的营养就跟不上，思维就会迟钝，没有想象力、创造力。父母要学会给孩子以梦想，让孩子在无数个梦想中，充分发挥想象力与创造力。

关于“梦想”，有这样一个故事。

2002年的11月28日，是美国特有的节日——感恩节。在这个节日到来的前三天，芝加哥市一位名叫赛尼·史密斯的中年男子向当地法院递交了一份诉状，要求赎回自己去埃及旅行的权利。

事情发生在40年前，当时赛尼·史密斯6岁，在威灵顿小学读一年级。有一天，品行课老师玛丽·安小姐让他们各说出一个自己的梦想。全班24名同学都非常踊跃，尤其是赛尼，他一口气说出两个：一个是拥有自己的一头小母牛，另一个是去埃及旅行一次。可是当玛丽·安小姐问到一个名叫杰米的男孩时，不知为什么，他竟一下子没了梦想。为了让杰米也拥有一个自己的梦想，她建议杰米向同学购买一个，于是在玛丽·安小姐的见证下，杰米就用三美分向拥有两个梦想的赛尼买了一个。由于赛尼当时太想拥有一头自己的小母牛了，他就让出第二个梦想——去埃及旅行一次。

40年过去了，赛尼·史密斯已人到中年，并且在商界小有成就。40年来，他去过很多地方——瑞典、丹麦、希腊、沙特、中国、日本，然而他从来没有涉足过埃及。从他卖掉去埃及的梦想之后，他从来没忘记过这个梦想。然而，作为一个虔诚的基督徒和一个诚信的商人，他不能去埃及，因为他把这一行为连同那一个梦想一起卖掉了。

2002年感恩节前夕，他和妻子打算到非洲旅行一次，在设计旅行线路时，妻子把埃及的金字塔作为其中的一个观光项目。赛尼·史密斯决定赎回那个梦想，因为他觉得只有那样，他才能坦然地踏上那片土地。

可是，赛尼·史密斯没有赎回那个梦想。因为经联邦法院审定，那个梦想价值3000万美元，赛尼·史密斯要赎回去，就必须倾家荡产。其中的缘由，我们从杰米的答辩状中，也许可略知一二——

在我接到史密斯先生的律师送达的副本时，我正在打点行装，准备全家一起去埃及。这好像是我一口回绝史密斯先生要求赎回那个梦想的理由。其实，真正的理由不是我们正准备去埃及，而是这个梦想的价值。现在各位都非常清楚，小时候我是个穷孩子，穷到不敢有自己的梦想。然而，自从我在玛丽小姐的鼓励下，用三美分从史密斯先生那儿购买了一个梦想之后，我彻底地变了，变得富有了。我不再淘气，不再散漫，不再浪费自己的光阴，我的学习有了很大的进步。我之所以能考上华盛顿大学，我想完全得益于这个梦想，因为我想去埃及。我之所以能认识我美丽贤惠的妻子，我想也是得益于这个梦想，她是一个对埃及文明着迷的人，如果我不是购买了那个梦想，我们绝不会在图书馆里相遇，更不会有一段浪漫迷人的恋爱时光，也不会有现在像我们这样幸福的一对。我的儿子现在在斯坦福大学读书，我想也是得益于这个梦想，因为从小我就告诉他，我有一个梦想，那就是去埃及，如果你能获得好的等级，我就带你去那个美丽的地方。我想他就是在埃及的召唤下，走入斯坦福大学的。现在我在芝加哥拥有六家超市，总价值2500万元左右。我想如果我没有那个去埃及旅行的梦想，我是绝不会拥有这些财富的。尊敬的法官和陪审团的各位女士、先生们，我想假如这个梦想是属于你们的，你们一定会认为这个梦已融入了你们的生命之中，已经和你们的生活、你们的命运紧密相连，密不可分，一定会认为这个梦想就是你们的无价之宝。

为什么梦想可以实现，因为梦想会使人心中产生一种激情，这是一种可贵的心灵动力，是可以令一个人“虽九死其犹未悔”的生活向往，它会最大限度地激发人的潜能，从而实现自己的目标。

人类最可贵的本能就是对未来充满幻想，对明天充满激情——尽管这些幻想有许多不确定的因素，尽管有些孩子的梦想永远都不能实现，但是，每一个人都在憧憬着未来，并为着这或远或近的“未来”投入他们全部的努力。

但遗憾的是，今天的孩子离梦想是那么遥远！

《知心姐姐》杂志在“知心调查”问卷中设计了一个比较具体的问题：“今后你想做什么？”来自北京、上海、安徽、云南等8个省（市）的2855名中小学生参加了调查。

我们猜想，几千名孩子给出的答案一定是五花八门，令人眼花缭乱，充满激情和想象。

但是，很令人失望！我们只能从7.29%的答案中看到激情和想象的影子。这些答案中有：“周游世界，飞越万里长空，研究奇形怪状的生物、宇宙、外星人，到别的星球去工作……”这些都是让人怦然心动、心驰神往的事情。可惜这样的人生设计太少了。92.71%的中小学生的回答几乎千篇一律，是这样的“标准答案”：“上一个好大学，找到一份好工作。”

中小学生本应该是充满童真、充满童趣、富于幻想的，对于他们来说，今后想做的或喜欢做的事情太多太多了。可是面对问卷，大部分孩子似乎忘记了自己的年龄，所有原本属于他们的激情与幻想都无影无踪，似乎他们一下子就变成了一个要考虑工作与生存的小大人。

为什么有92.71%中小学生会回答今后要“上一个好大学，找一个好工作”？“知心调查”得出的结论是：孩子受父母急功近利的生活态度影响太深。

从父母的答卷中我们可以找到答案，“您希望您的孩子将来成为一个什么样的人”，父母的回答是：

取得最高学历。

好好学习，事事争做No.1。

出国留学。不学习，就是死路一条。

一直学下去：学士、硕士、博士……

想让他好好学习，为我们争口气。

出人头地。

父母把这种生存的压力过早地传播给了孩子，孩子也就自然开始压制自己内心的激情与渴望，甚至对生活淡漠，他们过早感受到了生存的压力。一旦“大学”不是父母眼中的“最好”，工作不是自己心中的“最佳”，就开始抱怨，开始灰心丧气，觉得活着没有意思，甚至寻死觅活，这是十分可悲的。

多彩的梦想是人生的宝贵财富，人的一生能走多远，很大程度上取决于童年的天地有多大。有梦想的人，天地就广阔。梦想一旦萌发，就魂牵梦绕，无论能不能实现，始终是一种激励。

孩子的梦想又是一个民族创新的灵魂。我们的祖辈和我们自己，如果小时候没有梦想，我们的国家就不会像今天这样的辉煌；我们的孩子一旦小小年纪就把心淹没在功利之下，那么，我们民族的明天就会失去创造的动力，未来的太阳就会失去光泽。

浙江有个农民的儿子叫张潮，他家祖祖辈辈都是庄稼人。张潮从小喜欢科学实验，他和爸爸比赛种菜，结果张潮在实验田里种的蔬菜比爸爸种的大很多，村里的老农民都向他伸出大拇指，夸他有出息。小小的成功让他萌发出一个美丽的梦想：“长大当个农业科学家。”

他当选为全国十佳少先队员来北京，我问他：“你打算怎样去实现自己的梦想？”他坚定地说：“先上农业大学，再当农业科学家！”几年后，他如愿以偿，考入中国农业大学。同样是上大学，张潮是奔着“当农业科学家”的梦想而来的，并不是盲目追求“上一个好大学”，所以他感受到成功的幸福与快乐。

“找个好工作”是许多父母和孩子的希望，但对什么是“好工作”想法不尽相同。我认为，“最好”的工作是自己最想干、最爱干、最适合干的。

许多小朋友经常问我：“你是怎么当上‘知心姐姐’的？”我总是神秘地告诉他们：“这是我童年的梦想！”

我从小是读着《中国少年报》长大的。在北京史家胡同小学读书时，我是中队的宣传委员，收订和分发《中国少年报》成了我最乐意干的公务。为此，我还专门做了个小钱包，用来盛放收来的订报款。每一期新出版的《中国少年报》，就是通过我的手，一张一张发送到同学们手中的。我对每期报纸都爱不释手，一字一句看了一遍又一遍。

1960 年，《中国少年报》上出现了一个专栏人物——“知心姐姐”。她梳着两根小辫子，脸上挂着永远不落的微笑，耐心地回答着小朋友们提出的各种问题。我爱上了“知心姐姐”，每期报纸来，先找“知心姐姐”。

有一次，我悄悄地给“知心姐姐”写了一封信，信的大意是：我在《中国少年报》上看见许多学校的活动见了报，我们中队的活动也搞得很好，怎样才能见报呢？

“知心姐姐”竟然很快给我回了信。信是这样写的：

卢勤小友：

你的信我收到了，你们中队想给报社投稿，我们很欢迎。只要你们中队搞的活动很新鲜，报上没登过，就可以写下来，寄到报社。一时没有发表，也不要泄气，只要继续努力，总有一天会成功。

知心姐姐

第一次给“知心姐姐”写信就收到回信，而且被称为“小友”，我心里美滋滋、甜蜜蜜的，觉得是从未有过的成功！五年级时，我们五（3）中队的活动果然上了《中国少年报》。

从此，我成了“知心姐姐”的追星族。11岁时，我立下一个志向：长大到《中国少年报》当记者，当“知心姐姐”！

报纸上的“知心姐姐”是梳着两条小辫子的，为了像“知心姐姐”，我悄悄留起长发，也梳起了两条小辫子，还特意跑到北京照相馆，照了生平第一张“标准像”。

取相片那天，我乐得屁颠儿屁颠儿的，可打开照片一看，差点气晕了。照片上的人，哪里像“知心姐姐”呀，脑袋上光秃秃的，倒有几分像“小和尚”！

我满脸不高兴地问照相馆的人：“怎么照得这么难看？”

照相馆的叔叔说了句“名言”：“长什么样，照什么样。”

一句话把我逗乐了。我想他说得当然有道理，照相馆嘛，不就是“原版复制”。

回到家，我照着镜子，终于想出了好办法：把头顶上的小碎发先梳成小辫，然后再编到下面的辫子里。这样一来，头发显得多了，可是左看右看，还是不大像。

后来慢慢发现，我缺的是“知心姐姐”那种可信可亲的微笑。从此，我学着微笑，见人就笑，还热心地帮同学解除烦恼。时间长了，我居然有了亲和力，和同学们的关系更加融洽了。小学毕业时，《北京日报》记者司马小萌来学校采访我，拍了好多照片，每一张我都笑得挺“灿烂”。文章刊登出来，第一句话便是：“卢勤总是笑眯眯的……”没想到，微笑竟成了我与人交往的“见面礼”。

15岁那年，我成了北京女一中初二年级的第一批共青团员。我当了三年的团支部书记，发展了20多名同学入团。下午放学经常要和同学们谈心，你说我听，我说你听，“知心”的感觉真好！我做出慎重的选择：考中国人民大学新闻系，毕业后到中国少年报社当记者，当“知心姐姐”。

19岁那年，正当我要报考大学时，“文革”开始了，大学校门关闭了，《中国少年报》也停刊了。我当“知心姐姐”的美好愿望一时化作泡影。于是，我和千千万万北京知青一起，远赴吉林省白城地区镇赉县东屏公社巨丰山生产队插队。23 岁时我被抽调到白城地区知青办工作，入了党，四年后担任了副处级的地区知青办副主任。

然而当“知心姐姐”的情结却像醇酒一样在我心中越酿越浓，直到 1978 年 11 月的一天傍晚，我从广播里听到《中国少年报》复刊的消息时，我激动极了，立刻拿起笔给报社写信，表达了我的夙愿，盼望报社能够答应我当记者的请求。

好梦成真了。1979 年 6 月，我终于跨入中国少年报社的大门。记得那天，我哭了，我的理想实现了，我下决心在这里奋斗一辈子。1986 年，我当上了“知心姐姐”栏目的主持人。幸福钟情于不懈追求的人。

来到报社，我最先从事的工作就是以“知心姐姐”的名义，给小读者复信。每天，我都有一种神圣感，好像有千千万万“卢勤小友”在企盼着回信，我也亲切地称他们“小友”，因为我知道，“知心姐姐”的回信对孩子来说分量有多重，她会让一个天真的孩子萌发出美丽的梦想。

记得有一次我去山东农村采访，走进一所小学校，一个小姑娘一直悄悄跟在我身后。我终于停住脚步问她为什么要跟着我，有什么事。

小姑娘含着眼泪低声问我：“知心姐姐，你的辫子哪去了？”

我随口说：“剪了。”

“你什么时候剪的？”小姑娘又问。

我不知怎样回答，只好说：“昨天。”

没想到，小姑娘的泪水一下子涌了出来。我惊呆了，马上蹲下身，拉着她的手。这时我才发现，她梳了两条大辫子。我一下子明白了，这也是一个像我小时候一样的“知心姐姐”的追星族呀！

我的眼睛湿润了，轻轻地抚摸着她的辫子说：“你的辫子真好看，我要不剪就好了，明天我一定留起来！”

这位梳辫子的小姑娘激动、惋惜的目光，一直深深留在我的记忆中，想起来就好像欠了她什么，我真后悔当初剪辫子，尽管那是报上的形象，可童心不可欺呀！

当“知心姐姐”时间长了，心中装满了这样那样的孩子，我觉得自己越来越富有。1987年，我去香港参加香港与内地青少年问题研讨会。联欢会上，我即兴作了一首小诗，诗开头几句是：

朋友
假如你要问我
世界上谁最富有
我要骄傲地告诉你
是我
因为我有许多许多的朋友
在我的朋友中
有小朋友、大朋友、新朋友和老朋友
……

当时，我的“诗”赢得了香港朋友的热烈掌声，他们说：“真是太羡慕你了！你真富有！”

童年给了我这样的启示：梦想是心灵世界的阳光，目标是人生路上的动力。

2000年9月12日中秋节，也是我52岁的生日。就在这天晚上，中央电视台《新闻联播》播出我荣获“韬奋新闻奖”的消息。当时，激动的泪水涌出了我的眼眶，我童年的梦想得到了这么高的回报，心情难以平静。

在“韬奋新闻奖”颁奖大会上，我激动地说：“‘知心姐姐’是天底下最有魅力的事业，是我生命的全部。假如让我再做一次人生的选择，我仍然要选择‘知心姐姐’。我将永远做‘知心姐姐’！”

2. 成长需要尊严——“把头抬起来”

一个孩子是不是有尊严，不取决于家里物质条件的好坏，而在于他们生长和受教育的环境。

一个人心灵的世界是靠尊严支撑的。不怕没有钱，就怕没有尊严。

我们培养孩子从小要有骨气、有尊严。

一个孩子是不是有尊严，不取决于家里物质条件的好坏，而在于他们生长和受教育的环境。

美国斯坦福大学的学生顾盼，就是一个自信自尊的中国女孩。

顾盼出生在一个特殊家庭。她的父母身材矮小，父亲身高只有1.3米。顾盼从小就生活在别人的非议和嘲笑中，但是她从不自卑，因为她有一个很有尊严的父亲。

我第一次见到顾盼，是在中国教育电视台《知心家庭》演播室。当顾盼领着父母走进演播室时，在场的人都惊呆了。站在矮小的父母中间的，是一位个子高高的、眉清目秀、眼大而有神的美丽女孩！她脸上带着微笑，热情开朗，青春洋溢。身材矮小的父母和清秀高挑的女儿之间的极大反差，让在场的人充满好奇。

顾盼说：“我跟父亲出去的时候，街上经常会有一些人对我们指指点点，我觉得非常不好受，并不是埋怨父亲长得矮，而是觉得，为什么这些人会以这样的眼光看人？！可是，我父亲面对这些目光，非常坦然。所以我觉得，我的开朗跟父亲的坦然有很大关系。父母为了我的健康成长付出了很多，从小我就把父母的辛苦看在眼里，也记在心上。我不会因为父亲不能让我像其他孩子一样享受而自卑，因为父母给我的一切已使我感到满足。”

女儿说着，顾先生不时地点头，面带笑容地说：“我很开心！很多邻居、朋友、同事羡慕我女儿成绩好，长得漂亮。但是，最令我欣慰的是我女儿的为人。她没有现在独生子女那些普遍的弊病，比如任性、自私、骄傲、自以为是、不能和人家融洽相处……我是一个残疾人，身高只有1.3米左右，有时也招来一些奇异的眼光。但是我想，我对工作是兢兢业业的，这是我的底气，那些别样眼光就随它去吧。我希望能好好地教育女儿，使她成为一个各方面都比较优秀的人。我是一个有心人，很注意向别人学习，不断改进，所以我能够顺利地走到今天。”

我问顾先生教育孩子的核心问题是什么，顾先生说：“我教育孩子第一理念就是：育人先育德。我认为良好的行为习惯的培养，是品德培育的基础。我从培养她良好的行为习惯入手，培养孩子的爱心。她才几岁时，中国大熊猫濒危，我就带她去捐款。那时，我们杭州有一个‘援助孤儿’行动，我也带她去捐款。我认为大人有爱心，孩子就有爱心。”

这位残疾父亲给予孩子的是精神上的财富，他身高不高，却有着崇高的人格。女儿从父亲那里接受了人格的教育。

这使我想起一个真实的故事——《泪湿土琵琶》。在一个非常贫困的地区，一位农民一心要让儿子上大学。为了儿子的学费，他弹着土琵琶在街头卖唱。有一次，他到学校去看儿子，儿子见到父亲，却跟同学介绍说：“这是我老乡”。

对这种现象，顾盼有自己的看法，她说：“我想这可能跟父母的教育有关。父母从小给他灌输的思想就是，你能上大学，你就变成凤凰，就高人一等。我觉得我能够有一个平常的心态，首先是因为我的父亲有一颗平常的心。”

“父母的生活态度和看法直接影响孩子。”顾先生回忆了母亲对自己的教育，“小的时候，我面对别人的讽刺和异样的眼光，心里很不舒服。有一次为这个还跟人家打过架。但是我的父母开导我要自强，向古代的晏子学习。后来长大了，我心态就变得比较平和。不是整天愁眉苦脸，而是快乐开朗。”

顾先生讲了一个深刻的人生道理：孩子的心灵成长需要自尊自强。这“自尊自强”能够享用一生！“没有人能打倒你，除了你自己。”有尊严的人永远有动力。父母给予孩子的这份人生礼物，比给孩子金钱要珍贵得多。

正是父母给予了女儿这份人生的财富，顾盼拥有了健康美好的心灵和乐观的心态。

顾盼说：“我觉得，一个人能够成功，跟心理因素、思维习惯、智力因素都有关系。我感谢父母给我的一切。”

人人都需要尊严。尊严树立起来，人生就会创造辉煌；尊严一旦崩塌，人生就会充满阴霾。贫困、残疾家庭出生的孩子需要尊严，那些学习差的孩子也需要尊严，有时这些父母、老师眼中的“差生”，缺的不是分数，而是人格尊严。

一群全校闻名的捣蛋鬼，毕业前被集中打入“差班”。“差班”第一天上课，新班主任的开场白是这样说的：

“同学们，把头抬起来！人生好比一场马拉松，暂时的落后并不代表最后的失败。从今天开始，我和你们一同起跑……”

犹如春风拂过荒原，犹如暖流涌向冰川，这些“差生”的心灵被强烈震撼，就在这堂课上，一颗颗“顽石”下定了努力向上的决心。

从此，“把头抬起来”成了这个班同学的常用语。现在，他们都已长大成人，每逢过年，他们之间还通过手机短信把这句话互相传递。他们说：“这普普通通的五个字，充满了强烈的情感和人生的哲理，是它，改变了我们的人生道路。”

“把头抬起来！”这五个字唤起了孩子做人的尊严！

3. 成长需要包容——“我已经原谅你”

爸妈永远是孩子心中最后的底线，家庭永远是浪迹天涯的游子最后的归宿。

“包容”能培养孩子的情怀，使他不回避错误又能善解人意。在包容中长大的孩子将会极富耐心。

包容是孩子心灵成长的氧气，如果没有充足的氧气供应，人很快就会窒息甚至丧失生命。

我看过一篇文章，题目叫《容纳》，讲的是越战结束后一个美国士兵的故事。这个士兵打完仗回到国内，从旧金山给父母打了一个电话。

“爸爸妈妈，我要回家了！但我想带我的一位朋友回来。”

“当然可以。我们见到他会很高兴的。”父母回答道。

“有些事必须告诉你们，”儿子继续说，“他在战争中受了重伤，他踩到地雷，失去了一只胳膊和一条腿。他无处可去，我希望他能来我们家和我们一起生活。”

“我很遗憾地听到这件事，”妈妈说，“孩子，也许我们可以帮他另找一个地方住下来。”

“不，我希望他和我们住在一起。”儿子坚持。

“孩子，”父亲说，“你不知道你在说什么。这样一个残疾人将会给我们带来沉重的负担，我们不能让这种事干扰我们的生活。我想你还是赶快回家来，他自己会找到活路的。”就在这个时候，儿子挂了电话。

父母再也没有得到他们儿子的消息。然而几天后，他们接到旧金山警察局打来的一个电话，被告知他们的儿子从高楼上坠地而死，警察局认为是自杀。

悲痛欲绝的父母飞往旧金山。在陈尸间里，他们惊愕地发现，他们的儿子只有一只胳膊和一条腿。

看了这个故事，我的心情久久不能平静。

我想，假如拒绝“他的朋友”回家的是别的什么人，儿子也许不会自杀，因为他还有最后一线曙光，即父母的包容。然而，拒绝残疾儿子回家的不是别人，正是自己的父母亲，而且他们把话说得那么绝，“一个残疾人将会给我们带来沉重的负担，我们不能让这种事干扰我们的生活”，孩子绝望了，最后一线曙光消失了，终于他走上了不归路。

假如，这对父母对“残疾人”有一点点包容，有一点点同情，有一点点怜爱之心，儿子也不会走这条道。

因为，父母的包容是孩子心灵最后的港湾，最后的希望！联想到我们身边的那些爱犯“错误”的孩子，他们何尝不是在企盼着父母的包容呀！

是孩子就可能会犯错，父母要给他改错的机会。每个孩子都是在不断地犯错、认错、知错、改错中成长的。当孩子犯了错误，要允许他改正；当孩子犯了罪跑回家，你要给他做顿饭，他吃饱了送他去公安局自首；当孩子成了少年犯，进了少管所，你要常去看他，不要放进去就不管他，更不能说跟他断绝亲子关系，法律上能断绝，亲情上却断不了，因为那是你的孩子！

我多次去过北京、杭州等地的少管所。在少年犯的寝室里，我看到他们的床头摆放的是爸爸妈妈的照片，有的男孩子摆放的是女朋友的照片，还有一个男孩摆放着姐姐的照片。他说，他从小没有爹娘，是姐把他养大，他姐为他早早嫁人，他对不起他姐，他盼着她能原谅他并且常来看他。

有一个孩子犯了罪，他的母亲辞了职，穿着一件大红的毛衣，天天跑到离少管所不远的山上，站在山头上高喊儿子的名字。儿子被震撼了，整个少管所里的少年犯都被这位母亲震撼了，他们集体跪下给这位母亲磕头，哭喊着：“妈妈！妈妈！你回去吧！我们对不起你呀！”

这位母亲用自己博大的爱感动了一大批少年犯，他们痛改前非，重新做人，进步很快。后来少管所还为这位母亲发了奖。

这就是亲情包容的结局。

当一个人绝望的时候，最需要的是亲人的包容。爸爸妈妈永远是孩子心中最后的底线，家庭永远是浪迹天涯的游子最后的归宿。

成人能包容孩子，孩子就有胆识直面错误，有胆识改正，有胆识尝试新的事物。在这方面，中国伟大的教育家陶行知先生为我们做出了榜样。

陶行知先生在育才学校当校长时，发生过这样一件事：一天，他在校园里看到男生王友用泥块砸自己班上的男生，陶行知当即喝止了他，并让他放学后到校长室去。

放学后，王友早早站在校长室门口准备挨训。陶行知走过来，一见面却掏出一块糖果送给王友，并说："这是奖给你的，因为你按时来到这里，而我却迟到了。"

王友惊愕地接过糖果。随后，陶行知又掏出一块糖果放到他手里，说："这第二块糖果也是奖给你的，因为当我不让你再打人时，你立即就住手了，这说明你很尊重我，我应该奖你。"

王友更惊愕了，他眼睛瞪得大大的，不知道校长想干什么。

陶行知又掏出第三块糖果放到王友手里："我调查过了，你用泥块砸那些男生，是因为他们不守游戏规则，欺负女生。你砸他们，证明你很正直善良，且有跟坏人作斗争的勇气，应该奖励你啊！"

王友感动极了，他流着泪后悔地喊道："陶……陶校长，你打我两下吧！我砸的不是坏人，而是自己的同学啊……"

陶行知满意地笑了，他随即掏出第四块糖果递给王友，说："为你能正确地认识错误，我再奖励给你一块糖果，只可惜我只有这一块糖果了。我的糖果给完了，我看我们的谈话也该完了吧！"

多么高明的校长！他用以奖代罚的方法触动了孩子的心灵。"亲其师，信其道。"当一个孩子被校长宽阔的胸怀所包容时，他内心产生的是深深的感激和强烈的震撼，那将会使他终生难忘。在这种情况下，不必“批评”，不必“指责”，孩子自己就已经心悦诚服地知错了。

陶行知“包容”学生的教育思想如今已得到广泛的传播与弘扬。北京光明小学前校长刘永胜就提出了“无错原则”。他要求每个老师都认识到，学生是正在成长的尚不成熟的个体，要以科学的态度对待学生在学习中可能出现的各种错误，要从发展的角度发现和理解这些“错误”的某个方面的价值。要允许、容忍学生的错误，进行延迟反应，将重点放在弄清出现错误的原因与改进上。为此，刘校长提出，在课堂上“不让敢于发言的学生带着遗憾坐下”“让每个积极发言的同学都画上满意的句号”。

许多老师合理地运用了“无错原则”，只要学生思考了，无论答案如何，都不批评。这样就使学生在课堂的学习活动中有安全感，减轻了心理负担，敢于发表自己的见解。对于说错的同学，许多老师不是生硬地说一句“坐下”，而是问别的同学“有不同的意见吗”，大家讨论后再问这个同学“你同意这个意见吗”或“你能再说一遍吗”，给孩子改正的机会。课堂上老师评价学生读书时，也一改过去由学生去挑错的做法，而是改为先看优点，再提不是，并且在肯定优点的基础上，使用“如果能……就更好”等语言。

“无错原则”极大地调动了学生和孩子的积极性。如今，北京光明小学成为全市最热门的小学之一，父母都希望自己的孩子在这样的教育环境中成长。

我们提倡包容孩子，是给孩子一个自省的机会，这对孩子人格的培养大有好处，使他们拥有健康心态和面对挫折与失败时的积极的人生态度。

如果说老师的包容让孩子乐学，那么父母的包容会给孩子带来什么呢？当你读了《知心姐姐》杂志刊登的安徽合肥市第五实验小学孙玉萌同学的文章《在等待最后“审判”的时间里煎熬》，你自己就会得出结论。

我的“死期”到了，因为期末考试结束啦！我的成绩很不理想，就连父母给我规定的最低分数80分都没达到。我急得不知所措，脑子里全是回家后该如何应付老爸老妈的对策。一个声音传来，打断了我的思绪。抬头一看，班主任正站在讲台上传达："同学们，就要放假了，学校准备晚上结合期末考试召开家长会，请同学们回家后立即转告父母。"

什么，家长会？不就是告状会吗？我的脑袋"嗡"的一声，立刻闪现出的全是被"枪决"时的凄惨情景。事到如今，跑得了和尚跑不了庙，还是硬着头皮耐心等待最后的"审判"吧！

晚饭做好了，老爸让我等老妈回来后再吃，他去开家长会。要是在平时，面对这桌子好吃的饭菜我早就狼吞虎咽地吃起来了，就算是突然在我眼前出现一个恐怖镜头我也会照吃不误。可今天却不同寻常，老爸开家长会还没回来，我的心提到了嗓子眼，肚子早就唱"空城计"了，可我还是勒紧皮带坐在沙发上一动不动。坚持到底就是胜利，我一边安慰我的肚子，一边急切地等待老爸归来。

当钟指针指到了8：30，老爸还没回来。我饿得晕头转向，但我还是坚持着"革命"。一会儿跑到房间看看电视，一会儿跑到厨房看看桌子上早已令我垂涎三尺的饭菜。噢！不，应该坚持。我一边咽着口水一边默念："爸爸呀爸爸，噢，亲爱的爸爸，您慢些走，小心路滑，您女儿愿挨饿挨困也不愿挨打呀！"忽然一阵脚步声触动了我的脑神经，我"腾"地一下子站起来，吓了妈妈一跳。妈妈把我按在椅子上说："不是你爸爸，看把你吓的。"接着楼道里又传来几声咳嗽声，我一惊又猛地从椅子上跳了起来。这回妈妈对我这种反常的神经质动作起疑心了，皱着眉头说："不至于吧？从没见你这么害怕过你爸爸。莫非考得不好？！""啊，不……不……"我给自己打了一针镇静剂，慢慢地坐下来。头脑里又闪现出爸爸进门后的情景："咚"的一脚把门踹开，没好气地将手提包往沙发上一扔，凶神恶煞地瞧着我。我瑟瑟发抖，像乞丐一样任凭狂风暴雨的吹打，伴着几声凄惨的告饶声。想到这儿我不禁打了个寒战，赶紧把身体向暖气片靠了靠。

饿得受不了了。我紧闭着眼大口大口地咽着口水。不管了，就算是死了我也不能成为饿死鬼呀，“临终前”这点小小的要求我想老爸是会成全我的。终于我忍不住拿起筷子像饿狼似的吃了起来，“真香！”忽然，几声有力而又熟悉的咳嗽声使我惊呆了，夹在筷子上的菜掉在桌子上，强而有力的紧箍咒使我全身的每块肌肉都蜷缩到了最大限度，好像马上就要爆裂似的。不料，爸爸进门后，笑盈盈地对我和老妈说：“天怎么这么冷？走时忘穿毛背心了……你瞧我这么粗心大意，唉，真是的。”老妈看着老爸那痛苦的神情，“扑哧”一笑，霎时间我极度紧张的思绪才放松开来。最后我等待的“审判”也不了了之。

没有阳光，爸爸脸上依然灿烂！

4. 成长需要自由——“你的奇思妙想真不错”

父母不是一个永远的解答者，而是一个提问者。向孩子提出问题，孩子便有了探索的目标，探索完了再去告诉父母，孩子本身也有一种成就感。

有一次，在为哥伦布发现新大陆举行的宴会上，一些贵族认为哥伦布发现新大陆完全出于偶然。

哥伦布没有辩驳，他在宴席上拿起一个鸡蛋，对这些贵族说：“诸位先生，你们能把这个鸡蛋立在桌子上吗？”

那些贵族拿起鸡蛋，左立右立，怎么也立不起来，只好请哥伦布来立。

哥伦布把鸡蛋朝桌上一磕，鸡蛋立住了。

贵族们很不服气，说这样他们也会做。

哥伦布笑笑说："问题是你们这些聪明人，谁也没有在我之前想起这样做！"

虽然这是一个笑话，但却说明一个道理：创新的行为往往产生于"奇思妙想"。有创新能力的人提出的问题常常"出乎意料"，思考的结果往往"与众不同"。

这就是发散性思维，也可以叫作创造性思维，具有这种思维能力的人是今天我们这个时代奇缺的人才。创新是民族的灵魂，会创造的人是民族的珍宝。

人们常常感叹，我们今天的时代，这种具有发散性思维的人才太少了，原创性的东西也太少了，为什么呢？

原因当然很多，但其中有一点不可忽视：我们没有给孩子心灵足够的自由空间。

自由是心灵成长的基础，是创新思维的源头。好比人体里的水一样，一时一刻不能少。人体缺了水，细胞就会枯萎；心灵缺少自由，头脑就会僵化，灵感就会消失。所以有位作家说："我不愿有一个塞满东西的头脑，而情愿有一个思想开阔的头脑。"

我听过一个很有趣的故事。

老师问同学："树上有10只鸟，开枪打死1只，还剩几只？"

这是一个传统的脑筋急转弯题目，不够聪明的人会老老实实地回答"还剩9只"，聪明人会回答"1只不剩"，但是有个孩子却是这样反应的。

他反问："是无声手枪吗？"

"不是。"

"枪声有多大？"

"80分贝至100分贝。"

“那就是说会震得耳朵疼？”

“是。”

“在这个城市里打鸟犯不犯法？”

“不犯。”

“您确定那只鸟真的被打死啦？”

“确定。”老师已经不耐烦了，“拜托，你告诉我还剩几只就行了，OK？”

“OK，树上的鸟里有没有聋子？”

“没有。”

“有没有关在笼子里的？”

“没有。”

“边上还有没有其他的树，树上还有没有其他的鸟？”

“没有。”

“有没有残疾的或饿得飞不动的鸟？”

“没有。”

“算不算怀孕肚子里的小鸟？”

“不算。”

“打鸟的人眼有没有花？保证是10只？”

“没有花，就10只。”

老师已经满头是汗，但那个孩子还在继续问：“有没有傻得不怕死的？”

“都怕死。”

“会不会一枪打死两只？”

“不会。”

“所有的鸟都可以自由活动吗？”

“完全可以。”

“如果您的回答没有骗人，”学生满怀信心地说，“打死的鸟要是挂在树上没掉下来，那么就剩一只，如果掉下来，就一只不剩。”

这位学生的话还没说完，习惯于标准答案的老师已经晕倒了！

从这个看似笑话的故事中，我们可以看到，一个人的思想在没有禁锢、没有限制的情况下，是多么自由奔放、充满生命的活力！

伟大的科学家爱因斯坦说得好：“提出一个问题往往比解决一个问题更重要，因为解决问题也许仅是一个数学上或实验上的技能而已。而提出新的问题、新的可能性，从新的角度去看旧的问题，却都要有创造性的想象力，而且标志着科学的真正进步。”

爱因斯坦之所以能成为一个伟大的科学家，一个突出的特点是爱提问，用他自己的话说“我没有什么特别的才能，不过喜欢寻根刨底地追究问题罢了”。他认为“想象力比知识更重要，因为知识是有限的，而想象力概括着世界上的一切，推动着进步，并且是知识进化的源泉”。

培养“有创造性的想象力”，需要一个自由、宽松的发展空间。那些“很棒”的孩子，很有创造力的孩子，身边都有一个“善解人意”的妈妈，或本身就有创造能力的爸爸，也或者是某个很赏识他的创造才能、对他的“奇思妙想”很感兴趣的人。温帆就是这样一个幸运的孩子。

温帆是武汉科技大学电信系的大学生。他从小就爱提问、爱动手。在校读书期间，他有四项发明获得国家专利授权，比如“带打气筒的自行车”。温帆说：“我不是把打气筒捆绑在自行车上，而是让自行车在骑的过程中自动打气，这会给繁忙的人和懒得打气的人带来很大的方便。我的发明只是雏形，我之所以发明它们并申请专利，是想展现一下我的创造能力。”

温帆的妈妈是一名老师，她很注重对孩子创新思维的培养。她对我说：“我觉得孩子的创新思维与生俱来，只看父母会不会发现和培养。”

温帆很小的时候，爸爸妈妈花了两个月的工资买了一台收音机。一天妈妈下班回家，忽然发现儿子把收音机拆了。

“你怎么拆了？”妈妈问。

“阿姨在里面唱歌，我想看看阿姨在里面怎么唱歌。”温帆说。

妈妈一听，不仅没生气，反而很高兴，她对儿子说：“你的奇思妙想真不错！阿姨在很远很远的地方唱歌，不管是天上、地下、海里，你都能听得见。这是为什么呢？你长大了就去探索这个！”

温帆的想象力和好奇心一直得到妈妈的鼓励，他对无线电、电子、电波越来越感兴趣，上大学时就报考了电子信息专业，从某种意义上说是对他童年的好奇心的回应。

温帆的妈妈像大发明家爱迪生的妈妈一样，当孩子站在创造发明的路口，不怕他闯祸。孩子把东西拆坏了，愚蠢的父母会生气责骂，这样就会扼杀孩子创造的欲望；聪明的父母会坐下来跟孩子一起把坏了的东西修好，让孩子心灵中神奇的鸟儿飞得更高更远。

思想活跃的孩子，在课堂上表现也很活跃。温帆就是如此。他常常因为在课堂上讲话，受到老师的批评。温帆幽默地对我说：“我爸说我作文写得好，主要是因为检讨写得比较多。写检讨是因为初中时上课我喜欢讲话，有时候三天要写两篇检查。事情经过只能写200字，但老师要你谈600字感想，怎么谈呢？天天都是一样的事情，要说，那只有一个办法就是‘往深挖掘’。所以我爸的话有一定道理。”

妈妈对儿子“写检讨”表示理解，她说：“我们在读儿子检讨的时候，并没有一味地指责。他和别的孩子不一样，他思维很活跃，老师讲到精彩的时候，往往引起他思想的共鸣，他按捺不住就会找人交流，所以就老讲话。”

对“不一样”的孩子，用不一样的方法，“棒”的孩子才能产生。温帆的妈是一个 26 岁的儿子跟我的沟通。这沟通是从小开始的，所以我觉得这种沟通是非常好的。

网上沟通也很好。有一个孩子，在临考大学之前网恋了，然后对方就鼓励她，说你是最棒的，一定能考上，后来那个女孩子真的考上了大学。拿到通知书后第一件事，就是给她网恋的朋友写信，告诉那个人我真的考上大学了。然后她爸爸站在门口说，我已经知道了，原来这个他就是她爸爸。这样的事情现在发生了很多，所以我觉得如果爸爸妈妈会上网，可以在网上跟那些上中学的孩子沟通。

要求孩子做到的，家长应该带头做到。家长每次和孩子交流谈话时，要注视孩子，认真观察孩子脸上的表情变化。即使遇到孩子讲话不着边际时，也用心听，不打断，不插嘴。久而久之，孩子也能全神贯注地倾听别人讲话。

北京市有一个十佳少先队员，这个女孩生下来就有一种非常奇怪的病，所有油性的东西都不能吃，但是这个孩子特别快乐。我曾经去采访过她，她跟爸爸沟通得特别好。她很小的时候，刚会咿咿呀呀的时候，爸爸就开始跟她咿咿呀呀。她说咿，爸爸说呀；稍微大一点儿，爸爸抱着她跟她说话；爸爸站着比较高，就把孩子搁到柜子上跟她聊天。两个人就这个样子，每天谈话一小时，一直坚持到小学六年级。她的语言表达能力特别强，作文也非常好。

这样的沟通真是好方法，可以锻炼孩子的语言表达能力。我觉得今天的家庭缺少这样的起步，不过现在沟通也来得及，有时间多跟孩子聊聊天，听孩子说点什么，这样爸爸妈妈再发表一些意见，慢慢地孩子也能听进去，爸爸妈妈再让孩子提出一些意见，这样你孩子的语言表达能力就会非常好。

其实发生冲突一点儿不奇怪，很多家庭里都发生过冲突，关键在于发生了之后，要拿得起、放得下，事情不要放着，放了以后越搁越难解决。争论是非常正常的事情，过去以后就重新开始。家长就得找个机会，就只当没这件事，在家里别太较真。口角之后，就不要再问为什么，让事情过去，然后你就跟他说别的事，再听听他的事。明智的人不会让不愉快过夜，也就是说，矛盾最好在当天解决。

人都愿意与能看上自己的人在一块，与能鼓励自己的人在一块，所以在没有什么冲突时，一定要多多鼓励。发生了冲突没关系，一定要学会先说声对不起。

青春期的孩子最需要朋友，男孩儿要变成真正的男子汉，必须跟父亲多沟通，跟父亲产生一种共鸣，才能培养男人气质。

有时候不愿意说的还可以写个纸条。假如发生了争执，想说声对不起，但又不大好意思，就写个纸条：对不起，我刚才态度不大好。对方看了这纸条也说：对不起，刚才我态度也不大好。事情就化解了。

学会沟通，对父母和孩子来说，实在是太重要了！

第三章　让孩子做最好的自己

一、让孩子拥有阳光人格

1. 让孩子学会关心学会爱

带着我们的孩子，去关心照顾我们的老人，是对孩子最好的教育。

尊老爱幼，一直是中华民族的优良传统。早在两千多年前，大哲学家孟子就说过："老吾老以及人之老，幼吾幼以及人之幼。"意思是说，尊敬自己的老人，并用这样的态度对待别人的老人；爱护自己的孩子，并用这样的态度对待别人的孩子。

尤其到了今天，我们的国家已经悄悄地进入了老龄社会，老年人的生活困难越来越多。社会上更多的人在关注孩子，却忽视了对老年人的关注。让孩子学会关心，不仅要让他们学会关心同龄的有困难的小伙伴，更要让他们学会关心身边的老年人。

作为孙子孙女，应该如何关心自己的爷爷奶奶、姥姥姥爷呢？

我听说，有个女孩子从小娇生惯养，妈妈买了好吃的，总是第一个给她吃。一天，姥姥来看外孙女。妈妈又买来了好吃的，这次是先给了姥姥，这个孩子便大哭大闹起来，甚至骂姥姥"贪心"。姥姥很伤心：自己含辛茹苦养大了女儿，又带大了外孙女，如今却得到这样的结果。

过年过节的时候，是最能考验孩子们对老人们的爱是不是真诚、是不是深刻的时候。

一次，我应邀参加中央电视台《相约夕阳红》节目的录制，讨论的话题是“压岁钱”。

在场的大部分是老年人，还有少数的年轻父母和孩子。

谈起小时候得到压岁钱的情景，许多老人脸上洋溢着幸福的微笑。一位老奶奶说：“小时候盼过年。年三十晚上，当我睡着了的时候，爸爸妈妈就把一枚铜板（几毛钱）用红纸包上，压在我的枕头下。大年初一的早上，我睁开眼睛就能摸得到。钱虽不多，却盛满了长辈的期望。”

但是，谈到今天孙子孙女要压岁钱的情景，许多老人充满了痛苦和焦虑。“唉，现在的压岁钱变味了！”一位老奶奶说，“我的小孙子才 4 岁，大年初一来拜年，匆匆鞠了个躬，就大声说：‘奶奶，拜年给钱！’”

还有几位老人说：“现在孩子用给压岁钱的多和少来衡量老人是好是坏，孙子把给钱多的叫‘好姥姥好姥爷’，把给钱少的叫‘抠奶奶抠爷爷’。”（抠：小气的意思）

“现在一过年，我们做老人的就十分紧张！”

爷爷奶奶、姥姥姥爷，都是每个家庭的功臣。没有他们的养育，就不会有我们及我们的子女。现在，我们长大成人，并且有了自己的孩子，而我们的父母却已经年老体弱，需要我们的关心和照顾了。

2. 让孩子有成功的信念

面对命运，你要相信自己。只要树立了人生的目标，你就有了希望。希望，它是所有成就的出发点，也是你走向财富的第一步。

面对命运，你要改变自己。只要有了坚实的行动，你就有了改变。改变，它是所有事物发展的根本，也是你走向成功的第一步。

成功靠自己。我常常见到这样一些同学：不管她是“耳朵上打了6个耳洞”的城市女孩，还是因为贫困而失学的农村女孩；不管他是“一提到学习就犯傻，一提到爸妈就嫌烦”的“新新”人类，还是整天成为同学们嘲笑对象的打工子弟，总之，每个人一开口几乎都是同样的一句话：“知心姐姐，生在这种家里，我真是倒霉透了！我怎么就那么命苦呢？”每当这个时候，我都会学着他们的语气告诉他们：“要相信自己，改变命运，全靠自己！”

我曾读了美国作家哈罗修·阿尔吉的小说《流浪儿迪克》，当时我的第一个念头就是，如果这本书在中国出版，我一定要多买几本，送给那些家境贫寒的同学，同时告诉他们：改变命运靠自己。迪克行，你也一定能行！

书中的小迪克，是一个从小失去父母、一无所有的流浪儿。但是，他通过诚实的劳动和不懈的努力，逐步改变了自己的命运，最终成了一个成功的青年绅士、一个受人尊敬的人。我们一起来分享一下迪克感人的故事，同时分析一下他成功的秘诀。

（1）成功是目标，改变目标就改变了世界

原来的流浪儿迪克，成天穿着“华盛顿将军的上衣和拿破仑元帅的裤子”，破破烂烂、脏兮兮地游荡在街头，靠替人擦皮鞋挣钱填饱肚子。可是每回走在街上，他就觉得十分神气。每天只要能吃上饭，能在街头的木桶里睡觉，他就心满意足了。直到有一天，一次偶然的机会，他结识了有钱的男孩弗兰克，体验了一天的绅士生活，这才第一次为自己的无知和邋遢感到羞愧。弗兰克送给他一套绅士衣服，虽然是旧的，可却彻底改变了迪克的形象。当人们不再用鄙视的眼光看他，对他彬彬有礼时，迪克第一次感受到了一种尊敬。于是，他心中有了新的目标——“将来我要成为一个受人尊敬的人”，过上“真正受人尊敬的生活”。正是这个目标，最终改变了小迪克的人生。

所以，目标对人的一生是十分重要的。正如高尔基讲的那样：“不知道明天该做何事的人，是很不幸的。”要我说，目标对成长中的你更加重要！无论你是贫穷还是富裕，如果少年时期就能树立起人生的目标，便犹如在心中播种了一个太阳，一个带给人希望的太阳，一个带给人力量的太阳。这个太阳，能够把你带进一个光明的世界。

（2）成功是一种态度，改变态度就改变了命运

小迪克是个诚实正直、勤劳上进、乐观热情的孩子。他从不撒谎骗人，也不偷东西，还很乐于热心帮助别人。小伙伴有困难，他更是经常解囊相助。这些优秀的品质，让他拥有了真正的朋友。但是，由于没有受过教育，又整天在街头上流浪，迪克也沾染了一些坏毛病，比如自由散漫、抽烟、赌博，有了钱就去百老汇，将平日里辛辛苦苦挣的钱，大手大脚地全部花光……可是，自从迪克确立了过“真正受人尊敬的生活”这一目标后，就“下决心改变自己”。首先他改变了自己的生活态度，开始去银行存钱，花钱租房子住，不再露宿街头。然后他还学会了自我约束和节俭，让每一分钱都用得其所。正是这种积极的人生态度，最终使小迪克告别了流浪儿的生活，“逐渐享受到不断改善自己和拥有一些财富的快乐”，过上了“真正受人尊敬的生活”。

你们看，成功是不是一种态度、一种感觉？你一旦改变了自己的态度，由消极变为积极，由自我放纵变为自我约束，最终能改变命运。

（3）成功是一种开发，改变内存就改变了生活

小迪克是个十分聪明的孩子。由于他从小失去父母，流浪街头，失去了上学的机会，所以大字不识几个，就连自己的姓名也拼写得歪歪扭扭。但是，自从他向往过“真正受人尊敬的生活”开始，心中第一次有了学习知识、开发自己的强烈愿望。于是，他以免费住宿为报酬，请有文化的小擦鞋匠弗斯蒂克做了自己的“家庭教师”。从此，他白天去街头擦皮鞋，晚上就在油灯下学文化，再也不去剧场和百老汇鬼混了。当一起流浪的小伙伴问他：“你怎么能学得进去呢？”他的回答是：“只要你想，你就会学。”经过刻苦的学习和不懈的努力，小迪克最后终于成了一个“有教养的年轻绅士”。

所以，人是最有潜力的，并且这种潜力是可以开发的。小迪克清楚自己没有优越的条件，只能依靠自己，因而最大限度地努力开发了自己。结果，他成功了！“只要你想，你就会学！”这句话，也可以看作是他与命运抗争，并最终取得成功的最重要的秘诀。

当然喽，成长离不开环境的影响，进步也离不开大人的帮助。在小迪克与命运的抗争中，他不仅依靠自己的努力，还虚心地接受了长辈的指点。

对小迪克影响最大的三个成年人，赠予迪克的不是金钱，而是尊重，是激励，是机会，更是人生的启迪。

第一位是惠特先生，他告诉迪克：“任何劳动都是值得尊敬的。我的孩子，只要是诚实的职业，你就没有理由为它感到羞耻。”他还建议迪克养成“读书和学习的习惯”“不要乱花钱，尽量存些钱起来”。就是这些话，让小迪克找到了做人的尊严：虽然自己只是一个擦鞋匠，但是也不应该有卑贱感。因为自己从事的，同样是一项神圣的事业，一项别人需要帮助的事业。人不怕穷，就怕没有志气！

第二位是格雷森先生，他给了小迪克第一次在社交场合露面的机会，让这个小流浪儿第一次有了“过体面生活”的真切感受，体验到了“成功的感觉”，成为小迪克与命运抗争道路上的第一个加油站。

第三位是落水儿童的父亲罗克韦尔先生，他的小儿子约翰尼不慎在渡船上掉入水中，是迪克勇敢地跳了下去，救起了这个孩子。罗克韦尔先生当时许诺说，谁能救起他的儿子就能得到一万美元。但是最后，他回报小迪克的却不是有数的一万美元，而是一份体面的工作——大公司会计室的工作。这是一份迪克梦寐以求的工作，一种新生活的开始。

这些成年人都对小迪克说过这样一句话："未来只能靠自己！"就这么一句简短的话，却是小迪克一生取之不尽的财富。

大音乐家贝多芬的故事，同学们也一定听说过，在不到30岁的时候，他的听力就渐渐衰退了，后来情况越来越糟，到最后竟发展成两耳失聪！对于一个音乐家，尤其是作曲家来说，就如同飞机失去了双翼。可是，贝多芬没有屈服。他说："我要扼住命运的咽喉，决不向它低头！"就是凭着这份对音乐的挚爱、对理想的追求，贝多芬硬是靠着把耳朵紧紧贴在琴板上，去感受琴键的颤动，最终艰难地完成了一曲又一曲不朽的旷世之作。

你们会觉得："人家是世界级的音乐大师，咱哪有资格和他比呀。乌龟撵兔子——不在一个档次啊！"其实音乐大师不也是从普通人成长起来的吗？只不过他命运更多舛，意志更坚韧罢了。

我建议同学们读读小迪克，读读贝多芬，相信会从中找到人生的智慧，感悟一种精神，更会在自己面对生活、面对困难、面对世界的时候，充满自信地笑着说一声"我能行"！

面对命运，你要相信自己。只要树立了人生的目标，你就有了希望。希望，它是所有成就的出发点，也是你走向财富的第一步。

面对命运，你要改变自己。只要有了坚实的行动，你就有了改变。改变，它是所有事物发展的根本，也是你走向成功的第一步。

成功全靠自己！

3. 让孩子有自信心

父母在乎孩子的分数，孩子就要去追求学分；父母在乎孩子的名次，孩子就会追逐名次；而父母在乎孩子品质的发展，孩子就会成为一个有理想而自信的人。

2000 年，4000 名少年精英报考了清华大学国际 MBA，最终，62 人入选，其中就有北京四中才华横溢的高才生王海翔。

海翔的妈妈张培祯是我的老朋友、北京翠微小学的退休教师。说起海翔的成长，张老师感触最深的是“没有什么能比自信对孩子的成长更重要了”。

的确，自信，是人生最宝贵的财富。

法国教育家卢梭曾经说过：“自信心对于事业简直是一种奇迹，有了它，你的才干便可以取之不尽，用之不竭；一个没有自信的人，无论他有多大的才能，也不会抓住一个机会。”

美国的心理学家曾对 150 名很有成就的人的性格进行过研究，发现他们都具有三种优秀的品质：一是性格上具有坚韧性；二是善于为实现自己的目标不断进行成果的积累；三是很自信，不自卑。

海翔就是一个“很自信，不自卑”，善于“抓住机会”的人。

清华大学 MBA 分普通班和国际班，考入国际班的学生英语水准很高，英文听说读写成绩都在 80 分以上。与他们不同的是，海翔没有在外语环境中工作过，口语也不如别人好。所以一开始他就面临很大压力。

细心的妈妈看在眼里，劝他说：“要不行咱们就回到普通班？”

张培祯是个心地平和的人，她很欣赏自己的儿子，也从不给儿子增加压力。她对海翔说：“你已经是大学本科生了，又考上清华大学 MBA。只要那个位置适合你就好，上普通班、国际班都是研究生，不必太勉强自己。”

海翔却不同意调班，他说：“我相信自己的能力，下功夫不会有问题。”

这之后，海翔用数倍于别人的努力去学习。第一年坚持下来，学年考试就获得优秀，在清华大学 MBA 国际班里拿到了光华奖学金。

海翔的自信正是来自妈妈对儿子的自信。当儿子“爬坡”时，妈妈从不给儿子任何压力，而是在一旁赞赏儿子已经走过的路程，帮他“数脚印”。妈妈的这种“欲擒故纵”（儿子语）的做法，大大激发了儿子继续向上攀登的愿望：“人家行，我为什么不行？让我试试吧！”

那些整天“逼”孩子学习的父母缺少的正是对孩子的信心。那些对孩子“推着、压着、吵着、骂着”的父母，恰恰是压抑了孩子的自信。

自信的人并不是没有压力，不是盲目地自以为是，而是面对压力“知己知彼”。刚刚进入清华，学校里开展了一次拓展训练，其中有一个项目是：站在一个 9 米高的木板上，从一块木板跨到另一块木板。海翔起初有些害怕，他去问教练：“两个板之间的距离有多远？”教练说大概是 1.4 米到 1.5 米吧！海翔偷着跑到旁边，在平地试了一下，发现自己使劲跨出去，能跨出一米六七，他心里有数了：到上面有什么好怕的？这样他完成了“知彼”。他又想：上去就当在平地，最差掉下来也有防护设施，只不过寒碜点而已。于是，他又完成了“知己”。结果，他一次成功。

海翔因此大受启发：自信来自心中有数，只要做到“知己知彼”，就有成功的把握。学习也是一样的道理。他认真分析了自己的劣势：英语用得少，那么现在就开始用，加大阅读量，在课堂上完全用英语对话。接下来分析优势：自己原本学经济，对其他同学来说，经济是新的学科，而对自己来说是学第二遍。

自信使海翔在学业上取得了成功，毕业后他受聘于一家基金管理公司，工作出类拔萃，还获得公司业务演讲比赛第一名。他到中国教育电视台《知心家庭》电视栏目当了一次嘉宾，就被导演看中，不久，成了这个节目的业余主持人。

作为一个普通的妈妈，张老师是怎样帮助儿子树立自信心的呢？

母子俩总结出三条经验。

（1）今天比昨天强

海翔小时候刚刚开始会用毛笔写字，妈妈就开始“收藏”儿子的作品，从那些写在废包装纸、废信封上的歪歪扭扭的字，到现在很像样的书法作品，妈妈都像宝贝一样收藏起来。

不管写得好不好，妈妈总要在儿子写的字上画圆圈，至今已有几千个。她常对儿子说的一句话是："只要今天比昨天强就好。"

对妈妈的鼓励，海翔记忆犹新，他对我说："小时候，妈妈给我买来字帖，但从来不强迫我练习，我高兴了就拿出来写两页。但只要我一写，妈妈就走过来非常欣赏地说：'这字是怎么写的？很好啊！你什么时候学的呀？怎么比上次提高得这么快？'她老是表扬我，一下子就把我拉到书法这个门里来了。后来我真的爱上了书法。对母亲来说，她已经无法从技巧上再给我帮助了。但我仍然觉得，母亲跟我站在同等的位置上，她作为一个欣赏者，对我很重要。"

现在，海翔在书法方面很有造诣。

孩子的爱好变成特长，其中重要的原因是妈妈的欣赏和鼓励。

自信源于成功的暗示，恐惧源于失败的暗示。人积极的暗示一旦形成，就如同风帆会助你成功；相反，人消极的心理暗示一旦形成，又不能及时消除，就会影响一生的成功。

（2）孩子需要张扬

海翔多才多艺，唱歌、弹琴样样都不错。可他小时候并不喜欢音乐。

海翔回忆说："我小时候老爱瞎嚷嚷，嗓音比较哑，一唱歌，老师就不满意，我觉得我唱歌可能真不行。有一次，我们班举行合唱比赛，唱《让我们荡起双桨》。最后一句音比较高，就是'迎面吹来了凉爽的风'这句，别人都唱不上去，我也不知道哪来的劲，一个高音就唱上去了，结果被同学'揭发'，后来老师让我领唱。我紧张了，一回家就跟我妈说：'坏了，老师让我领唱！'我妈说：'你从来没唱过歌啊，你唱唱。'我书包都没顾得放下，就站在门厅开始汇报演出。我妈说：'唱得很好啊！'后来这个爱好一发不可收。"

"你看，人一旦被人发现，就发现了自己。"海翔这样说。

孩子在成长中特别需要"发现"，尤其是对自我还不甚了解的孩子，格外需要有人去欣赏。孩子需要张扬，不要怕孩子骄傲，他张扬的时候就会把个性表现出来，然后老师和家长就可以顺着他的个性去引导他，培养他，让他变得越来越好。

（3）志不高者智不达

自信的人往往拥有远大的抱负，志向不高的人智力也达不到。

海翔进入北京四中第一天，老校长就在开学典礼上讲了一句话："以祖国为己任，同人民共呼吸。"这句话，一直伴随着海翔的成长，成为一种责任感一直激励着他。妈妈把这 12 个字写下来，压在儿子书桌的玻璃板底下。刚开始儿子不太理解，随着年龄的增长他懂了："国家花这么大力气培养你，你就应该成为最好的，你没有理由不优秀。"

"学校有这么好的校训也是我们希望的。培养孩子应该有方向，家长要不断为孩子导航。"张老师说。

父母在乎孩子的分数，孩子就要去追求学分；父母在乎孩子的名次，孩子就会追逐名次；而父母在乎孩子品质的发展，孩子就会成为一个有理想而自信的人。

自信的人能够走遍天涯海角，自信的根基就是他能够扬起理想的风帆。

人生是大树，自信是根。

4. 让孩子有快乐观

面对生活，你有什么样的感受，就会有什么样的生活。

快乐享受每一天！

"年岁不饶人，它不会总让我们享受人生的乐趣。那么，趁我们的年龄还能享受，还渴望享受这种乐趣的时候，为什么苛求自己呢？"古罗马哲学家塞涅卡是这样看待生活的。

所以，“今天，最好！”珍爱生命的人都会这样说。

有一位老爷爷是著名的内科医学专家，健康快乐地活到了98岁。据说，他长寿的秘诀就是——每天早晨大声朗诵这句话：“今天就是最好的一天！”他还说：“今天，只有今天，才是真真切切的生活。过去的就让它过去吧！”

但是，在现实生活中，我们有些同学却不是这样的。而是每天早晨一睁眼，就慌慌张张爬起来，忙着穿上衣服，忙着刷牙洗脸，忙着塞上几口早点，忙着一路狂奔冲向学校……一门心思地想着赶紧打发完手里的事，去完成“梦中更重要”的目标。可结果却是把自己弄得手忙脚乱，被总也做不完的“小事”裹挟着，狼狈不堪地往前奔跑……忙着听老师讲课，忙着放学回家，忙着“喂饱脑袋”，忙着写作业，甚至连玩都变得忙忙叨叨！就这样“拼杀”了一整天，等到晚上累瘫在床上时才发现，自己竟然一点收获也没有！面对这种忙乱的生活，有人写了一句顺口溜来“调侃”自己：“活也忙，学也忙，忙忙碌碌一整天，一觉又到解放前！”

其实，所有的同学都不愿这样活着。每当问起他们，个个都说：

“啥，这也叫生活？忙着吃，忙着喝，还不动脑子……这简直就和猪一样嘛！”

“这种苦日子我算是过烦了！也过够了！再这样过下去，我非‘秀逗’了不可！”

“要说谁还乐意这样活着，不用多问，这家伙准是脑袋进水了！”……

可是，依然有很多同学向我诉说内心的苦闷：

“都说我们是花儿的季节，可是，我感到的却是无尽的压力、无尽的累！每天晚上，我都得12点以后才能上床，每天早晨，我6点钟就要准时起床。知心姐姐，告诉你吧，我们最近已经连上一个月的学了，一天也没歇过！我真的快要累死了！每当写完作业的时候，我就想哭，想痛痛快快地大哭一场。可望着眼前堆得满满的辅导资料，我知道，自己连哭的时间都没有哇！”

这是一位女同学的来信，现在的孩子活得真累！

有位退休老人说得很风趣：“日出东海入西山，愁也一天，乐也一天；遇事不钻牛角尖，身也舒坦，心也舒坦。”多好的心态！我就把这句话送给你们。因为我知道，你们都很聪明，一定能从这句话里琢磨出一些东西。

既然愁眉苦脸是一天，高高兴兴也是一天，大家为什么不高高兴兴地面对每一天呢？又何必像上足了发条的机器呢？所以我劝大家，轻松地踏着生活旋律，快乐地享受每一天吧。

打个比方，很多同学把每天写作业看成是痛苦无比的事，总想着赶紧写完作业好去玩。可事与愿违，作业却总也写不完。于是，他们只好每天在痛苦中煎熬。其实，如果能换一种心情，把写作业看成是自己乐意干的事，安静地坐下来，细细琢磨每道题的解法，好好体验写字的感觉，而不是一心惦记着做游戏有多高兴，写作业有多苦恼，也许就能感受到学习的乐趣，学习效率也会大大提高，同时更让自己拥有一种成就感。

北京女孩郭羽洁是个非常快乐的小姑娘，外号“疯丫头”。面对学习和生活，她每天都是快乐无比。哪里有她，哪里就有笑声。

有一次，走路不小心，她从楼梯的拐角处头朝下栽了下去，摔得很惨，两颗门牙都只剩下了一半。医院诊断书上清清楚楚地写着“三级毁容”。

当班主任郭老师去家里探望时，却见她正舒舒服服地躺在椅子上，仰面朝天喝着什么东西。看到老师进来，羽洁吃惊地叫了一声“郭老师”，紧张地像变魔术似的戴上了一个卡通口罩，起身冲到郭老师面前开始傻笑。大概是伤口很疼，笑声很快变成了捂着嘴的哼哼声。随后，她使劲地跺着脚，指着郭老师呜呜噜噜地说：“干什么呀？不许看我！”看到她那副怪模样，郭老师也笑了。郭老师知道，羽洁永远都是这样，无论遇到什么倒霉事，她都能很快找到快乐的突破口，带着大家一起快乐起来。在郭老师的强烈要求下，羽洁终于答应摘下口罩(只一秒钟)，让老师一睹她的“庐山真面目”。看到羽洁的整个嘴肿得老高，郭老师忍不住问:“那你怎么吃东西呀?”这下可打开了羽洁的话匣子，她略带兴奋地叨叨起来:“医生说了，我只能吃流食。所以，妈妈这回得由着我的性子了，开恩批准我可以喝各种牛奶。喝的时候只能用吸管，太麻烦了。为了省力，我就仰起头往嘴里倒。这可好，喝得我脖子疼极了!”她边说还边用手揉自己的脖子。但是看她的神情，似乎根本就没遇到什么倒霉事，而是终于等来了一个体验嘴肿的机会!

就是这种积极的人生态度，让郭羽洁成了一个快乐的天使，而拥有这种感受快乐的能力，也将使她一生受益。

面对生活，学会感受，这也是一种习惯。假设一个人从小在挑剔和抱怨中长大，那他就只学会了挑剔和抱怨;如果一个人从小在赞许和感激中长大，那他就有可能学会每时每刻感受生活的快乐。有这样一个故事:

有两个兄弟，一个乐观，另一个悲观。他们的父亲觉得，必须设法矫正。于是有一天，他把所有能买的玩具都买了下来，放进悲观孩子的卧室里。然后，又在车房里堆了一大车的马粪，送给那个乐观的孩子。等到第二天早晨，这位父亲发现，他那悲观的儿子正坐在房间里哭泣。“你为什么不玩你的那些新玩具呢?”父亲奇怪地问他。“我不敢，我好担心会把它们弄坏。”孩子哽咽着说。父亲摇了摇头，无可奈何地走进了车房，却看到他那乐观的儿子正兴高采烈地在掏马粪呢。“你这是在干什么?”“哦，爸爸!”孩子兴奋地叫道，“这太好玩了!我知道，你一定在里面藏了一匹小马驹!”

面对生活，你有什么样的感受，就会有什么样的生活。

乐观是快乐的根源。而保持乐观的唯一方法，就是紧紧抓住生活中的每一次快乐。

学会分享，就拥有了快乐!

“分享”是我家的“传家宝”。记得小时候，由于家里兄弟姐妹多，东西又不像现在这样富足，所以有了什么好吃的，都要大家一起分享。一个瓜切开，每人一牙;一个橘子剥开，每人一瓣……分着吃，抢着吃，这样吃起来觉得更香。慢慢地，家中每个人都习惯了分享。后来长大，结婚，各自成家，可“分享”的习惯却没有因此而改变。谁家做了什么好吃的，依然忘不了和兄弟姐妹们分享。

至于我嘛，只能是尽量地奉献我的作品了。“卢勤，再给姐拿10本《告诉孩子，你真棒》好吗？我们医院里的大夫都冲我要呢！”接到大姐的“命令”，我立马如数送上，心里觉得特有成就感。大哥从海外回国探亲，一进屋就会说：“在国外，我身边的中国人都听说了，我妹妹写了几本书，都想要，你能不能多给几本让我带回去。”这样一来，书白送了不说，我还很得意自己为国争光了呢。

就这样，“分享”，成了凝聚家人的力量。

不光我们兄弟姐妹懂得分享，习惯分享，乐于分享，就连我的儿子也是从小在“分享”中成长起来的。

小时候，他发现姥爷每次炒出香喷喷的菜后，总要先用小盘盛出来一些。

“姥爷，为什么要单独盛出来一盘呢？”他好奇地问。

“留给你妈妈呀，她还没有下班呢！”姥爷说着，同时把饭锅盖严，“悦悦，你盛过饭后要记得把盖盖紧，不然等你妈回来饭就凉了。”儿子仔细一看，发现留下的菜又多又好。

有一次，他神神秘秘地跑来告诉我：“妈，我告诉你一个秘密吧！在姥姥家，谁晚回家吃饭谁合适！”

分享，对于幼小的他原本是一种“新发现”，到了后来，习惯变成了自然。

儿子上幼儿园时的一件小事我至今难忘。“六一”联欢会上，老师发给每位小朋友一份节日礼物——两块巧克力。

拿到巧克力，儿子就飞快地跑来找我：“妈妈，给，礼物，分你一半！”说完，把一块巧克力塞在我手中。

“好，谢谢你！”当着他的面，我立刻把巧克力放进嘴里，“好吃，好吃，真好吃！”

儿子乐着跑回座位上。

我看着儿子又高兴又自豪，他懂得了分享，也感受到了分享的快乐。

记得日本作家森村诚一说过：“幸福越是与人分享，它的价值便越增加。”所以说，“分”的人是幸福的，因为他实现了自己存在的价值；“享”的人是快乐的，因为他感受到了真爱和友谊。

曾经有个男孩子对我说：“我不快乐！虽然我家有两个保姆，上百本书和数不清的玩具。可是，我就是不快乐！”

于是我就问他：“你把这些书分给没有书的小伙伴看过吗？”

“没有。”

“那你把那些玩具分给别人玩过吗？”

“也没有。”

“你的压岁钱用来帮助过有困难的同学吗？”

“更没有了。”

“所以你不快乐！”我这样对他说，“如果你能把这些东西拿出来和别的伙伴分享，快乐自然就会来到你的身边！”

当他和妈妈听完我的报告，了解到贫困地区有许多爱学习的孩子没钱买课外书时，他真的很吃惊，就和妈妈一起捐出一万块钱，要求为五所农村小学建立“手拉手”书屋。

我亲自将这些“希望图书”送到安徽阜阳市，郑重交到五所农村小学校长的手中，同时反复叮嘱他们，一定要让看到书的农村孩子把自己的感受写给那个男孩。

几个月之后，男孩真的收到了上百封农村孩子的来信，男孩学校的校长惊讶不已，以为这个男孩干了什么惊天动地的“大事”。

在这些信中，农村孩子对城市男孩表达了最朴实的感谢，说他们从来没有看到过这么多的书，还说这些书让他们产生了许许多多美丽的梦想，给他们带来了不曾有过的快乐，更说他们一定会好好读书……

男孩被感动了！他忽然觉得，自己是多么的重要，自己的这些书是多么的神奇！

慢慢地，男孩变得快乐了！他还和妈妈商量好，每年都要省下一些钱来捐书，送给山里的孩子。第二年，他又捐了1000册书……

分享是快乐的大门，学会分享，你就进入了快乐城堡；

独享是痛苦的大门，只去独享，你就走进了痛苦的泥潭。

当你学会了分享，你就拥有了快乐！

5. 让孩子有坚强意志

教育的核心是人格心灵的唤醒。父爱的力量，能延续人类优秀的生命，能激发一个孩子崇高的责任意识，能把一个稚嫩的男孩变成一个坚强无比的男人！

给孩子一个坚强的世界！

在孩子成长的世界里，父爱是天空，母爱是大地。

父爱与母爱是不同的。

父爱给孩子以坚强，母爱给孩子以爱心。父亲支撑着孩子的世界，母亲抚育着孩子的成长。

孩子跌倒了，母亲说："孩子，摔疼了吧，以后要小心！"父亲说："孩子，没什么，自己爬起来，这就是生活！"

孩子在跑步，母亲说："孩子，跑累了，就歇歇，饿了吃点东西。"父亲说："孩子，飞起来，爸爸在天上等你！"

孩子要长大不能没有大地慈爱的抚育，也不能没有天空坚强的支撑。

说父爱是天，是因为父亲用人格的力量支撑了孩子的天空。

王根，是哈尔滨市的一位优秀中学生，曾获"宋庆龄奖学金"。他的父亲生前是一个大型企业的董事长、总经理。王根从没沾过父亲优越条件的光。由于当时家里房子小没有会客厅，每当有人到家里来，特别是下岗工人来找父亲谈话，父亲都要让儿子关掉电视。王根开始不理解，父亲告诉他："儿子，来找爸爸办事的每一个人，都比电视节目重要。"时间长了，王根也习惯了。父亲爱事业、爱同事的做法，潜移默化地影响了儿子。

王根15岁时，父亲因病去世。临终前，他把儿子叫到床前，对他说："儿子，我该给你讲讲我和你妈妈年轻时的故事了，不然的话，恐怕没有机会了。"

王根对父亲说："爸爸，人生其实只有'三部曲'，情爱、恩爱、怜爱。你与我妈妈年轻时的情爱我没有看到，但你们中年的恩爱我看到了，这些年你们在事业上互相支持，虽然你没有到老年，但你已经提前享受了老年时期的怜爱。在你患病期间，你与妈妈相互搀扶着。爸爸你不必伤心，你已经走完了人生的全过程。"

儿子的话让一贯坚强的父亲第一次流泪了，他对妻子李晓凡说："晓凡，我可以闭上眼睛放心地走了，孩子长大了，成熟了，懂事了，可以支撑这个家了。"

教育的核心是人格心灵的唤醒。十几年中，王根的父母给孩子的那些严格而又理性的爱、独立而又平等的爱，终于结出了果实。

王根在父亲去世一周年时，为悼念父亲写下了《六月思父》。

……代父敬母，是我的责任，也必将是我心灵的归宿，我要做爸爸以前做的一切，尽我所能地延续爸爸的生命。从那一刻开始，我便走出了童年的憧憬，少年的光辉，离开了昨日的梦。此时，我更应该勇敢地去迎接明天的希望，正是这走出、离开、失去，让我懂得了坚强的含义。我想，从困境中站立起来的人是立体的、高昂的。我和妈有个约定，我们不再伤怀，我们要以对方为支撑，构筑“人”字形的人生支架，互依、互助、互动地走完这宝贵的人生。我将昂头挺胸，充满自信地走向人生一个又一个驿站，面前是无限延伸的路，身后是一串串坚实的脚印，当有一天走到天涯海角时，我可以牵着妈妈的手，向天空喊：“爸！看到了吗？我们有多坚强！”

我是在“更新家庭教育观念报告团”巡回报告时认识王根的母亲李晓凡的。报告中，只要李晓凡讲到这里，我总要流泪，在场的所有人也都在流泪！

一个十几岁的孩子，面对父爱的痛失，面对生活的无奈，他挺过来了。他靠的是什么？是父爱的力量，是人格的力量！他学会把痛苦转化为坚强，把幸福留给他人。

“我欣慰的是，父亲英年早逝，儿子的心理不但没受到伤害，反而更加坚强。”李晓凡对我说，“最让我感动的是，火化那天，我从墓地回来，儿子把他爸的衣服全烧了，只留了几件珍藏起来。他对我说：‘妈，不要在痛苦中生活，那太苦！看到爸的衣服你会难过的，所以我全烧了，振作起来，妈妈！’”

我的心被深深地震撼！

这就是父爱的力量。他能延续人类优秀的生命，他能激发一个孩子崇高的责任意识，他能把一个稚嫩的男孩变成一个坚强无比的男人！

父爱，那是顶天立地的爱！

父爱是天。

6. 让孩子有责任感

我们替孩子做得越多，照顾得越周到，孩子们就越是不会料理自己的事情。今天这些依赖性很强的儿童，注定会成为明日无能的父母！

母亲的职责

有的年轻妈妈曾经问我："你觉得母亲的职责主要是什么？"我回答："培养责任感，教孩子做人。"

责任感对国家、对家庭、对孩子本人都极为重要。一个人没有责任感，这个人是不可信任的；一个单位的领导和职工没有责任感，这个单位迟早要垮台；一个社会的公民没有责任感，这个社会很难有凝聚力；一个国家的下一代没有责任感，这个国家永远不会有希望；一个民族的母亲没有责任感，这个民族注定要灭亡。

我们伟大民族的命运，掌握在今天千千万万个母亲的手中；我们伟大民族的希望，也寄托在明天千千万万个将要接班的孩子身上。

母亲的责任多么重大！

100多年前，梁启超先生讲过一句话："少年强，则国强。"

孩子们强不强，直接关系到我们民族未来的面貌和命运。这绝不是我们个人的事情。

邓小平同志早就告诫我们，未来世界的竞争，是人口素质的竞争。

在人的素质中，"责任感"是极其重要的。

假如，由于我们教子不当，让他们从小对家庭没有责任感，只知受爱，不知爱人；对父母没有责任感，只知索取，不知回报；对集体没有责任感，只顾自己，不管别人；对社会没有责任感，目无法纪，我行我素；对国家没有责任感，只图享受，不讲奉献，那么我们这些做母亲的，看到的就只能是紊乱的家国。

不能再糊涂，不能再抱怨，我们必须马上认清母亲的责任，用自己的全部心血去培养孩子们的责任感。

从对比中找到自己的责任

一个沉重的数字，一份沉甸甸的责任。

“手拉手”互助活动最可贵的一点，是使不同情况的孩子成为好朋友，从相互的对比中他们看到了自己的弱点，看到了自己肩上的担子。

我觉得，有时间的话，城市孩子的妈妈真该带自己的孩子去农村走一走，真该和农村孩子多接触，和农村的老百姓交朋友。这样，在母亲的生命中，就会多输进一些新鲜的血液，母亲有了强烈的责任感，所发出的生命信息才能感染孩子。

有一次，广西百色等贫困山区的八个孩子，来北京参加活动。一个男孩说：“山里的老师待我好，我想给老师买一个长城纪念牌。”

“你有钱吗？”我问他。

“没有。”他小声说。

“你们谁带钱了？”

八个孩子中，只有一个女孩子手里攥着一张揉成一团的5元钱，她说这是奶奶借给她的。我听了，鼻子酸酸的，便马上拿出包里仅有的100元钱，请服务员小姐换成10元一张的，送他们每人一张。我告诉他们：“这是知心姐姐送你们的，走时买点小礼物，送给那些帮助过你们的人。”

过了不久，我收到了好几个孩子的回信。其中，那个想给老师买长城纪念牌的男孩子在信中说：“知心姐姐，我永生永世不会忘了你。你那么瞧得起我们穷孩子……你给我的10元钱，我没舍得买别的，我给老师买了个本，因为，我发现老师讲的课全写在本子上，可老师的本子已经用完了。我把本子送给老师，他哭了……”

见到这封信，我的眼泪怎么也控制不住了。

第二所用全国各地的孩子捐的压岁钱建的“手拉手”希望小学在云南彝良县洛旺乡云丰苗族村落成时，我去参加了落成典礼。

这里是乌蒙山区，著名的革命老区。但由于地处偏僻，不通火车，经济文化都十分落后。

小学校建得十分漂亮，被当地人称为“老区的白天鹅”。

落成典礼极为热烈，山前山后，十里八村，来了4000多位农民。这些山里人多么渴望教育啊！他们知道教育不出有文化的人，就永远摆脱不了贫困，就要祖祖辈辈受穷。今天他们用双手托起了自己的“白天鹅”，他们将从这里看到老区明天的希望。

从互助中找到责任感

让只知受助、不知助人的孩子学会助人。

“助人为乐”是集体主义思想的一块重要基石。但这个“乐”字很多孩子却没有体验到。

几乎被“爱河”淹没的城里孩子，一切都由别人帮他们做好了。他们看不到生活中有谁还需要他们的帮助，自然也就品尝不到助人的快乐滋味。

自从城里孩子和农村孩子交上朋友，城里那些一贯受宠的孩子心里有了别人。买来了新书，格外地爱惜、保护，因为他打算自己看过后要寄给农村的朋友；买文具时多买上一份，因为他们有心让好伙伴分享自己的一切。

这种真情，这份友情，是许多城里孩子平时很难感受到的，而在与农村孩子的交往中却感受到了。

我带小记者团去河南信阳光山县王大湾“手拉手”希望小学看朋友。第二天离开村子后，张家口市来的一个男孩子悄悄对我说：“我在朋友家只住了一个晚上，你猜他送我一个什么礼物？”

“什么礼物？”我好奇地问。

“送给我他家的门钥匙。他说，我家穷，没什么好送的，你带上这把钥匙吧，以后你就是我家的人了。以后来我们村，随时都可以进我家。知心姐姐，你看他多么信任我呀！”

孩子说话时，很激动，一脸庄重。

“手拉手”的实践，使城乡小朋友从对方身上找到了快乐，找到了责任，找到了新的知识。他们彼此不再陌生，他们彼此产生了浓厚的兴趣，并且打开了封闭的孤独的心灵大门，结为知心朋友。

了解朋友的需求，满足朋友的需求，这是一个孩子成熟的表现，也是一个孩子有责任心的体现。

重任在肩，不再把自己当孩子

一个国家的下一代没有责任感，这个国家就不会有希望。

国庆45周年前夕，我在一次“共和国同龄人”的座谈会上，遇见了著名作家梁晓声，他也是我们老三届的知青。他在座谈会上讲了一番颇有道理的话语：本来，我们中国已经拥有了多达3亿的儿童，但有些大学生还口口声声自称“男孩子”“女孩子”。咱们中国孩子的队伍已经够庞大了，仍然有一些人往孩子们的队伍里挤。我们中国的青年到哪里去了？美国一位中学教师在开学的第一堂课上讲的是这样的话：“先生们、女士们，从今天起，你们就是美利坚合众国的公民了。”今天，我要对大学生们说一声：“先生们，女士们，不要再把自己当成小孩啦！”曾有一位企业家问我：“你说，在从大学生中挑选人才时，应该选什么样的人？”我告诉他，凡是自称“男孩儿”“女孩儿”的大学生一概不要，因为他们还没有从高等幼儿园毕业，根本无法承担社会给予的责任。

对梁晓声的一番话，我深有同感。在一些大学生写的文章中，或在同一些大学生交谈的时候，我发现他们“男孩儿”“女孩儿”的心态相当严重，没有青年人应有的豪情和责任感。

我对丹东的大学生们建议，从今天开始，应该理直气壮地说："中国的青年在我们这里！我们不再是孩子，我们已经长大。"并且告诫他们，责任心是从内心呼唤出来的，如果过分地娇惯自己，就永远长不大！

我对大学生们说："爱国成才，首先应该成人。如果你是一个没有责任感的人，即使有天大的本事，谁敢委你以重任？

"有人曾说：智育抓不好，便出次品；体育抓不好，就出残品；而德育抓不好，势必出危险品。

"在座的青年朋友，谁也不愿意当次品，当危险品，而希望自己成为精品。要成为精品，就要下一番功夫，做好准备，去迎接新时代的挑战。

"现在，社会上有一个很时髦的词：定位。商品有市场定位，报纸杂志有读者定位；我们自己是否应该想一想，我们如何定位？"

我和大学生们讲了三个定位。

第一，我们大学生和祖国的关系。我们是祖国的公民，是新世纪的主人，21世纪的大厦在我们的手中矗立，所以我们对自己的祖国和人民负有责任。

第二，我们和家庭的关系。对家庭来说，我们是爸爸妈妈的孩子，家庭的希望在我们身上，家庭未来的蓝图将靠我们去描绘，家庭的幸福，取决于我们能否给别人带来幸福。从这一点来说，我们对家庭负有责任。

第三，对我们自己。我们是主宰自己命运的主人。我们的今天是为明天做准备，为明天打基础，所以我们要对自己的今天负责。

我对大学生们说："我们每个人对国家、对家庭、对自己都负有不可推卸的责任。处在新世纪的我国青年一代，任重而道远。党和人民期待着你们，21世纪召唤着你们。相信你们一定会创造出无愧于我们伟大的社会主义国家，无愧于人民，无愧于时代的英雄业绩。"

大学生们用热烈的掌声表达了对我讲话的支持和认可。散会后，一个学生激动地说："过去我们总埋怨社会忽视了我们大学生的价值，今天我明白了，我们首先应该找准自己的位置，承担起我们这一代人应该担负的责任，这样自己才有价值。”

种下责任的种子

只有对自己负责的人，才有可能对国家负责。

有些家庭里，每天早晨叫孩子起床、上学要经过一场“混战”。为此，许多年轻妈妈问：早上，孩子不肯起床怎么办？

首先要让孩子明白，上学是他自己的事，妈妈爸爸没有义务替他“包办”一切。学生就应该按时起床、准时上学，根本不能迟到。遇上刮风或雨雪天气，要提早一些起床，早一点出家门，坐不上车，走也要走到学校，按时上课，这就是学生的责任。这份责任，父母有必要在孩子上学的第一天就让他们明白。孩子刚刚入学，你可以送他一件礼物——一个可爱的、会叫的小闹钟，并告诉他：“以后你要跟小闹钟交朋友。每天早晨它一叫你，你就一定要起床，再困也得起来。妈妈爸爸不再叫你，上学迟到的话，由你自己负责。”这样坚持三五天，孩子的生物钟调整过来了，到时小闹钟一响，他会自己起床的。

说实在话，我们替孩子做得越多，照顾得越周到，孩子们就越是不会料理自己的事情。今天这些依赖性很强的儿童，注定会成为明日无能的父母！

身为一个孩子的母亲，我从经验中悟得这样的道理：做父母的，能够给予子女最好的礼物，应该是“根”和“翅膀”，也就是责任之根与独立之翼。如果缺少了这两样东西，结果会给父母带来烦恼，甚至会给家庭带来悲剧。

如何在孩子幼小的心田里播种下责任的种子呢？许多妈妈爸爸积累了不少成功的经验。其中最重要的一点就是：让孩子自己决定。

培养责任感的另一个办法：在家里要给予孩子参与劳动的机会和岗位。

现在，许多年轻的父母包办了孩子的一切，家务活根本不让孩子插手，如果孩子有心帮助大人干点什么，大人便会说：“把你的学习抓好，考试分数上去了比干什么都强，家里的活不用你干。”这样的家长可真糊涂，如果孩子不干活，就不会对这个家表示关心，久而久之，可能会变得自私冷漠，好像是这个家的“局外人”。到那时父母醒悟过来，再埋怨孩子不干活，就已经太晚了。

据一份调查材料介绍，中国城市的孩子每天劳动的时间平均不足 0.2 小时，是世界儿童中参加劳动最少的一群。“饭来张口，衣来伸手”这句被大家所熟悉的老话，在我们的孩子身上体现得最为明显。

“地是种出来的，事是干出来的。什么时候不劳动也不行。”这是一位农民父亲教育子女的话。我们应该让孩子体验到“不劳动者不得食”，如果我们把孩子培养成“不劳而获”的人，那将来大家都会没有饭吃。

让孩子在家里有固定的工作，如洗碗、扫地、拖地板、擦玻璃、取牛奶、拿报纸等天天都要做的事情，分几件给孩子干，并且负责到底，有利于帮助他们了解生活，了解父母。

对孩子所做的工作，家长要给予认同，以赞赏作为给孩子的奖励。如果用金钱来奖赏孩子的劳动，最终会养成其浓厚的功利心。

7. 让孩子有正确的比较观念

假如孩子狂比吃穿用度之类，会比没了自己，比没了亲情，比没了朋友，比没了志气，比没了幸福。应该让孩子明白，人品比物品重要，身内比身外重要，亲情比金钱重要，创造比享受重要。

一位“抓狂”老爸打来电话，诉说了他的烦恼。

我天天开车去学校门口接送儿子。以前，放学铃声一响，儿子很快就能和伙伴们一起冲出来，有时还会吆五喝六地“点”上几个小家伙，一同“塞”进车厢。可是现在，我经常要等得眼睛都快变蓝了，全校人也差不多走光了，儿子才不紧不慢地一个人溜达出来。我问他，哪知这臭小子竟说："老爸，以后别把咱家'拓拓'车停在校门口了。那边有条没人的巷子，您就停那儿吧。我保证，一放学立马就奔过去。为什么？咱真丢不起那个人哪！您是不知道，我们班上有个同学，平时不咋地，成天臊眉耷拉眼的。可这段时间真'捡到宝'了，甭提多'拽'了，打'嘴仗'谁都干不过他！没办法啊，谁让他爸开的是宝马呢！车牌号还挂了N多个8！再掰掰手指头数数，我们同学家里有帕萨特的，有本田的，个个风光着呢！再不济有辆普桑（普通桑塔纳），也勉强说得过去。可瞅瞅咱家的小奥拓，让我在同学面前一点脾气也没有，特跌份儿！"好家伙，我还没嫌弃他学习不好呢，他倒先埋怨起我了！知心姐姐您说，照这样发展下去，成天比吃比喝比排场，就是不比学习成绩，可怎么了得啊？我是不是该修理他一顿才好？

这位爱攀比的儿子，确实把他的老爸气得够呛，也伤得够呛。

的确，像这种盲目的攀比之风，目前在中小学生当中非常盛行。我也问过许多同学，班上同学之间都在比什么呀？回答真是五花八门，概括起来主要有五大"狂比"。

第一是"狂比"穿的。套用一句老话"脚上没鞋穷半截儿"，所以看人先看脚，看谁脚上的鞋子牌子硬，用鞋来证明自己有身份。有个男生告诉我："我们选鞋的标准主要是看广告，NBA明星科比、奥尼尔、姚明穿的都是名牌，他们穿什么，我们就买什么。一双鞋花上八九百块，甚至一千多块，'飙鞋'的时候，才不'跌份儿'！"一个女生对"飙鞋"也特有看法："在我们班上出现了一种特别奇怪的现象，你跟别人说话，他却会说，等你穿上'阿迪达斯'才配跟我说话！有一次，坐在我旁边的一个男生故意踩我的新鞋，我让他别踩，可他居然说，'阿迪达斯'踩'安踏'是理所应当的！您说，他是不是特欠抽啊！”

第二是“狂比”用的。谁用的东西最时尚，谁就最能代表潮流，在班里也就最有“地位”。一般来说，手机“拼”得最凶，看谁的价钱最贵、功能最全、内存最大。而且，什么都得比一比，比谁家的电脑高级、比谁家的汽车豪华……

第三是“狂比”吃的。12岁的园园过生日，妈妈就和她商量，不如请几位好朋友在家吃顿饭庆祝一下。可园园却不同意，还说：“那天同学过生日，请我们到大饭店‘暴撮’一顿，花了2000多块！可您却让我在家里请客，又寒碜又小气，我才不丢人现眼呢！”于是妈妈苦口婆心地说：“各家的条件不一样，礼轻情义重嘛！”园园听了嘴一撇：“您也太老土了！现在流行什么您都知道吗？钱本身并不重要，要舍得花钱才是硬道理！今儿多花点钱摆上几桌，立马挣足了面子。以后大不了吃他一个月的方便面，反正同学们又不会知道。”

第四是“狂比”花的。就是比谁家阔气，好像家里钱越多自己就越值钱。上数学课，老师教千位数，请同学们在日常生活中找找实际的千位数。一个女生刚说家里的洗衣机价值3000元，马上就被一个男生“压”了回去：“我们家那台4000多呢！”其他同学也抢着说：“我们家的电脑花了6000块……”“那叫什么破电脑？我们家的是品牌机，1万多块呢！”“我们家的背投电视也是1万多！”“1万块也叫钱？我们家的宝来汽车就值20多万！”“牛什么牛？说出来吓死你！我们家别墅……”

第五是“狂比”谁家父母的“官儿”大。在有些孩子眼里，父母的职业、职位成了为自己树立威信的“资本”。一个一年级的小男生曾经亲口对我炫耀说：“那天，班上一个同学和我闹别扭，居然敢对我说：‘我爸是警察！你要再惹我的话，我就让他来抓你！’我就马上告诉他：‘我爸是公安局局长，专管你爸！借他仨胆儿，你爸也不敢来抓我！’您猜怎么着，那小子再也不敢‘炸刺儿’了。”

在北京电视台《知心家庭·谁在说》节目的录制现场，一位军人观众说："今天我是和儿子一起来录节目的。来的时候，儿子硬是让我换上军装。我问他为什么？他说，让您换您就换吧，就冲您肩上那么多的杠杠星星，上镜头特有面子！"

你们身边是不是有这五大"狂比"，我当然不希望你们是这"狂比"风潮中的一分子。因为"狂比"于人于己，危害无穷，我曾经和许多的同学、家长、老师讨论过这个问题，最后一致认为，它同样具有五大"公害"。

一害自己，比来比去，比没了自己。追求生活的高质量并没有错，但是，假如你们把名牌衣物看得比自身还重要，就会迷失了自我。我的一位朋友，应邀参加了某个电视明星与钻石大王的婚礼。婚礼一结束她就跑来告诉我，新娘戴的那颗大钻石漂亮极了，吸引了所有人的眼球。我问她："那新娘子漂亮吗？"她想了半天才说："真不好意思，我没注意看，当时光顾看那颗大钻了。"这位明星难道不悲哀吗？由于钻石的昂贵，使原本耀眼的光彩黯然失色。当一个人过多注重身外之物是否名贵时，往往就会丢掉自身的价值。

二害家人，比来比去，比没了亲情。本来你们有一个幸福美满的家庭，或许由于虚荣心作怪，和别人攀比，扮"酷"耍"派"，使原本收入并不高的家庭陷入经济拮据，加重父母负担，扰乱正常生活，使家庭失去往日的温馨。

三害同学，比来比去，比没了朋友。朋友之间的关系是用友谊联结的，真诚的友谊是无价的。加入了"金钱"成分，友谊就会变质，交友更会变为交易。用金钱收买的朋友，永远不是真正的朋友。因为他们喜欢的是你们的钱，而不是你们这个人！

四害学习，比来比去，比没了志气。有个男生考试不及格，就花了500元请客。饭桌上，同学们嘴上不说，但心里压根就瞧不起他。可他依然误认为有钱就有了地位，整天无心学习，就想着怎么弄钱，结果荒废了学业，最终一事无成。

五害前途，比来比去，比没了幸福。人人都希望获得幸福，可幸福并不是金钱和地位，而是一种内心的感觉，一种经过努力奋斗获得快乐的享受。当你们用父母的钱来满足自己的虚荣心时，得到的只是一点点“自私而可怜”的快乐，那绝不是真正的幸福。

其实，人和人每天都处在比较之中。关键是看你们比什么，怎么比。如果是比学习、比能力，我不但不反对，还要高举双手赞成哩。可是，如果你们是像上面所说的那样盲目“狂比”，那么，我就得提出四条忠告了。

①人品比物品重要。用名牌装饰自己，不如用知识来充实自己，用智慧来丰富自己。只有你自己瞧得起自己，别人才会瞧得起你；只有你抬起头，挺起胸，堂堂正正做人做事，别人才不敢小看你。消费，永远不能建立在“让别人瞧得起”的基础上。

②身内比身外重要。首先，我要给你们讲一个小故事。

一位非常有钱的父亲带着全家来到乡下。他很想让小儿子看看穷人过得多么可怜，于是，就特意选了一个最穷的家庭，在那儿住了一天一夜。回城后，父亲问儿子：“这次旅行感觉怎么样？”“非常好！”“那你现在该知道穷人的生活是什么样了吧？”父亲又问。“是的。”“哦，说说看，你都看见什么了？”“我看到：我们家只有一条狗，而他们家却有四条；我们家花园中央只有一个游泳池，而他们家却有一条没有尽头的小溪；我们家花园里有许多照明的路灯，而他们家却拥有满天的繁星；我们家的院子虽然很大，但他们家的院子一直延伸到地平线上。”儿子说完后，父亲变得沉默无语。最后，儿子又补充说道：“谢谢您，爸爸，您让我明白了我们是多么贫穷。”

这个故事恰恰告诉我们：贫穷与富有的差异并不在于那些身外之物，而是取决于自己的内心。拥有美好的心灵，才能看到美好的世界。正像古希腊人所说：“如果你顺其自然地生活，你就绝不会贫穷；如果别人怎么说你便怎么做，那你就永远不会变富。”

③亲情比金钱重要。世间最珍贵的就是亲情，是父母与儿女的骨肉之情。家境贫寒的卢素玉考上重点高中时，母亲体弱多病，父亲也已经60多岁了，下岗后在街边摆了个修鞋摊。素玉从来不把同学们带回家中，因为父亲很显老，以至于有的同学会傻乎乎地叫声“爷爷”；她也从不在同学们面前提起父亲的职业。高二那年，素玉被评为区优秀学生代表，到市里参加表彰大会。散会后，她和几个同学走在路上，恰巧经过父亲的修鞋摊。素玉忽然发现，老父亲的头上多了许多白发，便忍不住轻轻地叫了一声“爸……”父亲抬起头，惊讶地望着女儿，随后很快地朝她摆了摆手。“这是你爸？”一个同学吃惊地叫道。素玉点点头，脸上不由得有些发烫。那天晚上，父亲回家时心情特别好，还破天荒地喝了点酒……后来，母亲告诉素玉，父亲那天真的很自豪、很高兴，因为闺女居然当着一大群市里最优秀的孩子的面，叫了自己一声“爸”！就是这种流淌在血液里的骨肉亲情，永远是生命中最温暖的成分。做儿女的只有丢掉虚荣，才能享受到这份亲情的温暖。

④创造比享受重要。享受自己用劳动创造的价值，要比享受父母或别人的劳动成果快乐得多，幸福得多。一次，有个同学对我说，他参加赛跑得了倒数第二名，就怪爸爸没给他买双耐克鞋。我马上说道：“不对！当你把新鞋踩在脚下，和放在眼前去争取的时候，那种动力是不一样的。”接着，我又给他讲了一部外国影片《天堂的孩子》：一个贫穷的家庭有一双儿女。小兄妹俩只有一双球鞋，只好轮换着穿。每天哥哥一放学，就得拼命往回跑，跑到家附近的路边把鞋脱给妹妹。跑来跑去，他居然练就了一双飞毛腿。可是有一天，就在他俩换鞋的时候，小球鞋掉进水沟里漂走了……后来，学校贴出布告，区里举行赛跑，第三名可以得到一双新球鞋。哥哥一心想给妹妹争到那双新鞋，于是也报名参赛了。经过全力拼搏之后，他居然得了第一名！但是，他得到的奖品却不是那双新鞋。哥哥伤心地哭了……这部电影真的很感人，每当想起小哥哥伤心的眼泪时，我就会想：穿上一双鞋去跑步，和为了得到一双鞋去跑步，那劲头真是不

一样啊！

你们知道吗？目前，全世界都在关注孩子们的健康成长，制止校园攀比风气的做法也有不少。比如说，德国教育部门就在重新考虑采用统一校服的制度，来制止越来越多的校园名牌追捧者；新加坡的学校明确规定中学生不准穿戴名牌；日本不准中学生烫发；就连英国贵族学校的皇室子弟，参加社会实践时，也必须与平民家的孩子同甘共苦。在我国，北京市教委颁布的《中小学生守则》中，更是首次将“生活不攀比”作为重要的一条单独列了出来。

这一切做法只是为了表明，社会将不再把财富留给你们，而是要把你们变成财富。未来就掌握在你们自己手里。

比！当然要比！是骡子是马，拉出来遛遛！看谁的目光最远大，看谁的脚步最坚定，更看谁为自己的将来准备得最充分！

面对攀比，好好想一想，人和人到底应该比什么？

“不比穿戴比学习，不比文具比志气，不比吃喝比成绩，不比家庭比能力。”这是沈阳市下岗职工子女的铮铮誓言，相信对你对我都是一种鼓励。

二、给孩子成功的力量

1. 赏识的力量——相信你能行

每个人在情感上都是需要表扬和激励的，特别是孩子们受到父母和老师的表扬和激励时，就会勇气大增，创造力也会大大提高。有的父母认为严厉督促是好办法，其实大错特错，因为人不愿意总是被动地做事情。

成人赏识的眼光，能使孩子创出奇迹。

在我生命的锦囊里，有一份妈妈赠予我的礼物——勇气。这种敢于自己说“我能行”的勇气，正是小时候在妈妈赏识的力量的鼓舞下形成的。

从小，家里人都说我勇敢，我也就自觉不自觉地把自己当成勇敢的人。星期天，妈妈带我和二哥去公园玩。公园里有一座天桥很高很高，桥板又窄又长，两边围着护网。虽然如此，走上去还是像走钢丝一样，令人心惊胆战的。开始走天桥，我也很害怕。妈妈鼓励说：“你行，想上去就上去吧！”走上桥，我心里想着“我不怕，一定能行”，一步一步地试，勇敢地走了过去！那种惊险的感觉真是好极了！

现在想一想，父母认为孩子“行”还是“不行”，对孩子一生的影响的确很大。父母的赏识与放手，对孩子发出的是“我能行”的正信息，使孩子慢慢建立起“行”的意识；父母过度的担心和保护，对孩子发出的是“我不行”的负信息，使孩子真的认为自己“不行”。

孩子“行”与“不行”，很大程度上取决于小时候父母和老师如何看待他们——是为他们鼓气，还是给他们泄气？每个孩子都有很多潜能，潜能的发挥与成人对他们的赏识分不开，投以欣赏的眼光，兴趣才有可能转化为特长，孩子就会创造出奇迹。当然，孩子的自我意识也很重要，让孩子从小学会正确认识自己，相信自己，不要太在意别人的看法，才能顺其自然地发挥自己的能力。

在我所接触的学钢琴的孩子中，大多数孩子讨厌弹琴，只有极少数孩子喜欢，其中有一个云南的女孩对我说：“我一天最快乐的时光就是弹钢琴，因为爸爸妈妈爱听我弹。”

女孩告诉我：“一天晚上，我正在家练琴，屋里静悄悄的。忽然，我一回头，发现爸爸妈妈都坐在床边静静地听我弹琴时，爸爸的眼里含着泪水。我害怕了，忙问：‘爸，您怎么啦？我哪儿做错了？’爸爸笑了：‘不，你弹得太好了！爸爸和妈妈一天中最高兴的时刻是听女儿弹琴，你的琴声把我们一天的疲劳都赶跑了。’真没想到，我的琴声有这么大的力量！有一次，我家来了客人，爸爸叫客人坐下来听我弹琴，还轻声说：‘瞧，我女儿弹得多好！听她弹琴是一种享受！’客人听了一会儿，称赞道：‘真没有想到，中国21世纪的音乐家就出在你们家！’我听了，就觉得自己真成了21世纪伟大的音乐家，更陶醉在音乐的世界里，感觉真是好极了！”

女孩的话给我很大启发。在孩子对某件事萌发兴趣时，父母和老师不应是挑剔者，而应该是会喝彩的观众。对大多数孩子来说，发展特长并不是为了搞专业，而是为了培养兴趣，提高素质。如果整天挥舞着“大棒”跟孩子较劲，还不如不让孩子学。

赏识，是激发孩子兴趣最好的营养剂，挑剔、训斥、打骂也许能培养出画匠或琴师，但绝不会培养出艺术家！因为天才是强烈的兴趣和顽强的入迷创造出来的，只有浓厚的兴趣才能使人成为这个领域的拔尖人物。

赏识从哪里来？来自科学的思维方式：永远为孩子的长处而骄傲，不为孩子的短处而遗憾，不盲目地拿自己的孩子同别人的孩子比较。如果总用自己孩子的短处同别人孩子的长处比，你就永远没有成就感、自豪感，永远对孩子赏识不起来。

当然，赏识是发自内心的，而不是故意装出来的。有个年轻妈妈听了我的课，决定改变自己的生硬态度，回家就笑着对孩子说：“太好了！儿子你真棒！”孩子莫名其妙，马上过去摸摸妈妈的额头：“妈，您是不是烧糊涂啦？”

第二天，这位母亲跟我讲起，我俩笑得前仰后合。孩子已经习惯于父母的指责、打骂，所以对这种正面的激励会觉得那么陌生。

每个人在情感上都是需要表扬和激励的，特别是孩子们受到父母和老师的表扬和激励时，就会勇气大增，创造力也会大大提高。有的父母认为严厉督促是好办法，其实大错特错，因为人不愿意总是被动地做事情。

激励不仅对孩子有效，对任何年龄段的人都有效。

我母亲就很善于赏识人、激励人。每次我父母过生日，姑爷们都主动带些好东西看望他们。妈妈的生日在桃子上市的季节，我二姐夫最会买桃子，我妈逢人就讲："我最爱吃二姑爷买的桃子，又大又甜又软，特别好吃。"我的先生最会买鸡，我妈也总说："他可真会买，又嫩又好吃。"我妹夫特别会炒菜，每次全家聚会，我妈妈一遍遍地夸他："看人家做的菜，比饭馆里的还好吃呢！"就这样，在欢声笑语中，老人享受到天伦之乐，大家也心情愉快地为老人做这做那。

在生活中，我们也要用赏识的眼光去看待周围的人和事。

生活中，学会赏识别人，你也会得到很多意外的喜悦，你会觉得世界是多么美好。

2. 信任的力量——你很重要

一个人发现自身的价值，往往是通过别人的信任。尤其是未成年的孩子，他们渴望得到大人的信任，希望大人"委以重任"。为人父母者，最大的责任是重视孩子，满足他们的成就感。

在信任中长大的人充满自信。

作为《中国少年报》的"知心姐姐"，每当我走近孩子，听到他们议论各自的父母，总感到"妈妈爸爸"对孩子是多么重要，他们多么期望父母能了解自己，成为自己的朋友啊！父母的教诲，将影响他们的一生；父母的失误，会贻误孩子的前程！

于是，我一次次走上"家长学校"的讲台，把孩子的心声告诉天下的父母，但这毕竟有限。我也曾想拿起笔，写一本书，让"知心姐姐"走进千家万户。但实在没有时间，每天要干的事情太多，写书的事只好排在"明天"，而"明天"到来时，又和今天一样忙……

一个偶然的机会，终于"逼"着我拿起了笔。

苦战两个月后，当责任编辑把精美的样书送来时，我简直不敢相信这本书是我写的。同事们也奇怪，问："这么忙，你什么时候写的？"

静下心来仔细一想，究竟是什么力量促使我赶出这本书呢？我领悟到：是信任的魅力！

信任，能使人产生强烈的责任感，充分挖掘潜力，释放能量。当受到信任时，他会觉得他的身后有许多人支撑着，他有不负众望之心，就不会被任何重负压倒。

一个人发现自身的价值，往往是通过别人的信任。尤其是未成年的孩子，他们渴望得到大人的信任，希望大人"委以重任"。为人父母者，最大的责任是重视孩子，满足他们的成就感。

如果你不重视他们，孩子还是会用种种方式去"谋求"别人的注意。有的方式是正当的，例如认真读书，为集体做好事；有的方式是不太正当的，例如扰乱课堂秩序、打架闹事、搞恶作剧等。父母为什么不能够满足他们呢？

信任不仅能激励人，更能教育人。

有个女孩丢了50元钱，她知道是班上一个同学拿的，回家问爸爸怎么办，要不要告诉老师是谁。爸爸说，这样不好，拿钱的女孩以后会抬不起头来。你要信任她，她会把钱还给你的。

第二天老师问起这件事，女孩大方地说："老师，我的钱找到了，是我不小心放错了地方。"

课后，拿钱的同学把钱还给了她，十分感激："谢谢你这样做。"

我佩服这位爸爸。他看重的不是50元钱，而是一个活生生的孩子。50元可以害一个人，也可以救一个人。信任可以唤回一个人的良知。

做到对孩子信任，你可以这样告诉孩子：

（1）相信自己——敢于批评自己

真正相信"我能行"的人，是敢于批评自己的人。

一个人不可能不做错事，尤其是小孩子，他们就是在知错、认错、改错中长大的。聪明的人做了错事，从来不赖别人，而是从自己身上找原因，结果越变越聪明；愚蠢的人做了错事，老是找“客观”，怨天尤人，结果越变越蠢。

有个聪明人为自己准备了一个本子，上面写的是“我所做过的傻事”。每天晚上他都花点儿时间来自我反省，问自己“我犯了什么错误”“哪些事我做得不对，怎样才能改进我的做法”。每周，他都选一个缺点或一个毛病着力改正，然后把每一天的反省做个记录。后来，这个人成为受欢迎的国家干部。这个方法你可以试试看。一个人能发现自己不行的一面，也正是“我能行”的一种表现。

（2）信任他人——愉快地接受批评

“我能行”的人，不仅能从表扬中获得力量，而且能从批评中获得力量。

批评你的人，都是关注你的人，不管他是好意还是恶意。如果听到有人说你坏话，你先急着替自己辩解，那你什么事都做不成了。听到批评，你可以做两件事。

一是尽力去做好你应该做的事，用事实证明你是对的，那么人家怎么说，就无关紧要了。如果事情确实做得不好，就是花十倍的力量来为自己辩解，也没有用。

二是去和批评你的人交谈。当面听取意见，也许你会知道自己错在哪儿。如果受到不公正的批评，你也不必生气，只“笑一笑”就行了，这是相信自己也是信任别人的表现。总之，当批评的雨点儿落下来，不必忙着打伞。

（3）他人信任——在信任中管教

在信任中长大的孩子往往充满自信，信任的力量正在于让孩子觉得“我能行”。

假如你每天早上总是不忘提醒孩子带这带那，结果他偏偏丢三落四。孩子本来有能力天天学习，天天长进，天天完善，你的“唠叨”却使他失去了自信。

我去辽宁省营口市开办“知心家庭学校”，跟时任团市委书记的曹爱华女士一见如故。她有一个十分可爱的女儿，名叫格格，刚上一年级。姥姥说她挺懂事，可就是有个坏毛病，每天早上不爱起床，得妈妈叫上好几遍。

“爱她不一定要管她。”我对格格的姥姥说，“有空带格格去买一个她喜欢的小闹钟，让小闹钟叫她起床就行了。告诉她，早上迟到了她自己负责。”

我又把格格叫到身边：“早上自己起床，你行吗？”

“我想我行。”格格说。

“你愿意每天让妈妈叫你起床，还是愿意让闹钟叫你起床？”

“闹钟叫好，多有意思呀！”

“我相信格格能管理好自己。那我们从什么时候开始呢？”

“有了闹钟就开始吧！”

第二天，姥姥带格格买了闹钟。曹爱华后来告诉我，格格像变了一个人，不用大人管了，还说她能自己管好自己。

给孩子一个自由的空间去发挥，孩子反而学会了管理自己。我告诉格格，每天按时睡觉，按时起床，以后到了该起床的时间，不用闹钟叫也能自己醒。

其实“不管”比“管”还难。不是孩子不行，而是自己要豁出去，要从心里信任孩子。

如果孩子犯了错误，老师和家长在批评和惩罚之后，施以温情是必要的，这样等于告诉孩子，大人否定的不是孩子本人，而是孩子的错误行为。所以，管教要有一个充满爱与信任的结尾。

3. 发现的力量——你是奇迹

我们要善于发现孩子的长处。有很多父母，总觉得别人的孩子是天才，自己的孩子像个蠢材；别人的孩子是金子，自己的孩子是沙子。有这样的心理，他们永远不会主动发现孩子身上闪光的地方。

学会用发现的眼光，金子就在你身边。

能发现千里马的人是伯乐，能发现孩子长处的父母是称职的父母。

一位作家说过：“人人都是天才。”要让孩子的潜力充分发挥出来，就要帮助孩子去发现“我能行”“我哪点最行”“我哪一点会更行”。我认为，让孩子“自我发现”比别人发现更重要。“我能行”的认识过程，本身就是一种自我发现的过程。“没有笨孩子，只有潜能尚未发挥出来的孩子。”要使孩子明白这些道理，需要父母和老师共同做工作。

我非常感谢我儿子中学的班主任。每次开家长会，她讲的只是哪些孩子成绩最优秀，哪些孩子进步最快，哪些孩子“最有潜力”。我儿子有时也被列为“最有潜力”的那种孩子。

实际上，这些“最有潜力”的孩子都是考场上没有发挥好的孩子。老师不以分数论英雄，而真正是“以人为本”，不仅让父母有面子，还让孩子有自信。孩子们主动去发现自己最强的地方，个个都挺自信。后来，我儿子终于发现了自己与众不同的方面，就不断展示着他的“潜力”。

谁会以自己的短处作为生存条件呢？人应当扬长避短，如果经常展示自己的长处，别人就会认为他行，他就向更行的方向努力；如果总是展示自己的短处，大家都认为他不行，自己就可能破罐破摔，影响自己一生的发展。

我们要善于发现孩子的长处。有很多父母，总觉得别人的孩子是天才，自己的孩子像个蠢材；别人的孩子是金子，自己的孩子是沙子。有这样的心理，他们永远不会主动发现孩子身上闪光的地方。

有位父亲一连几天给我打电话谈论他的孩子，每次说的都是孩子的缺点，我问：“你的孩子就没有一点儿优点吗？”

他居然回答：“我告诉您吧，他一点儿优点都没有！”

我生气了，对他说：“你不配当爸爸，你想好孩子的优点再找我吧！”

那么，怎样才能发现孩子的优点呢？

请爸爸妈妈相信，每个孩子都是金子。正像北京前门小学前校长钱红石说的那样："只要看重您的孩子，就会让蒙尘的金子闪光！"

发现孩子的优点要注意三条。

（1）发现不同点

就像天下没有一模一样的树叶一样，世间也没有一模一样的孩子。父母的责任就是发现自己孩子的"不同"。

爱迪生所以能够成为伟大的发明家，正因为他有一位善于发现他优点的伟大母亲。

爱迪生上小学时，学校买来了新教具，他很好奇，全给拆了，又装不回去，气得老师请来了他的妈妈。老师对爱迪生的妈妈说："你的儿子太爱拆东西了，你要让他改改这个毛病！"

"老师，我看你不对哟！我观察儿子很久了，他跟别人最大的不同就是喜欢拆东西，你叫他改掉这一点，那我儿子不就跟别人一样了吗？"爱迪生的妈妈是那么相信这是儿子最大的优点。

喜欢拆东西，实际上就是好奇心强，是智商开发的动力。正是受到妈妈的鼓励，爱迪生的动手能力越来越强，终于成为20世纪对人类贡献最大的科学家之一。可以说，没有爱迪生的母亲，就没有爱迪生的成功，是她发现了儿子的与众不同之处，发现了儿子的才能，也保护了儿子珍贵的好奇心。

那么，你的孩子有什么才能吗？有什么与众不同的地方吗？如果你还没有发现，你就有可能扼杀一个天才，尽管你是无意的。每个人都有与众不同之处，这个不同点也许就是他最行的地方。我们现在教育的误区是，把孩子培养成一筒筷子，戳齐了就满足了。这样做培养不出人才，更培养不出天才。

（2）发现闪光点

前面说过的故事，我再说一下。武汉市有个学习不太好的学生，上课特别爱举手，有时老师的问题还没有说完，他就把手高高举起。可叫他起来回答，他又答不上来。

老师课下跟这个同学聊天，问他原因。

“同学总笑我成绩不好，说我笨。我不服气，所以老师提问我总举手，想让大家看看，证明我不笨，可实际上我不会。”学生对老师实话实说。

老师了解了真情，表扬了他的积极性，并且跟他订下“君子协议”：“以后老师再提问的时候，如果真会回答，你举左手；如果不会，你举右手。”

老师心里有了底，以后上课就抓住这名学生举左手的机会，让他回答问题，并经常表扬他。从那以后，这个学生在学习上变得很有起色。

在武汉市中小学德育工作会议上，时任市教委主任的罗友松讲完这个故事，会场上响起一片笑声和掌声。他说，老师对学生要多发现，多肯定，多赞赏，多表扬，多鼓励。

孩子天天在长大，天天在进步。父母和老师要像哥伦布发现新大陆一样去发现他，特别要善于发现后进孩子的闪光点，让每个孩子都抬起头来走路。

（3）发现动情点

孩子是人类最真诚的群体。孩子的内心是纯洁的，孩子的情感是细腻的，我们要与孩子为友，就要去发现孩子的真诚，倾听他们真挚的声音。

有个孩子对我说：“我妈过生日的时候，我送给她礼物。可我妈说：‘花钱买这些干什么？’我当时挺生气的，觉得一份好心白费了。第二天，我发现我妈在仔细看我的礼物，我觉得挺高兴的，知道我妈还是喜欢我的礼物。她要是不用那种口气说话就好了。”

我儿子在大学读书时，有一回新年没回家，给我和他爸寄来了他画的贺卡：一只笑容可掬的黑猩猩，左手拿着香蕉皮，右手敬着礼。

我招呼他爸：“哎哟，你看你儿子画得多好啊！”

我丈夫过来看了看：“哼，不好好念书，净画这个！”

话音刚落，我就发现贺卡上有一行小字：“爸，请不要说‘不好好念书，净画这个’。这可是我业余时间画的。”

我俩都笑了。我说："你看儿子对你的语言掌握得多准确！"

家庭生活中，我们常常遇到的是细微小事，从中我们不难发现孩子闪烁着真诚和爱的情感。善于发现它，是使我们走近孩子并与之沟通的法宝，也是我们教育孩子走上成功之路的法宝。

4. 评价的力量——你做得真好

每一位老师和家长用欣赏的眼光看孩子，就会发现孩子不一般的优点；用赞美的口吻评价孩子，就会在孩子心中荡起一股股激流。

家长会能不能将"告状"变为"报喜"？

有位父亲对我说，他最怕开的会是孩子学校的家长会。"我们在外面挺成功辉煌的，可一走进教室就只有低着头，谁叫咱儿子不争气呢！有一次我去开家长会，老师瞪着眼冲我说，别瞧您是个干部，可您儿子那德行！当时有个地缝我肯定钻进去！"

许多孩子都说："天不怕，地不怕，就怕老师找我爸。"

我的一位朋友曾向我介绍过美国学校的家长会。"美国的家长都很重视家长会，再忙也要赶去，这点跟中国相同。不同的是，美国学校的家长会是家长和老师一起分析孩子有什么优点，有什么特长，有什么个性，怎样去发扬优点，发展特长，培养个性。"

这番话令我耳目一新。仔细想想也真是，我们的家长会能不能把"告状"变成"报喜"，把"挑毛病"变成"发现闪光点"，把"成绩大排队"变成"特长研讨"呢？

每一位老师和家长用欣赏的眼光看孩子，就会发现孩子不一般的优点；用赞美的口吻评价孩子，就会在孩子心中荡起一股股激流。当我以"知心姐姐"的身份面对孩子们时，我会睁大眼睛去发现孩子们的长处和闪光点，然后用十分惊讶和肯定的语言表达出来，就如同发现了“新大陆”！我相信，我的评价对崇拜我的孩子来说，可能会影响他的一生！

评价是一种力量，更是一种能力。

（1）自我评价——正确看待自己

在一次中队干部改选中，有一名男生大胆走上台，对同学们说：“我这个人优点有三条，一是爱帮助人，二是能团结人，三是爱动脑筋想办法。我的缺点也有三条，一是爱发脾气，二是有时粗心马虎，三是上课爱做小动作。我希望能有机会为大家服务，希望大家投我一票。”他的真诚引来同学们热烈的掌声。当选为中队长后，他干得十分出色。

无论是谁，都有优点也有缺点，有长处也有短处。坚信“我能行”的人，并不是没有缺点和短处，而是善于发扬自己“行”的一面，同时敢于正视自己“不行”的一面。

有些孩子心理承受能力差，听别人批评自己就受不了，甚至因为一两句话而轻生。这样脆弱，常常是因为从小被娇宠惯了，不能辩证地看待自己。其实说你有优点，掩盖不了你的缺点；说你有缺点，也否定不了你的优点。

（2）评价他人——正确看待别人

所谓正确评价别人，是客观全面地看待人，并且对人做出公正的评价。作为一个孩子，不可能什么都好，没有一点儿缺点；也不可能什么都不好，没有一点儿优点。我们不能“盲人摸象”，摸到一个局部，就认为是全部。

家庭是我们教育孩子正确全面地看待别人的启蒙学校。比如爸爸评价妈妈：“是个热心人，但比较粗心。”妈妈评价爸爸：“很稳重，但爱挑剔……”这样的评价会让孩子从小有这样的概念：尺有所短，寸有所长；金无足赤，人无完人。那些老在家里说三道四、讲人家坏话的家庭，培养出来的孩子都会是心胸狭窄、爱搬弄是非的人。

5. 合作的力量——朋友需要你

你想让自己的孩子拥有快乐的人生，就一定要让他从小学会与人合作。

学会与人合作，是成功的开始。

合作，指的是人与人之间相互配合。一个人能否成功，很大程度上取决于他的合作能力。“我能行”的含义，并不是“只有自己行，别人都不行”，恰恰相反，是“取人之长，补己之短，取长补短走天下”。正如北京光明小学前校长刘校长总结的：“你在这点行，我在那点行，合作大家行。”

现代社会需要富有合作精神的人。有的父母很爱自己的孩子，但是却不愿意让自己的孩子与别的孩子玩，慢慢地，孩子养成孤僻的性格，很不合群，长大以后常常因为不能处理好人际关系而陷入苦恼之中。

你想让自己的孩子拥有快乐的人生，就一定要让他从小学会与人合作。

（1）学会与人合作，就要真正认识到别人很重要

与人交往，一定要尊重人、看重人，使对方觉得他在你心目中很重要。

我想起一个故事：在纽约街头，一个乞丐打扮的人在地摊上卖铅笔。一个商人从他身旁经过，把一枚一元的硬币丢进放铅笔的杯子里，匆忙踏进地铁。但他停了一下，又转身回来，走到卖铅笔人跟前，从杯中取走几支铅笔，并很抱歉地解释说，他匆忙中忘记取走铅笔，希望这个人不要太介意。他还说道：“你跟我都是商人。你是在卖铅笔，而且上面都有标价。”说完，他赶下一班地铁走了。几个月后，在一个社交聚会上，一位穿着整齐的推销员迎向这个商人：“你可能忘记了我，我也不知道你的名字，但我永远也忘不了你。你就是那个重新给我自尊的人。我从前是个卖铅笔的乞丐，直到你那天告诉我，我是一个商人为止。”

在这个世界上，每一个人都有很大的潜能，你不仅要知道自己的潜能，也要了解别人的潜能。你尊重了别人，别人也会尊重你、看重你，这样，你和他才有可能成为真正的朋友，你的事业才有可能获得成功。

（2）学会与人合作，就要对别人真诚地感兴趣

一个人只有真诚地对别人感兴趣，他才会得到很多朋友。有的父母只要孩子关心自己的学习成绩，其他的事情一律不许过问，久而久之，孩子养成了只关心自己的习惯，只要求别人满足自己，至于别人有什么困难，他们并不去想。他们享受不到帮助别人和得到别人帮助的乐趣。长春市一名13岁的少年，只因父母没有满足自己的要求，便以死来威胁父母，一周内竟然三次服药自杀，幸好被及时发现抢救脱险。

一个作家要想写出畅销书，一定要对读者感兴趣；一个艺术家要想赢得观众的掌声，一定要对观众感兴趣。

一位叫哲斯顿的大魔术师，40年中到世界各地去演出，共有6000万人看过他的表演。成功的秘诀之一，就是他始终对别人真诚地感兴趣。他总对自己说："我很幸福，因为这么多人来看我的表演。我要把最高明的手法表演给他们看。我爱我的观众，我爱我的每一个观众。"

孩子终究要走上社会，无论从事什么工作，都要和人打交道，只有对自己工作的对象感兴趣，才能焕发出一种热情，一种创造力。

（3）学会与人合作，就要给予别人诚挚的关怀

人与人之所以成为朋友，正缘于他们之间相互惦记，相互牵挂。

一次，我去宁波采访，当地一群《中国少年报》小记者听说了，先跑来采访我。一个女孩问："我们有苦恼找知心姐姐，知心姐姐有苦恼找谁呀？"

诚挚的问话，一下子热到我的心里。我当了那么多年"知心姐姐"，经常听到孩子向我倾诉自己的烦恼，却很少有孩子关心我的烦恼。我激动地对她说："谢谢你对我的关心。我烦恼的时候，一是靠自己的好心态，更多的是靠朋友。"被人关爱的感觉真好！

几年前的一天，我在信阳人民广播电台做直播节目。节目结束后，刚从直播室里走出来，早已等候多时的12岁的林辰扑了过来，一声轻轻的“知心姐姐，我真的好想您……”说得我两眼噙满了泪水。林辰是大别山一只勇敢的“小鹰”，她从小患白血病，一直遭受着病魔的折磨，做了几次骨髓穿刺，但她都表现得十分坚强。有一次做大手术，在她一再请求下，医生准许她把《写给年轻妈妈》一书带进了手术室。她说，她是靠着知心姐姐说的“我能行”战胜病痛的。

我与林辰交谈时，一位年轻的妈妈手捧一本纪念册请我留言。我搂着小林辰说：“你想个词，我来写。”林辰深思了片刻，说：“知心姐姐，就写‘遇到困难都说我能行’吧！”

“好，好……”我连连夸赞着。

这时，又一个笔记本递过来，我把目光投向林辰。林辰思考了一会儿，凑到我的耳边轻声说道：“栽个跟头爬起来，说声‘太好了’。”我听出来了，这是我书中的一句话，她竟然记得这么牢！

临走，林辰送我一个漂亮的小瓶子，里面装满了彩纸折叠的小星星。“这99颗小星星是我亲手叠的。有人说，第99颗星是幸运之星……”林辰说着，脸上露出灿烂的笑容，而我却被感动得掉下了眼泪。

听我的好友潘琳说，林辰的表哥报考中央美术学院差几分没有考上，情绪有些低落。林辰及时给他打去电话：“哥，今年考不上明年再考，你看我，没有机会考大学，我都没难过。”妹妹的话让这个19岁的大小伙子感动得不知说什么好。

谁是有魅力的人？林辰小朋友就是，那些会关心人的孩子都是！

6. 创新的力量——你能做得更好

培养创造性思维的关键是要相信“我能做得更好”。无论在什么样的困境中，总能看到光明，并给孩子以希望。有这样心态的父母，才可能培养出有创造力的孩子。

成功，只留给那些具有“我能做得更好”心态的人。

创新是一个民族进步的灵魂。

今天，随着时代的发展，各方面都在呼唤创造性人才，各种具有创新思维和创造能力的人将在社会发展中起主导作用。

创造性人才的特征，可以概括为有强烈的好奇心、有顽强的毅力、有勇敢的进取精神。

怎样培养孩子的创新精神呢？我们可以从四个方面去努力。

（1）创新与心态——我能做得更好

什么是创新的心态？《伊索寓言》里有这样一个故事。

在一个暴风雨的日子里，一个穷人到富人家讨饭。

“滚开！”仆人说，“不要来打扰我们。”

穷人说：“只要让我进去，在你们的火炉上烘干衣服就行了。”仆人认为这并不需要花费什么，就让他进去了。

穷人请求厨娘给他一个小锅，以便他“煮点儿石头汤喝”。

“石头汤？”厨娘觉得好新鲜，“我想看看你怎样用石头做成汤。”于是答应了他。

穷人从路边捡了块石头，洗净后放在锅里。

“你总得放点儿盐吧。”厨娘给了他一点儿盐，又顺手给了他点儿豌豆、薄荷、香菜，最后还把一些碎肉末也放进汤里。

当然，你也许能猜到，这个聪明的穷人后来把石头捞出来扔掉，美美地喝了一锅肉汤。

如果穷人对仆人说：“行行好吧！给我一锅肉汤。”那会得到什么结果呢？

因此，伊索在故事的结尾说："坚持下去，方法正确，你就会成功。"这是创新思维的根本。

创新在于找出新的改进办法。任何事情的成功，都是因为找出了把事情做得更好的办法。

培养创造性思维的关键是要相信"我能做得更好"。有了这种信念，才能使你的大脑活跃起来。如果只想"不可能""办不到""没有用""我不行"等，那么创造的大门就关闭了。

人的心态决定人的能力。从某种角度来说，你能做多少，要看你想做多少。

怎样培养孩子具有"我能做得更好"的心态呢？

失聪女孩周婷婷的父亲周弘，创造了"赏识成功教育法"。我曾目睹周弘对一个 4 岁聋童的启迪式教学。

戴着助听器的女孩在画画。她画了一个人，头小小的，身子却大大的，拿给周弘看。周弘惊讶地说："你画得可真好！真好！只可惜头小了一点儿，要是再大点儿就更好了！"

女孩马上说："我还可以画个大的。"不一会儿，又一个小人出现在纸上，头大大的，身子小小的。

周弘看了看，兴奋地说："真不错，头长得很快，只是身子又小点儿了，会支撑不住的。"

女孩说："我还可以画个合适的。"又一个小人在她笔下出现了，头和身子的比例正合适。

仅仅 20 分钟，奇迹创造出来了，一个 4 岁的聋儿在周弘的鼓励和赏识下，打开了智慧的大门。

周弘说："每个孩子身上都蕴藏着不可估量的潜能，我们应当尊重每一个幼小的生命，爱惜生命的每一个内涵。不能开发每个孩子的潜能，是父母教育的失职和悲剧。"他认为："哪怕天下所有的人都看不起您的孩子，做父母的也应该欣赏他，拥抱他，称颂他，赞美他，为自己创造的小生命而自豪！”

周弘的可贵之处在于，相信孩子“能够做得更好”。无论在什么样的困境中，总能看到光明，并给孩子以希望。有这样心态的父母，才可能培养出有创造力的孩子。

（2）创新与兴趣——我很喜欢做

正当我写“创新”这一节时，儿子放假回来，我和他探讨，怎样才能培养孩子的创新精神。

“那必须先培养兴趣！小孩的创新主要来自兴趣，而兴趣主要来自游戏！”儿子不假思索地说，“打个比方，我小时候跟小伙伴‘拍洋画’，我老拍不过人家，就白天黑夜地琢磨，想方法，找窍门，这就是创新！再比如搭积木，今天搭座房子，明天就搭座桥，后天还要搭个城堡，这也是创新！今天超过昨天，明天又超过了今天，改变现状的思维就是创新思维。这种创新为什么不累呢？因为这是游戏，有兴趣！依我看，要培养孩子的创新精神，就要放手让孩子玩！”

孩子是在游戏中长大的。在游戏中可以发现孩子特殊的天赋和才能，如果父母因势利导地去培养强化这种兴趣，就可以使孩子在某些方面有所突破。

遗憾的是，今天父母的眼睛往往只盯着分数，忽视了孩子的好奇心和探索心，而这正是创造力的来源！

一次，我在冷饮店里看见一个小孩用吸管喝酸奶，喝着喝着吸管堵住了，小孩很着急。站在旁边的妈妈马上弯下腰，夺过酸奶瓶：“我来弄！这还不容易！”真可惜，一个让孩子展示“我能行”的机会就这样失去了。

妈妈换一种方式会怎样呢？比如凑到孩子身边，用好奇的眼光看着酸奶瓶的吸管：“哎呀，刚才不是好好的吗？现在怎么吸不上来了呢？这到底是怎么回事呢？”妈妈自己千万不要动手，只是看着孩子。孩子的好奇心很自然被激发出来，他会想办法解决的。

（3）创新与进取——多留心生活

创新并不神秘，有时候想办法把生活中不方便的事变成方便，就是创新。只要多留心生活，一点儿小事可能就是将你引上成功之路的千载难逢的机遇。

美国有个穷画家，名叫律薄曼。一天，他画得正起劲，橡皮找不到了，费了好大劲儿才找到橡皮，可铅笔又不见了。后来，他索性将橡皮用丝线捆到铅笔的尾端。但用了一会儿，橡皮又掉了。为这事，他琢磨了好几天，终于想出好主意：他剪下一小块薄铁皮，把橡皮和铅笔绕着包起来，就这样，带橡皮的铅笔诞生了。后来，律薄曼申请了专利，并把专利卖给一家铅笔公司，获利55万美元。

千万别小看孩子无意中的小发明。

叶波是南京市凤凰街小学小有名气的“发明家”。这个女孩从小活泼好动，可爸爸妈妈并没有因为女儿屡屡“搞破坏”而责怪她，这使叶波的创造天性有了充分自由的发展空间。正是在父母的鼓励和支持下，她发明了适合儿童使用的“安全剪刀”，1999年成为中国少年科学院首批小院士，还被评为“全国十佳少先队员”。

陶行知先生有句名言：“发明千千万，起点是一问。禽兽不如人，过在不会问。智者问得巧，愚者问得笨。人力胜天工，只在每事问。”好奇好问的孩子最有希望成为有创新精神的人才。

在全国，像叶波这样有成就的少年虽然还不多，但热爱科学、勇于探索的孩子却越来越多。浙江省少工委多年来一直坚持开展“科学创意金点子”活动。

比如浙江省金华市育才小学陈俊苗同学想发明一种在夜晚发光的自行车车轮，使汽车驾驶员能够在黑夜里看见自行车，避免交通事故。

台州市路桥新桥小学康海军同学想发明一种“空间吸尘器”，把它安在教室里的一个角落，只要一按电钮，灰尘就都被吸进去了。

台州市黄岩红光镇中心学校杨正同学很喜欢小动物，很想跟小动物交流。他想搞一种特殊的耳机，人们戴上它，能够听懂各种动物的语言。

在孩子们的想象中，可谓“世界真奇妙”！

但是，从一个创意的萌芽到变成造福于人类的产品，是要经历许多艰辛过程的。叶波的创意，首先得到父母的支持，接着得到老师的指点，再加上她的努力，才最终获得成功。

想让自己的孩子具有21世纪人才所需要的创新精神和实践能力吗？那就请你在家里开个“点子公司”，帮助孩子管理好他想出来的点子，发展他的创意。具体地说，就是帮助孩子做好准备——

一个小本子，封面写上“未来大发明家（孩子的名字）的发现”。鼓励他有了新发现，想到新点子，就马上记下来。有创造灵感的人都知道，新的创意常常会不经意地冒出来。

一个小箱子（鞋盒也可以），上面写上“我的百宝箱”。把记录有创意的小本子和随手画的发现创意图、灵感小卡片放在里面，经常翻开看一看，哪些创意有价值就保存好。

开始实施。实施计划上写着：“我能行！我不会后退！”然后开始动手。

这样坚持下去，相信你的孩子将成长为善于创新的人。

（4）创新与失误——不怕孩子闯祸

小孩子常常爱闯祸，这使家长大伤脑筋。其实，孩子闯祸，我们不必大动肝火，他们终究会长大成熟起来的。

您知道可口可乐是谁发明的吗？就是一个闯了祸的年轻人。

美国有个名叫约翰·彭伯顿的药剂师，研制了一种用来治头疼头晕的糖浆。配方研制出来后，他嘱咐店员加水调配。一天，小店员因为粗心，把苏打水当作了白开水，这一来，“糖浆”冒气泡了。小店员闯了祸很害怕，就一下子把它喝了下去，觉得味道还很不错，便把这事告诉了药剂师。药剂师尝了尝果然挺好，后来他又经过多次试验，终于配制出一种口感很好的饮料，并把专利权卖给了一个饮料商。就这样，闻名世界的可口可乐问世了。

世界上不知道有多少发明是在意外中诞生的。你如果希望把孩子培养成有创新精神的人，那么就不要害怕孩子闯祸，更不要怕孩子失败。让孩子积极地面对生活中的一切，努力改变现实，奇迹就会出现。

三、让孩子成为受欢迎的人

做一个文明的受欢迎的人，其实并不难，重要的是“做”。从一言一行、一点一滴做起。

说话的时候，先要想一想，我的语言是不是美，不美的话不说；做事的时候，先要想一想，我的行为是不是美，不美的事不做；待人接物的时候，先要想一想，我的心灵是不是美，对别人不好的事不做。

经常先想一想再说再做，你便知道，什么话该说，什么事该做；什么话不该说，什么事不该做。这样坚持下去，日久天长，美好的形象就一定会被你自己塑造出来。

1. 文明礼貌三句话

一个人所说的话总是和他的人品和修养联系在一起的，优美的语言首先建立在尊敬他人的基础上。

一个人的形象是一封无字的介绍信。人们通过你的语言、行为、仪表，就能判断出你是一个什么样的人。一个人所说的话总是与他的人品和修养联系在一起的，优美的语言首先建立在尊敬他人的基础上。

如果你想成为一个高尚的、受欢迎的人，请先要学会说“文明礼貌三句话”。

见面要说："早上好！""您好！"

美好的一天是从一句亲切热情的问候——打招呼开始的。早上起床后的第一件事是向爷爷奶奶、父母及家人问一声："早上好！"这亲切的问候传递着你对长辈的尊敬和爱，营造了温馨的家庭气氛。到学校，见到老师、同学，面带微笑地说一声："老师，您好！""××同学，你好！"在这简单自然的问候中，不知不觉地塑造着你自己在别人心目中的良好形象，培植着你与别人之间的友谊。

道歉要说："对不起！""请原谅！"

人活在世上，没有不出错的。出了错，应该懂得道歉。向人道歉，就是承认自己的言谈举止或某些做法不妥，并把愧疚的心情传达给对方，请求对方原谅。

打扰了对方，给对方带来了不方便，或做错了事，如果你及时说一声："对不起！""请原谅！"就会修补你已经受到损坏的形象。

事先约好的见面你不能去了，要提前告诉对方："对不起，我有事来不了。"

别人求你办事，你因故要拒绝，要说："抱歉，这事我帮不了你的忙。"

致谢要说："谢谢您！""给您添麻烦了！"

每当别人给了你一点方便和照顾，即使这种照顾帮助是对方分内的事，你也应该说："谢谢您！""给您添麻烦了！"

说"谢谢"的时候，要诚心诚意，双眼充满感激之情地注视着对方的眼睛，真诚、自然、郑重地说。

如果你请求别人帮忙，最好说："能请您帮我个忙吗？"如果对方表现出面有难色，你要说："如果您觉得困难的话，就不麻烦您了！"

2. 文明行为三件事

一个人美好的形象，是靠自己文明的行为塑造出来的。

一个国家的文明形象，是靠每一个公民在公共场所彬彬有礼的言行举止塑造出来的；一个人美好的形象，是靠自己文明的行为塑造出来的。

文明行为包括的方面很多，让我们先从三件事做起吧！

第一件事：爱护环境，你丢我捡

优美的环境是人创造的，也要靠人来保护。

全国文明城市四川省绵阳市有个文化广场，广场的绿色草坪上竖立的公益广告牌上写着，“爱护草坪，人人有责”“同是生命，需要爱惜”“给我一点爱，还你一抹绿”……这里没有“严禁”的呵斥，也没有“罚款”的警告，只有对文明行为规范的引导和对社会公德的呼唤。

更为可贵的是，这些地方的少先队员不但自己不乱扔垃圾，还开展了“你丢我捡”的活动。他们捡拾游人扔下的垃圾，回收有用的废品，并提醒大人们注意改正乱扔垃圾的不文明行为。

第二件事：遵守秩序，你挤我让

文明的人都知道“在公共场所要遵守秩序”这个简单的道理。买东西、上汽车、参观展览、进影剧院，都要排队，而加塞乱挤是极不文明、不礼貌的行为。

偏偏有些人不讲文明礼貌，他们在公共场所乱挤乱插。对这种人该怎么办呢？我主张不仅要制止，而且要“让”，以“有礼”对“无礼”。“让”并不是软弱，“让”不仅是一种风度，而且是一种无言的教育和批评。

有个女生是一所大学的学生会主席，一天上大课，同学们要各自占位子，她去得早，坐在了前面。一位男生站在她身后大声吼道：“是哪个这么大的胆子，敢把老子的位子占了！”这个女生站起来，对他说：“啊，对不起，我不知道这个位子是你的。”然后拿着书包，坐到了教室后面。在场的男同学对这位男生开始了猛烈的“攻击”：“你给我们男生丢尽了脸，看人家女孩多有气度！”这个男生深感惭愧，第二天主动来找这个女生道歉。

这就是“礼貌”的作用和“让”的力量。

第三件事：待人谦让，你好我学

谦让，是一个人的美德。集体生活中人与人交往常常需要谦让。

一个人要做到待人谦让，必须正确地认识自己与他人、个人和集体的关系。

每次你到大海边或登上高山，都会感到心旷神怡，天地宽阔。大海和高山让人领悟到，人在世界上所占的地位是多么渺小，天地如此广阔，何必与人斤斤计较呢。

在人生的道路上，如果你能谦让三分，同样能感到天宽地阔，感到周围每个人都有值得自己学习的地方。

学会用欣赏的眼光看别人，看到别人的优点，谁好就向谁学习，这样的人不仅文明程度高，为人谦和，彬彬有礼，受人尊敬，而且自己心情会平静坦然，生活将愉快充实。

3. 待人接物三原则

所谓气质好，就是语言、行为、心灵都美的人。如果你想成为一个气质好、受欢迎的人，请先学一学“待人接物三原则”。

康德说：“这个世界上唯有两样东西能让我们的心灵感到深深的震撼，一是我们头上灿烂的星空，一是我们内心崇高的道德法则。”

《钢铁是怎样炼成的》一书的作者奥斯特洛夫斯基也曾经讲过：“人的美并不在于外貌、衣服和发式，而在于他的本身，在于他的心。要是人没有心灵的美，我们常常会厌恶他漂亮的外表。”

我国古代大教育家孔子，把人的仪表称为“文”，把人内在的精神称为“质”。他所说的“文质彬彬，然后君子”，意思是说两者都具备的人，才是有修养的人、文明的人。

我们评论别人时，常爱说“这个人气质好”。所谓气质好，就是语言、行为、心灵都美的人。如果你想成为一个气质好、受欢迎的人，请先学一学“待人接物三原则”。

原则之一：尊重他人

尊重人，是一切礼仪规则的核心。你如果希望别人尊重你，首先要学会尊重人。这是“待人接物”的一条重要原则。

学会尊重人，可以从以下三点做起。

①听他人说。做一个好听众，认真倾听别人说话，鼓励别人说他们的事，让对方觉得他很重要。这样的人，朋友会很多。只会说不会听，或者随便打断别人的话都是不礼貌的。

②替他人想。平时我们与替他人着想的人接触时，总是会感到这人很好相处，为人善良，这样的人人际关系总是比较好的，做事也比较容易成功。平时待人接物，我们也应该遵守这条原则，多替别人想一想。

③帮他人做。1979 年联合国通过的章程中有这样一句话：“培养具有温暖心灵的人。”人与人之间要相互帮助，如果能经常说：“你有困难吗？我来帮助你！”并且尽力“帮他人做”，你的心中就会充满爱，会觉得活得很充实。你的朋友会很多，你有困难时，别人也会愿意来帮助你。

原则之二：热情待人

你是喜欢接触整天沉着脸、闷闷不乐的人呢，还是喜欢接触快乐而热情的人呢？我想人人都喜欢充满热情的人，那么你自己也该成为热情的人。

热情是来源于内心对生活的热爱和良好的心态的，它会洋溢在你的眼睛里、你的谈话中。你心中对生活的热爱，对同学、对老师、对家长的热爱，会通过你的一言一行流露出来，不仅使自己精神振奋，还会感染别人、鼓舞别人，让人愿意和你在一起。

原则之三：真诚做人

选择朋友，最重要的标准是真诚。真诚的友谊是无价的。真诚的人，实实在在，不虚伪，说到做到，不说空话。真诚的人，真心地欣赏和感激别人，不指责和抱怨生活和他人。真诚的人，有话当面讲，不在背后说人家的闲话。

在与同学相处的时候，我希望你们还要做到“七不要”。

①不要违约，哪怕小小的约定。有约就要遵守，否则就别相约。

②不要在背后议论别的同学的缺点。记住：“好话在人后说，坏话在人前说。”

③开玩笑要有分寸。不要取笑挖苦别人，特别是对他人的外貌和穿着。

④与同学交往不要只谈论自己的事或自己感兴趣的事，不要反复说同样的事。

⑤不要因为别人对你提意见而生气，要充满感激之情地面对批评你的人，无论是善意的还是非善意的，因为他人的批评会促使你不断进步。

⑥不要乱动同学的东西，就是最要好的朋友，也不能“先斩后奏”。应该先打招呼，得到允许后才用。

⑦借用同学的东西，用完后要立即归还。

最后，愿你选真诚的人做朋友，自己也做真诚的人。

4. 传递热情三个示

“一个人死去的时候，若能把热情传给子女，他就给子女们留下了无价的财产。”

一个人成功的因素有很多，而热情是不可缺少的因素之一。

热情是发自内心的，是一种深存于人内心的乐观向上的精神状态。成功的人和失败的人，在智慧和能力上的差别通常并不很大，但如果两个人各方面的条件都差不多，有热情和百折不挠的人将更有机会如愿以偿。热情，实际上是保持稳定、积极、顽强心态下的一种意志力，它是百折不挠品质的基础，也是一个人事业成功的一个重要素质。一个人能力不足，但是具有热情，通常也会胜过能力很强，但缺少热情的人。

在和孩子们的接触中，我发现有的孩子模样很漂亮，也多才多艺，但是总觉得他身上少了点什么。少了什么呢？缺少热情。美丽的脸庞缺少微笑，大大的眼睛里没有放射出热情的光芒。所以，我时常想：为人父、为人母、为人师，应该有责任把热情传递给孩子。

怎样传递呢？这里介绍三种方法。

目示。爸爸妈妈或老师一个亲切的目光，会使孩子兴奋不已。有的孩子就告诉过我，因为老师上课时总不看着他，他便认为老师不喜欢他，使他感到伤心。

手示。不同的手势表达不同的感情。拍拍肩膀，表示鼓励和表扬；打屁股则是一种惩罚。孩子学习上有了进步，或帮助别人做了好事，你拍拍他的肩膀，表示对他的赞许和信任，孩子一定会十分高兴。如果这时大人无动于衷，就失去了传递热情的机会。

语示。用最热情的语言给孩子送去希望。话不必多，一两句就能表达出你的爱；声音不必大，但要能表现出你内心的兴奋。唠唠叨叨说个没完，是最令孩子心烦的。如果孩子犯了错误，不要粗暴地打骂，可以到一间没有旁人的屋子里，看着他的眼睛，严肃地对他说："爸爸（妈妈）知道你这是第一次，也是最后一次，是不是？"孩子会感到是自己不对，对不起父母，会下决心改正错误。

父母、老师对孩子的热情通过目示、手示、语示传递给孩子，孩子受到激励和鼓舞，也会学会如何热情地对待别人。

爱迪生讲过："一个人死去的时候，若能把热情传给子女，他就给子女们留下了无价的财产。"

第四章　家教中的五大冲突和七个忠告

一、家教中的五大冲突

1. 期望的冲突——过高的期望，带来孩子的无望

作为父母，有自己的事业、生活、责任，怎能只把孩子作为唯一？而孩子的全部就是上重点大学，这是不是太绝对了？上大学只是一个过程，并不是终点，最终还要走向社会，只认一条道，不是逼自己走绝路吗？

“是知心姐姐吗？我女儿报考北京大学，只差几分没被录取，吃安眠药自杀了，现在正在医院抢救……”

那是高校录取通知书下发的日子，一位母亲把电话打到我的手机上。电话里，她泣不成声。

“别哭，慢慢说，究竟发生了什么事？”

我的心紧缩了。就在两天前，两位高中生因为没有考上理想大学跳楼自杀身亡，消息也是孩子母亲通过手机告诉我的。

“我的女儿成绩很好，一心要报考北大。我和她爸爸也认为没问题。可是录取通知书发下来才知道，只差几分落榜了，被北京另一所大学录取了。”

“这所大学也不错呀！”

“我也这么说。可女儿一言不发，整天把自己关在房间里，在网上和别人聊天。一天傍晚，她对我说，她出去一会儿就回来，可她没有回来呀……”母亲的声音被哭泣声淹没。

“后来我才知道，那天傍晚，她坐在公园的长凳上，看着太阳落山。当太阳落下去的时候，她吃下了早准备好的安眠药。幸好被巡逻的人发现，送到医院。”

“看来你女儿是有准备的。她自杀的念头是不是很久了？”我试探着问。

“是的。出事后，我从女儿的书包中发现了许多诊断书，是不同医院开的，症状相同：头疼、失眠。那些安眠药是一点一点攒的。”“我怎么这么糊涂，怎么一点也不知道？她爸爸总是说她，女儿烦，不和他讲话……”

“先别责备自己，也不要相互埋怨，快去医院看看女儿。只问病情，不问原因，让她好好休息。”我劝她。

几天后，女孩的父母来到我的办公室，哭着告诉我：女儿醒过来，看见我们讲的第一句话是：“你们干吗要救我？早晚我是会死的！”我们的心都要碎了！女儿是我们的全部，可女儿的全部是北大……

我一下子明白了问题所在，对他们说：“你们和孩子这两个‘全部’都是错的。你们有自己的事业、生活、责任，怎么只把女儿作为唯一？而女儿的全部就是‘北大’，这是不是太绝对了？上大学只是一个过程，并不是终点，最终还要走向社会。只认一条道，不是逼自己走绝路吗？”

我告诉他们，我儿子上大学时，我曾请教过全国著名大学的一位女教授：儿子应该报考哪所大学？

这位老教授语重心长地告诉我：期望值不要太高，太高了就会失望。她说，偏远地区有一个女孩子，学习特别好，人称“三脑袋”，物理、数学、化学都能考满分。高考时，父母让她考我所在的这所全国重点大学，她不想考，可父母非逼她报考，说是让她为祖宗增光；老师也劝她报考，说是为学校增光。她违心地上了我们学校，情绪一直不稳定，妈妈在校园里陪了她很久。妈妈回去后，学校进行了三次考试，她的成绩都名列中下。过去，她一直是当地的“状元”，这样的结果给她带来了巨大的精神压力，入学仅三个月，她便跳楼自杀了。她的母亲到学校来“接”她，欲哭无泪，一声接一声地喊：“是我害了我的女儿！是我害了我的孩子！我当初为什么要逼她？！”

教授讲这番话时，情绪很激动：“为了进军清华、北大……牺牲了多少孩子！你不是‘知心姐姐’吗，请你转告那些对孩子期望过高的父母，心理素质不好的孩子，最好不要上重点大学。”

在漫长的人生路上，每个人都会有许多事不能如愿以偿。心理素质好的豁达开朗，沉着应对，于是成功了；心理素质差，烦恼纠缠，难以自拔，于是倒下了。这就是我们常说的木桶效应。一个木桶，它的盛水量，不取决于最长的那块木板（智商），而取决于最短的那块木板（情商）。进入重点大学的学生都要面临同样的考验，从高考状元到成绩平平，从备受关注到默默无闻，心理落差之大，是一般人难以承受的。

2004 年春节，我去看一位大学老师，她告诉我，她教的大四学生中，又有一个男生躲在宾馆里割腕自杀！如果一个孩子把上重点大学作为自己的终极目标，那么结果可能是悲剧！

当我把这些道理讲给这对夫妇时，他们已是泪流满面。

“下一步该怎么办呢？”我向他们提出了三条建议：

①不要一味地责怪女儿，也不要过分去安慰女儿，而是用平常的眼光去看待她、理解她，耐心听她倾诉。

②当女儿冷静下来时，和她一起认清生命的价值。妈妈可以和女儿讲一讲怀女儿、生女儿的感受，一起回忆一下女儿小时候的故事，让她重温童年生活的美好。

③当女儿能清醒地思考问题时告诉她，一个人的命运掌握在自己手里，生

命是一，金钱、爱情、大学都是零，失去其中一个零还会有希望，丢了一，一切都没有了。

当这对夫妇离开我的办公室时，京城已笼罩在暮色之中。

2. 爱的冲突——过分的溺爱，带来孩子的无情

父母对孩子过分的爱，不仅不能让孩子学会爱，反而会使孩子觉得自己就是家庭的中心，进而变得自私，甚至冷酷、残暴。

许多父母、老师打来电话或登门面谈，哭诉孩子的无情。

一位妈妈说，平时我对儿子关心得无微不至，可儿子对我却非常冷淡。我过生日那天，朋友在家里打电话。恰巧我不在家，儿子接的电话，朋友告诉他："今天是你妈妈的生日。"儿子冷冷地说："我妈过生日关我屁事！"听了这话，我的心都伤透了，每次他过生日，我给他买这买那，他怎么都忘了？

一位家境富裕的母亲，见女儿花钱大手大脚，就对女儿说："你不用着急花钱，爸爸和妈妈这些钱，以后还不都是你的？"谁知女儿听了把眼睛瞪得圆圆的，厉声对妈妈说："我告诉你，从明天开始，你要省着花钱，这些钱都是我的了！"

一个贫困大学生回家找父母要零花钱，父母说："咱家哪有富余的钱，你上学的钱还是和别人借的。"孩子不领情地说："你没钱干吗要生我！"

广州有一位母亲，为了儿子，为了丈夫，放弃自己不错的工作，整天在家相夫教子，风里来雨里去，骑车送儿子上学，打零工换钱供丈夫攻读学位。丈夫毕业后，功成名就有了钱，抛弃了妻子，还带走了她的儿子。儿子成了大款的儿子，上了贵族学校。妈妈想儿子，特意买了一件新衣服，到学校去看儿子，儿子嫌母亲穿得太"土"给他丢脸，告诉同学这是他的"老乡"。后来，竟提出

了一个无情的要求：让母亲做他的“地下妈妈”，否则就不认她这个妈！母亲哭诉无门，痛不欲生。她不明白，为什么天下会有这样无情无义的孩子，自己究竟犯了什么错，要受到这样的惩罚？十几年的爱得到的却是冷酷无情的回报？

是孩子生下来就不会爱别人吗？不，那么“爱丢失症”的根源在哪里？是父母的“极度关爱”“过分溺爱”“无限纵容”滋长了孩子的自私，使孩子心中只有自己，没有别人。

有人曾经做过一个试验：把一只青蛙放到热水里，它会马上本能地跳出来逃跑；可是把一只青蛙放在冷水杯里，在水杯下放上酒精炉，点燃后慢慢加热，青蛙在杯中待得很舒服，慢慢习惯了这样的温度，最后被活活煮死。其中的道理正如专家所说：“深度的爱比极大的恨对个性造成的扭曲更大，因为前者很难被溺爱的对象反抗，而这恰恰是中国独生子女家庭的普遍特点。”

有一件事震动了许多人，就是某高校学生刘海洋用硫酸泼熊事件。大家怎么也不能理解，连一个小学生都不能容忍的事情，一个名牌大学的学生竟然能做出来？

我没有走近过刘海洋，但从大量的报道中，了解到他生活在一个单亲家庭。刘海洋的家中只有三个人：妈妈、姥姥和他。他刚刚出生时，爸爸妈妈就离异了，他从未见过爸爸。妈妈把全部的心血倾注在刘海洋身上，一心想让儿子考上名牌大学。母亲对儿子的“爱”达到了极致。刘海洋从小被妈妈宠惯，早上几点钟起来早自习，晚上学习到几点，一切全由妈妈操办。刘海洋自从上了中学，每天要到晚上十一二点才能睡觉。由于没有父亲，他从不违背妈妈的意愿。人家孩子很早就学会骑车，唯独刘海洋不会。上中学时，他是班里唯一不会骑自行车的人。因为妈妈怕他出车祸，不让学。妈妈有一次出差，告诉他先吃面包，后吃饼干，后来面包长毛了，他都不吃饼干，继续吃面包，因为面包还没吃完。从小到大，妈妈把儿子该做的一切都替儿子做了，致使刘海洋“生活能力很差”。上大四了，仍旧把脏衣服带回家让妈妈洗。他的一位同学说：“在大学，刘海洋穿衣服都成问题，有时会把扣子扣错，有时衣领一半里一半外……军训时，背包打完了，东西照样掉下来。”有一次，他走在校园里，不小心撞到电线杆上，脑袋流血了，他站在那儿不知所措，同学们告诉他赶快去卫生所，他才去。刘海洋就是这样一个生活自理能力极差的孩子，但是学习成绩非常好，他以620分考入了全国名牌大学。

刘海洋的朋友都说，刘海洋太听话了，甚至失去了自我意识。他小时候有个口头禅“妈说”，邻居就给他起了个外号叫“妈说”。在母亲严格的控制下，刘海洋从来没有机会张扬自己的个性。他长到21岁，只有两次是自己拿主意：一次报考大学时，他提出报生物系，但妈妈非让他报电机系，最后他还是放弃了自己的愿望，上了电机系；第二次就是用硫酸泼熊，他并不是有意伤害熊，只是听说熊的嗅觉非常灵敏，他想试一试，所以将硫酸放到容器里扔到北京动物园的熊山，造成6只熊受到严重伤害。

刘海洋制造的“伤熊”事件，引起人们对青少年心理健康的广泛关注。在卫生部召开的儿童青少年心理健康问题座谈会上，北京大学精神病研究所的唐登华教授分析说：“严重的个性压抑就会带来巨大的个性膨胀，受到压抑的个性最终会为自己的伸展找到缺口，刘海洋就是这样的问题，伤熊或伤人都是发泄口。”

作为单身母亲，刘海洋的妈妈试图弥补离婚和缺乏父爱造成的对孩子的伤害，以致给予孩子的补偿“超负荷”。可是却万万没想到，正是自己给孩子的极致的爱，造就了儿子心灵世界的冷漠。她始终关注的是儿子的学习成绩，对他的感情世界一直漠不关心。“伤熊事件”发生后，她最关心的不是熊的伤情如何，也不是儿子在心理和精神方面的异常，而是儿子的学籍能不能保留。这多么令人悲哀！

天下的父母都是爱孩子的，但是未必知道怎么去爱孩子。

去年年底一个刮大风的日子，在轻轨站，一个10岁左右的男孩在记者身边转悠。记者和他搭话，他告诉记者，他每天在这里等妈妈一起回城北的家。

大约十几分钟后，这个男孩儿的妈妈来了，手里拿着一盒外卖的“吉野家”鸡肉饭，男孩拿起就吃，快吃完的时候他似乎想起了什么，把饭盒向妈妈面前让了让。妈妈却说：“瞎让什么，我要吃还不会自己买？”儿子吃完饭就向站台跑去，临跑前没有忘把自己的书包扔给已经背了两个包的妈妈。

犯罪心理学专家李玫瑾曾经说过，父母对孩子过分的爱，不仅不能让孩子学会爱，反而会使孩子觉得自己就是家庭的中心，进而变得自私，甚至冷酷、残暴。

孙云晓老师说：“教育的核心是心育。”对于家庭来说，对孩子的“心”进行教育就显得更为重要了。

邓颖超大姐曾经说：“母亲的心总是仁慈的，但是仁慈的心要用得好，如果用不好的话，结果就会适得其反。”过分的关心溺爱，实际上是剥夺了孩子遭受适当挫折、困难和学习爱护别人的权利。这样的孩子从小只会享受，不知奉献；心中只有自己，没有他人；情感世界中只关注自己，不知体会别人。

人生下来就有两种基本需求：一是物质需求，二是精神需求。不少父母，对孩子的物质需求可以无限满足，对孩子的精神需求却很漠然，结果不仅给自己带来情感的折磨与痛苦，造成孩子心灵世界的荒芜，甚至形成人格方面的缺失，走上社会后与周围的人格格不入，有的甚至会走向反面。

孩子是父母的镜子。问题出在孩子身上，“病根”很可能出在自己身上。

3. 交流的冲突——过多的干涉，带来孩子的无奈

与其把孩子封闭起来，控制他的交往，不如打开大门，让孩子在广泛交往中学会与人沟通。

世界上最难懂的是孩子的心，时代变了，环境变了，孩子也变了，变得和

我们小时候大不相同。

读懂孩子心，的确是件难事。

一次，我和时任上海市总辅导员的沈功玲一起去上海江宁小学，与30多个孩子聊天。我们谈到“小康社会”。

“你们心目中的小康家庭是什么样儿呀？”我问。

“买东西买优质的！”

“买汽车买名牌的！我家要买本田。”

“度假最好去巴西，去热带雨林！”

“我希望自己有间房子。房子很大，门很小，只有我一个人能钻进去，爸爸妈妈都进不去，省得他们一天到晚老盯着我。”

“我想把床吊在树上，这样爸爸妈妈的唠叨我就听不见了！”

“我爸爱鼓励我，可他老不在家；我妈老挑剔我，可她老在家。他们要是换换工作就好了！”

“我想发明一种药，让我妈吃进去，光说好话不说坏话。”

“我想在父母房间里安个窃听器，听听他们在背后怎么说我！”

“我想学会隐身术……”

男孩女孩们争先恐后地说，我听了浑身直冒冷汗。这是一群家庭条件优越的孩子，其中五分之一家里有私车。

今天的孩子渴望被大人读懂。从物质世界看，他们的家庭收入已达到“小康”，但从精神世界看，他们的心灵却处在“饥饿”状态。他们需要被理解、信任、肯定。他们缺的不是教育，而是缺少人文关怀；他们需要的不是物质的享受，而是能够抚慰他们心灵的沟通。

一位母亲对我说：“儿子上初中了，一放学，就把自己关在房间里不出来。我刚走进去，孩子瞪着两眼说：‘你给我出去！你不出去，我就出去！’”这位母亲怎么也不理解，自己从小带大的孩子怎么变得这样陌生？

一位市妇联主席对我说:“我的儿子本来挺乖的，不知为什么一上初中，每天回到家，径直钻进自己的小屋，门口还挂块小牌:‘请勿打扰，谢谢合作!’我很生气，我那么关心他，他竟然把我拒之门外。”我对她说:“你是不是干涉过多了?”她承认，孩子一离开她的视线，她就很不放心。

这种现象极为普遍。父母与孩子交流方面的冲突问题日渐突出。

随着孩子的长大，成人对孩子的担心，慢慢转变为不放心和不信任。一些父母还偷听电话、偷看日记，甚至用雇私人侦探“跟踪”的办法干涉孩子的生活，孩子们对此很有意见。

一次，我去西安市永宁小学与孩子谈心。一个四年级的男孩问我:“妈妈偷看我的日记对不对?”

我问他:“你怎么知道妈妈偷看你的日记了?”

男孩说:“我就知道妈妈老偷看我的日记，可我一直没有证据。”接着他讲了这样一件事情。

一天，他写了一篇日记:“妈妈，今天早上我看到您有白头发了，您这是为我累的呀!妈妈，您一定要爱护自己呀!为了表达我对您的爱，我把您的白头发珍藏在日记本里。”

当天晚上，妈妈又去“偷看”儿子的日记，非常感动。看到最后一句“我把您的白头发珍藏在日记本里”，她找了半天没看到白头发，以为是自己弄丢了，就从头上拔了一根白发，夹在儿子的日记本里。

第二天，儿子打开日记本，看到了白头发，就对妈妈说:“妈，您又偷看我的日记了!”

妈妈说:“我没看，那根白头发不是好好地在里面夹着吗?”

儿子笑了:“您的‘狐狸尾巴’露出来了吧?我根本就没搁白头发，那根白发是您搁的。”

我听了他的故事，觉得这男孩子很可爱，他的妈妈更可爱。但是，这些“可爱”的妈妈一旦成为中学生的妈妈，就变成“可恨”的妈妈了。

青春期的孩子有秘密，需要尊重，需要好好维护他们的隐私权，给他们自由的空间。如果你不信任他，就会引起他极大的反感，激化他的逆反心理。

某市有一对夫妇都是高级工程师、国家重要科技人才，为了让儿子出国留学，他们对儿子看管很严，很少让他自由活动。

儿子十分苦闷，在大学期间认识一个女孩。女孩出生在工人家庭，善良纯朴。她常帮助他，同情他。男孩的感情有了寄托，学习成绩也有了提高。但是，妈妈发现后，坚决不让儿子和女孩交往。

有一天，妈妈把女孩堵在校门口，对她说：“你跟我儿子交朋友，没门儿，你不配！你们家是什么人？工人，我们家是高级知识分子，我儿子将来要出国留学，你将来只能当工人，你跟我儿子交往，你有这个福分吗？”

女孩一气之下不跟男孩来往了，男孩愤怒之极。在他过生日那天，妈妈早早回来，大包小包买了很多东西，亲自下厨房给儿子做了一顿丰富的晚餐。吃完饭，儿子突然拿出皮带，套住了妈妈的脖子，要把她勒死。妈妈惊呆了，扯着脖子上的皮带说：“我把你养这么大，你太没良心了！”

听了这句话，孩子心软了。但是接下来的一句话，却让妈妈送了命，她说：“你要什么，我可以给你！”一听这话，男孩使尽全身力气将妈妈勒死。爸爸回来后，男孩又把爸爸勒死。他把两具尸体放进两个柳条箱，扔到外面，然后投案自首。

在审理案件时，男孩痛苦地对审判员说：“我长这么大，就像狗一样在乞讨，在请求施舍，我从来没有过人的尊严！”

这是一个极端的案例，但是这种现象却不是个别的。在乞讨和施舍中长大的孩子何止他一个？一个孩子如果每天可怜巴巴地向父母乞讨：给点时间吧，我想玩；给点钱吧，我想买点东西；给点自由吧，我想出去走走……他们的身心能健康发育吗？

人本来就是群居动物，需要社会，需要与人交往。处于“心理断乳期”的青少年，强烈需要有自己成长的空间，希望别人把他当作成人看待。如果这时老师和父母还把他当成孩子，就会引起他的厌烦，产生对抗心理。

现在父母最不能接受的是孩子与异性交往，一旦发现马上如临大敌，一味地压制、批评甚至责骂。

一个女孩因为跟男孩子玩，被爸爸说成是“下流”。对此，这个女孩发出了质问:凭什么我们女孩就不能跟男孩子玩？！还把这个问题发在我们“中少在线”网站的“知心论坛”上，孩子们就这个问题展开了激烈的讨论。

有的说:“你爸没病吧！怎么可以说自己的女儿下流呢？”

有的说:“有这样的爸爸还不如不要。”

还有的孩子说:“你爸爸怎么那么土啊！冒昧地问一句:你爸爸是不是有点那个？！”

对于青春期有逆反心理的孩子，这种粗鲁的干涉不仅无济于事，相反还会将他们推向早恋。父母对孩子异性交往的压制和打击，还会扭曲孩子对美好情感的认识。在一个情窦初开的少年人心中，对异性的朦胧的感觉是非常美好的，他们会非常珍惜那种感觉。可是父母的态度会让他们误认为自己心中美好的，甚至可以用生命去换取的情感，竟然是肮脏、丑陋、被人嘲笑、受到诅咒的东西。这种对情感的错误引导，会影响孩子成年以后对爱情、对异性情感的信任，甚至会影响他整个婚姻和家庭生活。

一天上午，一位妈妈急匆匆来到我的办公室，慌张地说:“不得了啦，我的女儿谈恋爱了。我女儿刚上五年级，这回完了！”

我说:“你女儿才五年级，怎么会谈‘恋爱’呢？”

“我昨天在她书包里发现了一封情书！”

“情书是谁写的，怎么写的呢？”

“是她们班学习最差的一个男生写的。信上说:别看我现在是全班最后一名，你等着，我一定会成为第一名！我爱你！”妈妈忧心忡忡。

“写得挺精彩呀！”我笑着说，“你女儿多有魅力呀，能让一个男生从学习最差下决心变成学习最好的学生。为祖国学习，他都不一定有那么大的劲头。你用不着紧张。你女儿怎么说的呢？”

“我女儿笑着说：妈妈，如果所有的同学都不喜欢你女儿，你就高兴了？”

“你女儿说得多棒，多幽默。”

“愿意与你交流就是成功的第一步！”我鼓励这位母亲说，“如果接下来你说：‘我的女儿能让一个男孩奋起努力，真了不起！’沟通就到位了。”女儿会觉得妈妈那么善解人意，“够哥们儿”，妈妈就变得更有亲和力了，以后遇到情感问题还会和妈妈说。

这个女孩子小小年纪，却很成熟，如果父母或老师用世俗的眼光去看她，用狭隘的心理去猜测她，只能逼着她关闭心灵的大门。

处在青春期的男孩尤其需要父亲指点迷津。

我认识一位父亲，他处理儿子的异性交往问题就非常智慧。

这位父亲是河南某县教育局局长，儿子是中学生。有一天，儿子跟父亲说：“爸，本人看上一个女生，漂亮、智慧、好学，我能跟她结婚吗？”

父亲说：“好啊，你能看上她，她看上你了吗？”

儿子自豪地说：“她也看上我了。”

“那很好，你能被一个女生看中，说明你很了不起；你能看中一个女生，说明你的眼界开阔了。如果你将来想在县里发展，你就跟她继续交往下去；如果你想在市里发展，你将来就应该在市里去解决这个问题；如果你想到省里发展，你应该到省里解决问题；如果你想到北京发展，你应该到北京解决这个问题；如果你想在世界发展，你应该出国解决这个问题。”

儿子听了说：“那我就等等再说吧。”

这位聪明的父亲用幽默的方式，给了儿子一个重要的人生忠告。

与其把孩子封闭起来，控制他的交往，不如打开大门，让孩子在广泛交往中学会与人沟通。有的专家提出把“早恋”变成“早练”，不失为一个好办法。

就像大禹治水一样，“疏”比“堵”好。

孩子在长大，父母未成长。

4. 保护的冲突——过度的保护，带来孩子的无能

过度保护下的孩子，更易受到伤害。无论怎样应该放手让孩子出去经风雨、见世面，不要把孩子“锁”在身边。

一位母亲为他的孩子伤透了心，她不得不去找青少年问题专家。

专家问：“孩子第一次系鞋带的时候打了个死结，你是不是不再给他买带鞋带的鞋子？”夫人点了点头。

专家又问：“孩子第一次洗碗的时候，弄湿了衣服，您是不是不再让他走近洗碗池？”夫人称是。

专家接着说：“孩子第一次整理自己的床铺，整整用了一小时，你嫌他笨手笨脚，对吗？”这位母亲惊愕地看了专家一眼。

专家又说道：“孩子大学毕业去找工作，您又动用了自己的关系和权力。”这位母亲更惊愕了，从椅子上站起来，凑近专家问：“您怎么知道的？”

专家说：“从那根鞋带知道的。”夫人问：“以后我该怎么办？”专家说：“当他生病的时候，你最好带他去医院；他要结婚的时候，你最好给他准备好房子；他没有钱时，你最好给他送钱去。这是你今后最好的选择，别的，我也无能为力。”

在孩子成长的道路上，存在着一个非常温柔的陷阱，这是那些过分庇护孩子的父母亲手挖掘的，掉进陷阱里的孩子，由于被剥夺了犯错误和改正错误的

机会，从而也失去了长大成人的权利。

一天，我收到北京重点学校一名学生家里保姆写来的信。信中说，我在主人的桌上看到一本你写的《写给年轻妈妈》的书，很受感动，知道过度保护孩子是在害主人家的孩子。我觉得我就是在害孩子。因为有了我，这家10岁的女孩什么都不会干，都上四年级了，拉完屎还让我擦屁股。我想，我要在她家待下去，这孩子就完了。所以我想回家乡去，当一名小学老师，农村的孩子更需要我。

我立刻和她通了电话。在电话里，她听说我就是卢勤，竟然激动得哭了。我劝她不要性急，告诉她，她走并不能解决女孩无能的问题，因为主人还可以再找一个保姆，而这个保姆可能还不如她。接着，我讲了一些帮助女孩自理自立的办法。

城市中，有多少在保姆或"保姆式"保护下长大的孩子，变得如此无能！

其实，今天的孩子对这种"过度的保护"是反感的，对这种"过分的关心"是不满的。他们常常找我来倾诉他们遭受的"爱的烦恼"，他们一次又一次请"知心姐姐"转告父母"少给我们一点爱吧"！

一位初三的学生给"知心姐姐"写来一封信，信中说：

妈妈，您为了让我一心一意地学习，平时什么活都不让我干。每到节假日，我总想帮您做点家务活儿，但您却说："不用你干，你只要努力认真学习，就算帮了妈妈的忙了。"一个星期天，您从街上买菜回来，我高兴地想帮您择菜，您却说："你放下吧！下星期测验多考几分就行了。"我心里明白，您这是责怪我单元考试名次没有排在前面。我扔下菜，跑回自己的房里伤心地哭了。

妈妈，您对女儿学习生活的关心照顾是"无微不至"的。然而，您知道吗？您的女儿多么想求得您对女儿的理解，多么希望您不再像保姆似的“关照”我，“代替”我，而是用您那丰富的生活经验为我指引航向，让我在大千世界的海洋里搏击、奋斗、成长。

这位女孩的肺腑之言，说出了许许多多孩子的心里话。

父母对孩子过度的保护正困扰着孩子们。河北某县一所小学举行“奔向新世纪”象征性长跑，在路边围观的家长比学生还多。他们不时冲自己的孩子大喊大叫：“别跑，慢慢走好！”“吃得消吗？吃不消趁早退出来！”“别逞强了，走不动爸爸开车捎你！”

从小学生队伍中，传出这样的回答：“谁要你送，快回去！”“烦不烦！都被人家笑死了！”下来他们对记者说：“这样的爱我们真受不了！”

“受不了”的爱天天在发生。

一次，我们带城市孩子去河南信阳鸡公山中国少年儿童“手拉手”营地参加“我爱大自然”夏令营。一位记者妈妈担心四年级的儿子自己洗澡洗不干净，竟冲到男生洗澡的帐篷想为儿子搓澡。正在洗澡的男生个个像惊弓之鸟，吓得躲了起来。她儿子大声喊着：“你给我出去，你讨厌！”记者妈妈很纳闷，在家不都是我给你洗澡吗，有什么大惊小怪的？她不知道自己的行为令儿子在小男子汉面前多没面子。

著名电视节目主持人敬一丹的女儿也参加了夏令营，但她住在营区里，没和妈妈在一起。一天，敬一丹去营区看女儿。她回来对我说：“我遭到了严厉的拒绝！我女儿说，你怎么竟敢在光天化日之下闯进我们的驻地！”

不管我们做父母的多么想保护孩子，他们一旦融入集体生活，就有一种强烈的独立意识，他们会把这种“过分的关心”看成是很没面子的事。

家长“无微不至”的关照不仅使孩子在生活上变得无能，而且也使他们的思想变得无能。

郭颖小学毕业后就被送到美国，刚到美国时她发现，中国孩子和美国孩子最大的不同就是美国的孩子很有主见而中国的孩子事事都要与老师、同学商量。“这与我们从小接受的教育有很大关系。”郭颖举了一个例子，在美国一个孩子生病了，家长带他上医院前，先要征求他的意见：有两种治病的办法让孩子选择：不打针，见效慢；打针，但见效快。“其实，美国家长的做法不仅是尊重孩子的选择，更重要的是让孩子学会自己做决定，同时承担所做决定的后果，比如打针的‘疼’和不打针的‘慢’。”在这样的过程中，美国的孩子变得越来越有主见，他们在做决定的同时也清楚地知道这个决定带来的后果将是什么。但是中国的家长常常事事都为孩子想到了，孩子慢慢地丧失了独立思考判断的能力，即使做了判断也很难为结果负责。

北京某高校做后勤工作的方老师在一次采访中这样说道，那些被罩都要等着家长来换的学生，在学校里通常得不到别人的尊重，他们无法在一个集体中体现出自己的价值，“这样的孩子即使大学毕业了，也只能是废材”。

2003年秋季开学，南京大学出现了两位“新闻人物”。一个是叫王奇的男生，独自从宁夏银川市骑单车到几千公里外的学校报到，受到在校学生夹道欢迎。王奇的父亲从小带儿子骑车旅行，这次王奇考上了南京大学，提出自己一个人骑车去报到，父亲开始有些不放心，在王奇固执的坚持下，终于答应放儿子“单飞”。

另一个“新闻人物”是一名女生，她的母亲是某县宣传部部长。这位部长妈妈亲自“保驾护航”把女儿送进大学，还带来“高级保姆”。这位妈妈一来便嫌学校的饭不好吃，一日三餐让保姆为女儿去餐馆订餐，晚上她去宿舍哄女儿睡觉。宿舍管理人员实在看不过去，不满地说：“这里是大学生宿舍，又不是幼儿园。”这位妈妈离开学校时为女儿留下了三大件：一、手提电脑；二、手机；三、随身听。母亲对女儿的过度呵护，给女儿带来极坏的影响，加上她本人的娇骄二气，与别人格格不入，入校以后一直闷闷不乐，情绪不振。想象得出，在今后的生活中，这个女孩会遇到多少困难！当她与同学们格格不入时，当她不能自食其力让人瞧不起时，当她处处感到自卑时，她心里恨的不是别人，正是最爱她的母亲！

强烈的对比，给我们敲响警钟：过度保护下的孩子，更易受到伤害。真正关心孩子的父母，可以包容孩子，让家成为孩子最后的港湾；可以理解他，让他找到温暖和安全感，在彷徨和没有出路时，给他指条路而不是给他一堵墙。但无论怎样应该放手让孩子出去经风雨、见世面，不要把孩子“锁”在身边。

5. 评价的冲突——过多的指责，带来孩子的无措

一个孩子长大要经受人们无数次评价，不管别人说什么，父母的评价永远是基石。

《知心姐姐》杂志曾在全国的 18 个省、直辖市、自治区开展了一项“知心调查”。在给中小学生的调查问卷中，设计了一个多选题：“如果爸爸妈妈给你一个新世纪的承诺，你最希望得到什么？”

有 3671 个孩子回答了这个问题。其中，56.82% 的孩子希望“爸爸妈妈能看到我的进步，并且肯定我”；54.67% 的孩子希望“爸爸妈妈别老说别的孩子比我强”。

调查结果没出来之前，我们原以为“玩的时间多一些”和“多给零花钱”这两项承诺会受到孩子的青睐，可实际上选这两项的人数最少，分别占总数的 23.54% 和 11.11%。从中我们可以看到，对于孩子，被认可、求得正确评价的心理需求胜过对金钱和娱乐的渴望！

孩子们有这种渴望，根源在于父母有时不能正确认识和评价他们。

“知心调查”在给爸爸妈妈的问卷中，设计了这样一个问题：“在跟孩子交谈

时，您最爱说的三句话是什么？”

结果也让我们大吃一惊：一大批来自不同地区、从事不同职业、有着不同经济条件的爸爸妈妈，竟然不约而同地在调查问卷上写下了这样三句话，“听话”“好好学习”“没出息”。其中“没出息”这三个字是孩子们最不爱听的，但出自父母口中的频率比前两句低不了多少。这带着强烈贬损意味的话不知刺伤了多少孩子的心！他们发出了同样的声音：爸爸妈妈，我们不想在否定中长大！不想天天听父母对我们说：“你太笨了！”“太糟糕了！”“太不争气！”

每天，我都会接到许多父母给我打来的电话。有的父母甚至来到办公室找我面谈。他们有的焦虑万分，有的痛哭流涕，尽管表现各不相同，但目的都是一个——数落孩子的不是：“我的儿子不好好读书，上课不注意听讲，爱做小动作。”“我的女儿做作业总是慢吞吞的，急死人！”“我的孩子有小偷小摸的毛病……”“我的孩子胆小。”“我的儿子又和别人打架了！”“我从来没有见过这么笨的孩子！”

作为父母，如果一味地对孩子表示不满，评头论足，求全责备，那么你会痛心地发现，你给孩子带来的会是负面的信息。如果你一直告诉孩子某一方面不行，那么久而久之他就真的会认为自己不行。

在一次问卷调查中有这样一道题：“孩子犯错误时，您对孩子说的第一句话是什么？”接受调查问卷的53%的父母回答是：“你看某某多好，你有他（她）一半，我就知足了。”“你怎么搞的，又闯祸了？”从中我们可以看出，有些父母不能正确评价孩子，关键是评价标准有问题。他们常常觉得别人的孩子是天才，自己的孩子是蠢材；别人的孩子是金子，自己的孩子是沙子。他们总认为提醒孩子看到别人的成绩，能激发孩子的上进心，结果却事与愿违。

其实，你的孩子就是你的孩子，没有必要总去和别人的孩子比。每一个孩子都有自己的个性，每一个孩子都应该在他实际的基础上发展，而不是做别的孩子的复制品。

正确的方法应该是：永远不和别人家的孩子比，只要你的孩子今天比昨天有进步，你就应该祝贺他、肯定他、鼓励他。

一个孩子长大要经受人们无数次评价，不管别人说什么，父母的评价永远是基石。

时任外交部部长的李肇星做客一家网站时，一位网民调侃说："李部长，您的才华我们很佩服，但您的长相我们不敢恭维。"

李肇星部长幽默地说："我妈不这样认为！"

这个回答真棒！

其实，孩子们每天都在寻找别人的理解，盼望公正的评价。人对生存价值的需要比生存本身更加强烈。当孩子被贬损得一无是处时，就会表现出明显的抑郁，既影响健康，还会产生厌世情绪，甚至会做出伤害自己或他人的极端举动。

我的一位女友，事业很成功，但对她上初中的儿子很不满意，说儿子简直就是个"魔王"。母子关系很紧张。一天，我去她家，单独见她的儿子，这个大男孩上小学时参加过我们组织的夏令营，很乐意跟我聊。

"我妈妈对别人客客气气，对我总是发脾气。每天我妈下班回来，我去开门，只要看她的脸拉得老长，我便立刻跑回自己的房间，把门关紧，省得挨骂。"

我对他说："你妈也不容易，她在单位是领导，操心的事不少，回家又要做饭，照顾你，够累的了，爱发脾气可能是到了更年期。"

"更年期？"没等我说完，男孩就迫不及待地接过话来，"自从我上学，我妈对我脾气就这么坏，更年期怎么这么长？你给我来个倒计时，更年期哪天结束，我好有个盼头。"

我笑得前仰后合，转了一个话题，说："今天我有事想向你请教。"听到"请教"二字，他立刻把腰杆挺了起来，瞪大眼睛："说吧！"样子很神气。

我对他说："我想用'知心姐姐'这个品牌办一个杂志，你觉得多大的开本比较好？怎样办让父母和孩子都爱看？”

他立刻提出三条建议：

①开本不能太大，太大了就不知心了；

②给父母写的文章，孩子看了特想拿给父母看；给孩子写的文章，父母看了特想拿去给孩子看，这就是“换位思考”；

③杂志要有品位，关键是办杂志的人要有品位。

孩子的想法太棒了！我立刻由衷地说：“太好了，我看你这个人就挺有品位！”他不客气地说：“算你说对了，我这个人最大的特点就是有品位！”

我问他“品位”从哪里来，他顺手从书架上拿下一本书递给我，书名是《人的品位》。他对我挥挥手说：“你拿去看吧！”

半年后，我们的《知心姐姐》杂志创刊了，我采纳了他的意见。采用16开本；在全国选拔了一位很有品位的女士林珂做主编；以“换位思考”的方式办成亲子阅读，孩子从封面看，父母从封底看。一次，在父母版上刊登了一篇妈妈写的文章《我从不偷听女儿的电话》。一个女孩拿回家给妈妈看：“妈妈你重点看看这篇，你不是特爱偷听我的电话吗？”妈妈看后，笑了。不久，她也给编辑部写来文章《我不再偷听女儿的电话》。

一次，我去接“知心热线”，一个孩子对“知心姐姐”说：“我的爸爸妈妈离婚了，我跟了妈妈，妈妈又给我找了一个新爸爸，让我叫他爸，我才不叫呢，我一瞧他就别扭。我很烦恼，你说我该怎么办？”

我对她说：“你看见马路上跑的汽车吗？有的车后面贴了两个字‘磨合’，这是新车，新车都需要磨合。你们家那辆车就是新车，你妈妈是老轱辘，你爸爸是新轱辘。两个轱辘要一起转也需要磨合。‘磨合剂’就是你，如果你能大方地喊声‘爸爸’，你们家的车就快上路了。”

我从内心里感谢那个充满智慧的男孩！我对他的妈妈说：“依我判断，你儿子不是‘魔王’，而是天才！”

果然，几年后，我又见到重病痊愈的女友。“咱家那个‘魔王’怎么样了？”我开玩笑地问她。

“嘿，让你说对了！人家现在可出息了，去英国读书了，还是学生领袖呢！现在儿子跟我特‘铁’！”

但是，还有另一种极端现象：孩子说不得了，根本批评不得。

然而，没有批评的教育是不负责任的教育。“鼓励孩子是对的，批评孩子同样也是对的。”教育专家孙云晓说。

一次采访中小培老师介绍了这样一件事：一名女生没有完成作业，她的班主任简单地批评了几句，没想到中午这名女生就从学校“出走”了，下午班主任和学校领导陪着家长四处找她。

“现在的孩子，尤其是城市里的孩子在家里很少挨批评，只要有一点儿不顺心就受不了，他们太脆弱了。”小培老师说。

据了解，很多家长不仅自己在家里很少批评孩子，孩子在学校里受到批评也不答应。小培老师介绍，家长们经常因为孩子在学校里挨了批评找到学校，而且这些家长根本不问孩子到底有什么问题，只是和老师理论为什么欺负孩子。“越是这样，孩子们越是听不得批评。”

其实这样并不利于孩子的成长，老师们不再敢“尽心尽力”地教育孩子了。

家长要学会向孩子说“不”。孙云晓老师指出，没有挫折的教育是不完整的教育，孩子没有经历挫折“会变得脆弱异常”，因此，要让孩子的生活中有禁区，他们犯了错误要受到惩罚，要让孩子懂得有些规则是无法动摇的，有些过失是要自己承担后果的。

没有哪个父母不爱自己的孩子，没有哪个父母不希望自己的孩子成才，但是很多家长在望子成龙的同时又恨铁不成钢。其实，孩子身上存在的问题就是父母的不当教育造成的。

二、缓解冲突的七个忠告

1. 变以分为本为以人为本——关注孩子的心灵成长

是以分为本还是以人为本，这是关系到每个家庭的大事，也是关系到国家命运的大事。只看孩子一时的成绩，而忽视孩子的心灵成长，终将害了孩子，也害了我们的国家。

作为知心姐姐，我几十年为全国各地的家长、学生提供心理咨询，深切地感到，当前，成年人世界和未成年人世界正在发生冲突，出现了“五过”，带来了“五无”。即期望的冲突——过高的期望，带来的是孩子的无望；保护的冲突——过度的保护，带来的是孩子的无助；爱的冲突——过分的溺爱，带来的是孩子的无情；交流的冲突——过多的干涉，带来的是孩子的无奈；评价的冲突——过多的指责，带来的是孩子的无措。

正是这五大冲突，使许多青少年的身心发展不够健康，出现了道德失衡等一系列问题。

让人难过的事什么时候才能不再有？自杀身亡和杀父母的事每年都在发生。虽然都是少数，但是心理有障碍的孩子却一天天在增多。一些在“重压”下长大的孩子，虽然上了大学，但内心世界仍然被自卑感笼罩着，不能自拔。

“是知心姐姐吗？我现在是全校最自卑的人了。我想和你谈谈……”一个靠自学考上北京一所高校的女孩给我打来电话，电话里，她一边哭一边诉说，整整讲了一个小时！

这个女孩学习成绩优秀，在班里排名第六，她为什么还那么自卑呢？“我是在父母的打骂中长大的。我成绩下降时，父亲就让我脱掉裤子，用皮带的铁头抽我，直到流血。他不许我哭，我只好忍着。最恐怖的一次，母亲捂着我的嘴，让父亲打我的身子……我心里充满了恨！”女孩边哭边说，眼前出现了一幕幕恐怖的场景。

“后来，我考进了北京的这所大学……可我不适应，经常和同学发生冲突……我不能体会别人的感觉，心里一片灰暗。我上大学后，亲朋好友提起我，母亲很骄傲。我打电话告诉他们，我很压抑。母亲让我把过去的事忘掉，可是过去的经历像大石头一样压得我喘不过气，在别人面前，我常常有羞耻感。我心理很脆弱，一个人常用小刀割手腕……”

听到这里，我的心在滴血。

“快毕业了，你在想什么？”

“我想摆脱心理障碍。”

“你想改变自己吗？”

“想，可我不知道怎样改变自己。”

“有一句话叫‘境由心生’。很多时候，人的痛苦与快乐，并不是由客观环境优劣决定的，而是由自己的心态、情绪决定的。你看路边的小草，被人踩来踩去，可它还是活下来了，它拼命地站起来，接受大自然给予的阳光、雨露，所以，它比温室里的花朵更有生命力。你就像那小草，你很有生命力！”

当我知道她是学幼教的，便鼓励她：“我不知道怎么称呼你，我叫你小草吧！小草，度过严寒的人最知太阳的温暖，走过沙漠的人更知水的甘甜。我相信如果你做了老师，一定会爱孩子，尊重孩子。知心姐姐希望你能做一个阳光老师，努力把心中的乌云驱散。”

“谢谢你，知心姐姐，我一定努力！我心里从来没有像今天这样舒服！”

冷静地想一想，有这样遭遇的孩子远远不止这一个“小草”。

每当接到这样的电话，我的心情都特别沉重。我真的想对他们的父母说：你们到底想要什么？是要分数，还是要孩子？是要成绩，还是要成长？你们的心中只有“大学”，孩子考上了，你们满意了。可你们知道吗？你们给孩子童年带来的伤害，至今还深深地影响着孩子的健康成长。你们辛辛苦苦把孩子养大，日夜操劳挣钱供孩子上学，究竟为什么？

江苏张家港市实验小学发生过这样一件事：一个女同学在校园里拾到一只手表，便藏在书包里，准备带回家。陈英老师发现了，跟她讲道理，她振振有词地说：“我妈妈说过，捡到的东西就是自己的。”陈英找到她的父母，对他们说：“父母是孩子的第一任老师，平时的一言一行都应注意，要注意培养孩子诚实守信的好品质，切不可让孩子养成贪图小利的坏习惯。”

老师的一番话说完，夫妇俩没什么反应。可当陈老师讲到孩子最近学习也不太好时，她爸爸马上情绪激动起来：“小孩子小偷小摸不算什么，长大了会改的。但学习不好可不行，将来可要吃大亏。陈老师，你可得为我抓紧点！”

在这种急功近利的恶劣环境中长大的孩子，往往胸无大志，缺乏理想，计较得失，甚至心怀仇恨，很难与他人友好相处。如果家长只重视孩子的考分而忽视对他们思想道德素质的培养，将会给未成年人的成长，带来不可忽视的负面影响。陈英老师郑重地说了自己的观点：学习是很重要，但教育孩子做一个堂堂正正的人更重要。她给这对夫妇提出四条建议，夫妇俩心悦诚服地接受了，并说服女儿把手表还给了失主。陈老师在班里对孩子知错就改的行为给予了表扬。像陈英老师这样的做法值得大大提倡。加强未成年人的思想道德建设，家长、老师和社会都有责任。是以分为本还是以人为本，这是关系到每个家庭的大事，也是关系到国家命运的大事。只看孩子一时的成绩，而忽视孩子的心灵成长，终将害了孩子，也害了我们的国家。对孩子来说，成长比分数重要！

2. 盲目变清醒——有舍才有得

人们常说“舍得”，舍得、舍得，有舍才有得。培育孩子也是同样的道理，什么都想学，往往什么都学不精；什么都想得到，往往得不偿失。

近日，一家报纸刊出一条消息：《家长望子成龙，学生考证成风》，讲的是南京五年级一名小学生“怀揣”各种证书44份。据他的父亲介绍，孩子从三岁第一次登台演出以来，参加的各式各样的演出和比赛不下百次。当记者问他“有没有考虑到孩子的承受能力”时，他苦涩地笑了笑说：“我们不想失去任何一个孩子可以得到锻炼的机会，因为每一份证书的取得对孩子都会有所帮助，相信孩子会明白我们的苦衷。”

另一位五年级的小学女生有27份证书。不少“被迫”忙于考证的小学生说：他们放学后都来不及回家，就要赶去另一个地方，双休日也不能休息，晚上常常只能睡两三个小时。“长这么大，我还从来没到公园玩过。”一位小学生这样说。

看了这则消息，我真心疼这些从小疲于奔命的孩子，又同情那些为孩子的“前途”苦心竭力的父母。

美国作家梭罗说得形象：“我们的生命都在芝麻绿豆般的小事中虚度，毫无算计，也没有值得努力的目标，一生就这样匆匆过去，因此国家也受到损害。”

法国一家报纸进行智力竞赛时有这样一个题目：

如果卢浮宫失火，当时情况只可能救一幅画，那么你救哪一幅？

多数人都说要救达·芬奇的传世之作——《蒙娜丽莎》。结果呢？在成千上万的回答中，法国电影史上占有重要地位的著名作家贝尔纳以最佳答案赢得金奖。

他的回答是：“我救离出口最近的那幅画。”

这个故事说明一个深刻的道理，成功的最佳目标不是最有价值的那个，而是最有可能实现的那个。

在人生的路上，放弃什么，选择什么，是一门艺术。有时，放弃就是获得。

人们常说“舍得”，舍得、舍得，有舍才有得。培育孩子也是同样的道理，什么都想学，往往什么都学不精；什么都想得到，往往得不偿失。

你到底要什么？这是所有的父母和孩子都必须认真思考的问题。

北京一所重点中学的教导主任孙先生，就经历了这样一场痛苦的抉择。

孙先生的女儿曾在他任教的中学读初中快班。女儿学习基础较差，成绩一直上不去。为此孙先生压力很大，认为自己很没面子，便一再给女儿施压。女儿学习情绪越来越低落，几度产生转学的念头。中考时，她坚决要报考中专。父女俩为这件事产生了激烈的冲突。

是尊重女儿的选择，还是坚持自己的想法？在这场痛苦的抉择面前，父亲最终选择了前者。女儿进入了她理想的中专。

情况发生了意想不到的变化。女儿上中专后，学习情绪高涨，在班级里名列前茅，入了团，还当了班长。女儿的变化，让父亲吃惊。他本以为女儿在自己身边，近水楼台，能够得到更多的关照。谁想身边有一个当主任的爸爸，对于成绩不佳却上快班的女儿来说，不但没有成为资本，反而成了压力与负担。离开父亲这棵大树，她反而找到了感觉，找到了目标。

我把父女俩请到中国教育电视台《知心家庭》栏目，请女儿谈谈她的感受。

“我和爸爸在一个学校时，我的心里一直很压抑。别人的孩子没考好，老师和同学觉得很正常。我要是没考好，老师和同学都会用异样的眼光看我，好像在说：主任的孩子还考不好？别的同学去补课，老师说他爱学习；我去补课，同学们会说是老师偏向主任的孩子。我很委屈，好像天天生活在爸爸的阴影中。我下决心离开他。中考时，我故意报了中专，避开高中，这样省得父母劝我考本校。我知道爸爸心里不同意，可他还是支持了我。他是顶了很大的心理压力，站出来支持我，我心里很感动，决心给爸爸一个惊喜。来到中专，我好像一下子解放了。我觉得我和别的同学一样生活在阳光下。我没有了压力，因为谁也不认识我，不知道我是主任的孩子。我放松极了，一心想好好学，我再也不说我不行了。说来也怪，我的成绩很快上去了，而且入了团，当了班长，我更来劲儿了，干什么都不甘落后，我爸说我进步的速度想压都压不住了。我说这是天生我才必有用。现在我已经考上了大学。”

这位明智的父亲告诉我们一个人生道理：

人要学会“舍得”，不能企盼“全得”。拥有的时候，我们也许正在失去，而放弃的时候，我们或许重新获得。明白的人懂得放弃，真情的人懂得牺牲，幸福的人懂得超越！安于一份放弃，固守一份超脱，这就是人生。

3. 导演变观众——该放手就放手

成长中的孩子，最缺少的是“观众”。如果有人欣赏自己，他们会劲头十足。

“我儿子天生胆小，最怕跟陌生人说话。13岁了，一见生人就紧张，我担心死了……”当着李石波的面，妈妈数落了一大堆儿子胆小的表现，诉说了对儿子的种种担心。

我微笑着示意她“暂停”，又把目光转向李石波。只见站在一旁的李石波，皱着眉头，表情显得很紧张。好几次想张口说话，都被妈妈噎了回去。

“李石波你好，我是‘知心姐姐’！”我热情地向他伸出手。

“噢……”他愣了一下，“你好！”他伸出了手。

“说说你长这么大最得意的一件事，好吗？”我轻声地问道，想让他恢复“正常”。

李石波想了想，高兴地说：“有一件事，是上幼儿园的时候。老师让小朋友去采树叶，小朋友们都不敢去，是我第一个上去采的。”

“好！以后还有这样的事吗？”

“没有了！很多事都被妈妈做了。”儿子沮丧地说。

坐在一旁的妈妈想起一件事：“那时儿子四五岁，他要自己下楼取牛奶，我同意了，可又不放心，就悄悄跟在儿子后边。他走到楼下，回头看见了我，就哭了。他委屈地说：‘你信不过我！’我说：‘妈妈是怕你一个人害怕，怕你走冤枉路，怕你……’打那以后，儿子干什么事都不主动了。”

“这就是症结所在。”我对李石波的妈妈说，“孩子天生并不胆小，都想干事，但父母管得太多，剥夺了孩子‘行’的机会。孩子没有体验到自己‘行’的经历，就会慢慢丧失勇气和胆量，成为一个胆小的人。”

我曾经看到过一幅漫画：一个小女孩摔倒了，自己爬了起来。姐姐问：“怎么这么乖，跌倒了自己爬起来？”小女孩说：“因为妈妈不在。”

父母过分的呵护，会成为孩子成长的阻力，会令原本“我能行”的孩子，变成“我不行”的孩子。

一位国际幼儿园的老师观察到一个有趣的现象：各国的孩子在一起玩沙土，一个外国孩子用小铲子把沙子往漏斗里装。漏斗会漏，沙子总也装不满，他就用手指头堵住漏口，等沙子装满就把漏斗挪到瓶子口边，再放开手，让沙子流进瓶子。由于沙子漏下的速度很快，从孩子拿开手指到漏斗对准瓶子口，沙子剩不了多少。孩子丝毫不泄气，一点儿一点儿地做着。终于，他在一次次的反复中“开窍”了：他等到漏斗口对准了瓶子口再倒沙子，很快瓶子就装满了。孩子笑了，高兴地看着身后的妈妈。而他的妈妈正鼓掌为他庆贺。

另一位中国孩子的妈妈却是另一种做法：当孩子拿起漏斗，沙子从底部漏掉时，妈妈立刻蹲下说：“来，妈教你！把漏斗对准瓶子口，再把沙子从这儿灌下去。”

通过观察，老师得出这样的结论：中西方教育方法存在着很大差异。一些中国的家长什么都愿意为孩子做，认为多替孩子做一些，孩子就少辛苦一些。他们没有意识到，让孩子去“走冤枉路”其实也是一种学习方法。因为“走冤枉路”后获得的发现记忆更深刻。给孩子“知”的喜悦，会使因辛苦而产生的挫折感一扫而空。我们的父母，常常无意中剥夺了孩子从失败中求经验的机会，也无意中剥夺了让他证明自己能力的机会。

作为父母，我们是应该认真地反思一下了：到底怎样帮助孩子？是代替他们做事，还是让他们自己做事？是处处表现父母行，还是让孩子证明自己行？在孩子成长的舞台上，父母是充当导演，还是做观众？

那位外国小孩的母亲做出了生动的解答：做孩子忠实的观众！为孩子的成功喝彩！

成长中的孩子，最缺少的是“观众”。如果有人欣赏自己，他们会劲头十足。

12 岁的张天吉，从 4 岁半就开始学拉二胡，已经坚持了 7 年多的时间，达到了 10 级的演奏水平。为什么张天吉能坚持这么长时间学拉二胡？我访问了他的爸爸妈妈。

张天吉小时候非常调皮，坐不住。刚开始，他拉出的声音吱啦吱啦，像是拉锯。调皮的小天吉几乎令父母失去了耐心。后来父母考虑到，让天吉学二胡不过是培养他的兴趣，他拉得再难听，也不必责怪他。天吉的父母说：“听‘拉锯’的确很烦人，但我们相信，无论发生什么事，只要坚持下去肯定能做好。”

功夫不负有心人，张天吉终于学成了。天吉说：“有我妈我爸当观众，我练起琴就觉得挺有趣的。”

现在许多父母为了让孩子有“一技之长”，逼着孩子上各类“兴趣班”，甚至充当“督学”的角色：孩子弹琴、绘画、练书法时，父母不是在一旁指指点点、挑毛病，就是斥责、打骂。在这样的气氛下，哪里谈得上乐趣。

其实，父母们不明白，在孩子学习的路上，最需要的不是老师、“督学”，而是观众。

一个男孩子曾记录了自己的“学琴”体会。

用妹妹的话说，我在音乐方面简直是“白痴”。在她听来，我拉的《小夜曲》就像在锯床腿。我感到很沮丧。我不敢在家里练琴，直到我发现了一个绝妙的好地方——楼后面的小山上，那儿有片很年轻的林子，地上铺满了落叶。

那天早上，我蹑手蹑脚地走出家门，心里充满了神圣感，仿佛要去干一件非常伟大的事情。林子里静极了，我在一棵树下站好，心剧烈地跳起来。我庄重地架起小提琴，拉响了第一支曲子。

但事实很快令我沮丧了，似乎我又把那锯子带进了树林。我懊恼极了，不由地诅咒自己：“真是一个白痴！”

这时，我感到身后有人，便转过身。我吓了一跳：一位极瘦极瘦的老人坐在一张木椅上，静静地看着我。我的脸顿时热起来，带着歉意冲老人笑笑，准备溜走。

老人叫住了我，说：“是我打搅了你吗？小伙子，我猜想你一定拉得非常好，只可惜我聋了。”我指了指琴，摇摇头，意思是说我拉得不好。“也许我会用心灵去感受这音乐，我能做你的听众吗？就在每天早晨。”我被这位老人诗一般的语言打动了。我拉起了琴，面对我唯一的听众，一位耳聋的老人。此时此刻，我心里洋溢着一种从未有过的自豪感。

很快，我发现自己变了：我不再受妹妹“求饶”的干扰，在我的房间，常常传出阿尔温、舒罗德的基本练习曲。但不知为什么，每天面对耳聋的老人演奏，我总是忐忑不安。

我一直珍藏着这个秘密。直到有一天，我拉了一曲《月光》奏鸣曲，让专修音乐的妹妹感到大吃一惊。妹妹逼问我，得到哪位高师的指点，我告诉她：“是一位老太太，就住在12号楼，非常瘦，满头白发。

不过，她是一个聋子。”“聋子！”妹妹惊叫起来。“多荒唐！她是音乐学院最有声望的教授。更重要的，她曾是乐团的首席小提琴手！而你竟说她是聋子！”

我一直珍藏着这个秘密，每天早晨依旧早早地来到林子里，面对这位“耳聋”的唯一的听众，静静地拉上一曲。我感觉到我奏出了真正的音乐……

如今，拉小提琴已经成为我永远无法割舍的爱好。

读了这篇感人肺腑的“学琴体会”，我想，如果天下的父母都能当这样的“聋子”，都能做孩子忠实的“听众”，那会有多少天才脱颖而出，又会有多少孩子喊出“我能行”啊！

4. 施爱变受爱——在乎孩子的爱

一味向孩子施爱，孩子并不觉甜，更不懂得珍惜；一旦父母学会接受孩子的爱，孩子的价值得到体现，才会产生无比的快乐！

生活中有些东西不必在乎，可有些东西不能不在乎，那就是孩子对你的爱。

贺宜芳现在担任北京国际艺术学校的副校长，她讲了自己的故事。

儿子小时候，贺宜芳在北京第二毛纺厂工会工作，晚上常常要加班。为尽人妻人母的责任，她下班第一件事是扎围裙下厨房做饭。

一天，6岁的儿子从幼儿园跑回来，满头大汗：“妈妈，你快来看！”儿子兴奋地叫着。

“看什么啊？”妈妈笑眯眯地走出来，只见儿子两只小手捧在一起，小心翼翼打开来。“这是‘老坝子’（幼儿园一个男孩儿的外号）给我的银子！是他奶奶给他的！”儿子惊喜地说，妈妈凑过去仔细看，儿子手里捧的是些不规则的小金属片。

“这是打戒指用的！妈，您也打个戒指吧，您就不知道打扮自己。”

孩子的话让妈妈一下子愣住了，看看“银子”，再看看孩子，眼睛热热的，她小心翼翼地接过“银子”，仔细收藏起来。

贺宜芳动情地说：“这个戒指我虽然没打成，可儿子的这份爱却一直温暖着我。”

担任大学讲师的任丽荣也讲了她的故事。

“我儿子小时候，我带他住在奶奶家。平时我不给他零花钱，因为家里不宽裕。有一天，我领儿子回姥姥家，有意给了他几毛钱，让他买点吃的。可没想到，他自己什么都没买，却给我买回了一个戒指。

“‘妈，我给你买了一个礼物，你看，戒指！’儿子一脸得意。我一看就气了，指着儿子骂：‘你呀！尽给我丢脸，买这么一个假戒指，还美哪！’

“儿子一下蒙了，低下头，把戒指紧紧攥在手里，一声不响。我当时只是想，我让你自己买吃的，你买这么个假戒指干吗？我只心疼那几毛钱，没想到却伤了孩子的心。后来想起来，觉得特对不起儿子这份心！

“从那以后，我特别注意保护孩子的爱心。上小学时儿子爆发力不错，跳高成绩很好。一次，我带他一起坐班车回家。路上，儿子神秘地告诉我：‘妈，我跳高得了第一名，还有奖品呢！你看——’说着他转身翻书包，‘呦！怎么没有？’儿子急了，左翻右翻没找到。

“‘别着急，妈和你一块儿找！’我帮儿子找了半天，还是没找到。我平静地对儿子说：‘儿子，你今天得了第一，向妈报喜，妈高兴、知足了，有没有奖品都没关系！’儿子高兴起来，我体验到和儿子分享成功的快乐。以后，我很在乎儿子给我的每一点爱。儿子上了中学，用自己攒的 8 块零花钱给我买了一个漂亮的发夹，我用了好几年。我知道这是儿子的爱，我很在意。”

小小的戒指，未必值钱，但这毕竟是孩子的一颗爱心！这颗爱心是稚嫩的，你在乎它，它就会长大；你忽视它，它就会枯萎；你打击它，它就会死去。如果你想拥有一个爱你的孩子，你一定要在乎它、呵护它，精心培育它。

孩子们的爱，常常表现在细微之处，它或许不像100分、不像奖杯那么现实，但却是人生路上的丰碑，是父母亲辛苦付出后最殷实的收获。

然而，遗憾的是，有些父母只知道为孩子奉献爱，对孩子给予自己的爱却视而不见。他们更在乎孩子的分数、名次。饭后，妈妈在厨房洗碗，孩子探进头："妈，我来洗！""去，去，念书去。你将来想当厨师呀，没出息！"晚上，父亲看电视，儿子从屋里出来，沏好一杯清茶端上来："爸，喝茶！三姑刚送来的新茶，喷儿香！""谁要你倒茶，我自己不会倒？我就知道你在屋里坐不住，借倒茶出来看电视，真是黄鼠狼给鸡拜年没安好心！"儿子委屈极了，他沮丧地回屋做作业，以后再也没有心情给父亲倒茶。

都说现在的孩子冷漠，可你给过他爱你的机会吗？急功近利的父母们，常常无意中就淡漠了孩子的爱心。有的孩子心灵的世界由爱变成恨，由绿洲变成沙漠，而父母们却全然不知，他们用自己精心调制的苦酒，麻醉了自己。

爱是一个大口袋，装进去的是满足感，拿出来的是成就感、幸福感。一味向孩子施爱，孩子并不觉甜，更不懂得珍惜；一旦父母学会接受孩子的爱，孩子的价值得到体现，才会产生无比的快乐！

接受孩子的爱吧！因为施比受更有福！

5. 唠叨变忠告——励志的话终身受益

对于成长中的孩子，需要懂得一些人生的道理，记住一些人生的格言。历代名人教育孩子都有许多好办法，其中"立家训"就值得我们今天的父母学习借鉴。

一对新婚夫妇生活贫困，要靠亲友的接济才能活下去。一天，丈夫对妻子说："亲爱的，我要离开家了。我要去很远的地方找一份工作，直到我有条件给你一种舒适体面的生活才会回来。我不知道会去多久，我只求你一件事，等着我，我不在的时候要对我忠诚，我也会对你忠诚的。"

很多天后，丈夫来到一个正在招工的庄园，他被录用了。他要老板答应他一个请求："请允许我在这里想干多久就多久，当我觉得应该离开的时候，您就要放我走。我平时不想支取报酬，请您将我的工资存在我的账户里，在我离开的那天，您再把我赚的钱给我。"双方达成了协议。

年轻人在那里一工作就是20年，中间没有休假。

一天，他对老板说："我想拿回我的钱，我要回家了。"老板说："好吧，我们有协议，我会照协议办事的。不过我有个建议，要么我给你钱，你走人；要么我给你三条忠告，不给你钱，然后你走人。你回房间好好想想再给我答复。"

他想了两天，然后找到老板说："我想要你那三条忠告。"老板提醒说："如果给了你忠告，我就不会给你钱了。"年轻人坚持说："我想要忠告。"

于是老板给了他三条忠告：

第一，永远不要走捷径。便捷而陌生的道路可能要了你的命。

第二，永远不要对可能是坏事的事情好奇，否则也可能要了你的命。

第三，永远不要在仇恨和痛苦的时候做决定，否则你以后一生会后悔。

老板接着说："这里有三个面包，两个给你路上吃，另一个等你回家后和妻子一起吃吧。"

在远离自己深爱的妻子和家庭20年后，男人踏上了回家的路。一天后，他遇到了一个人，那人问他："你去哪儿？"他回答："我要去一个沿着这条路要走20多天的地方。"那人说："这条路太远了，我认识一条捷径，几天就能到。"他高兴极了，正准备走捷径的时候，想起老板的第一个忠告，他回到了原来的路上。

后来，他得知那个人让他走所谓的捷径完全是个圈套。

几天之后，他走累了，发现路边有家旅馆，他打算住一夜，付过房钱之后他躺下睡了。睡梦中他被一声惨叫惊醒，他跳了起来，正想开门看看发生了什么事，但他想起了第二条忠告，于是回到床上继续睡觉。起床后喝完咖啡，店主问他是否听到了叫声，他说听到了，店主问："您不好奇吗？"他回答说不好奇。店主说："您是第一个活着从这里出去的客人。我的独子有疯病，他经常大叫着引客人出来，然后将他杀死埋掉。"

他接着赶路，终于在一天的黄昏时分，远远望见了自己的小屋。屋里的烟囱正冒着炊烟，还依稀可见妻子的身影，虽然天色昏暗，但他仍然看清了妻子不是一个人，还有一个男子伏在她的膝头，她抚摸着他的头发。看到这一幕，他的内心充满了仇恨和痛苦，他想跑过去杀了他们。他深吸一口气，快步走了过去，这时他想起了第三条忠告，于是停下来，决定在原地露宿一晚，第二天再做决定。天亮后，已恢复冷静的他对自己说："我不能杀死我的妻子，我要回到老板那里，求他收留我，在这之前，我想告诉我的妻子我始终忠于她。"

他走到家门口敲了敲门，妻子打开门，认出了他，扑到他怀里，紧紧地抱住了他。他想把妻子推开，但没有做到。他眼含泪水，对妻子说："我对你是忠诚的，可你背叛了我……"

妻子吃惊地说："什么？我从未背叛过你，我等了你 20 年。"

他说："那么昨天下午你爱抚的那个男人是谁？"

妻子说："那是我们的儿子。你走的时候我刚刚怀孕，今年他已经 20 岁了。"

丈夫走进家门，拥抱了自己的儿子。在妻子忙着做晚饭的时候，他给儿子讲述了自己的经历。一家人坐下来一起吃面包，他把老板送的面包掰开，发现里面有一沓钱——那是他 20 年辛辛苦苦劳动得来的工钱。

这个来自西班牙的民间故事读起来令人回味，发人深省。

人生最重要的不是金钱，是忠告。如果这位男子要了老板的工钱而不要忠告，恐怕他早就没命了。许多时候，尤其当人遇到考验，遇到困难，或心情沮丧、情绪很坏的时候，最需要指点迷津的人生忠告。

对于成长中的孩子，需要懂得一些人生的道理，记住一些人生的格言。历代名人教育孩子都有许多好办法，其中"立家训"就值得我们今天的父母学习借鉴。

中国古代诗人的许多名句就出自"家训"，如"静以修身，俭以养德"，这句话就出自诸葛亮的《诫子书》。他告诫儿子，心静才能专心自我提高，节俭才能培养高尚的道德。

再如："勿以恶小而为之，勿以善小而不为。唯贤唯德，能服于人。"这句众人皆知的话，就出自刘备给儿子刘禅的"遗训"。他告诫儿子：不要因为坏事小就去做，也不要因为好事小就不去做，讲究贤良德高，才能使人心服。

今天，一些父母教育孩子，往往语言贫乏，啰里啰唆，唠唠叨叨，翻来覆去就那么几句话，孩子听得不耐烦，当父母的还生一肚子气。

有一次，我跟一群孩子聊天，我问："你们的爸爸妈妈教子的格言是什么呀？"他们好奇地问："什么叫格言？"我解释说："就是父母常对你们讲的话。"

"有！有！"孩子们争着说起来，"考多少分？""得第几名？""写作业了吗？""别玩了，快做功课去！"

"那爸爸妈妈对你们的人生忠告又是什么呢？"我憋着笑问。他们还是不懂："什么是忠告？"我又解释说："忠告就是告诉你做一件事的后果，提醒你注意。"

"每次考试前，我爸都要说：'我告诉你，考不好，小心我揍你！'"一个男孩抢着说。另一个男孩说："我爸一看我没考好，总是说：'我给你买三轮车去！'意思是考不上大学让我去拉三轮！"

我听了真是哭笑不得。我想，如果把古诗文中的名句用来做"家训"，加上自己的体会，会使孩子耳目一新，受到一种良好的文化熏陶和生动活泼的家庭教育。千古名句文明高雅，言简意赅，易记易背。只要孩子弄懂了其中的含义，便会终生不忘。

北京国际艺术学校有三名杂技小学员，身怀绝技，小小年纪就为祖国争了光。我们请他们三个参加“手拉手讲卫生”夏令营，给农村小朋友表演精彩的杂技，让从未看过杂技的农村孩子大开眼界。我问他们：“你们三个那么小就离开家了，还记得妈妈哪一句话对你们帮助最大吗？”黄阳说：“最困难的时候，我就会想起妈妈的话：‘因为你是我的女儿，所以你要坚强！’”

13岁的黄阳是下岗女工的女儿，她的绝活是“单手顶”，她的胳膊受过伤，做过三次大手术。一次演出前，她的胳膊肿出4厘米高，疼痛难忍，可她咬牙坚持下来。没过多久，她又一次躺到手术台上，再一次看到明晃晃的手术灯，她心里很害怕，因为医生告诉她这次手术会比上次更疼。这时她想起妈妈常说的话：“因为你是我的女儿，所以你要坚强！”就这么简单，让黄阳浑身充满力量。

黄阳告诉我：“我当时就想，妈妈说得对，既然选择了杂技就选择了付出，我不能后退，一定要实现我的理想，在赛场上夺魁。”

“因为你是我的女儿，所以你要坚强！”这句朴实的话，出自一个下岗女工，她用自己坚强的心培育了女儿，这样的人生格言比金子还宝贵！

那么，在孩子人生的道路上，您给了他们什么样的忠告呢？

6. 相同变不同——为孩子喝彩

教育的目的，在于让“不同”孩子的潜能最大限度地发挥出来；孩子接受教育的目的，也是寻找“最真实的自己”。不必总让自己孩子与别人家的孩子竞争，应该在乎的是你的孩子明天要比今天更棒！

“你瞧人家！”

这是今天的父母最爱说的话，也是今天的孩子最不爱听的话。

其实，你的孩子和人家的孩子是不同的。就像天下没有一模一样的树叶一样，人间也没有一模一样的孩子。

孩子有不同的父母，不同的遗传基因，所以有不同的智商，不同的潜能，不能要求所有的孩子都达到同一个水准。

有位父亲天天冲孩子喊："你瞧人家考 100 分，你才考 80 分；人家当大队长，你才当小队长；人家比赛得第一名，你才得第 10 名。我怎么养了你这么个不争气的儿子！"

儿子生气了，也冲父亲喊："爸，你瞧人家李叔叔当局长，你怎么才当小科长？人家张叔叔每月挣 5000，你怎么才挣 2000？人家隔壁王大哥家有个'大屏幕'，咱家怎么才是 21 寸的电视？我怎么有你这么个爸爸？"

爸爸一听急眼了："小子，别跟人家比，人比人气死人！"

儿子说："那您怎么老拿我和别人比呀？"

爸爸哑口无言，聪明的孩子用其人之道还治其人之身。

仔细想想，生活中不就是这样：自己过自己的日子，用不着和别人家比！他家有什么和你家没关系，中国老百姓都懂得这点，所以大家心平气和地享受着各自的生活。

对孩子也是同样！

教育的目的，在于让"不同"孩子的潜能最大限度地发挥出来。孩子接受教育的目的，也是寻找"最真实的自己"。不必总让自己孩子与别人家的孩子竞争，应该在乎的是你的孩子明天要比今天更棒！

"你真棒！"这句话，正是开启孩子心灵宝藏的一把金钥匙。

我常常对孩子说：你的爸爸妈妈有千千万万的精子和卵子，在结合中都壮烈地"牺牲"了，只有一个最棒的精子和最棒的一个卵子结合成功了，创造了人，而这个人就是你！你生下来就是最棒的，你来到这个世界上的任务就是把你“棒”的地方奉献给这个社会，让世界因为有了你而更美丽！你没有理由瞧不起自己，即使大家都瞧不起你，你也要对自己说：“我是最棒的，我一定能行！”“走自己的路，让人家去说吧！”

天下的孩子相貌不同，个性不同，但有一点是相同的——渴望听到喝彩！

美国有一个家庭，母亲是俄罗斯人，她不懂英语，根本看不懂儿子的作业，可是每次儿子把作业拿回来让她看，她都说：“棒极了！”然后小心翼翼地挂在客厅的墙壁上。客人来了，她总要很自豪地炫耀：“瞧，我儿子写得多棒！”其实儿子写得并不好，可客人见主人这么说，便连连点头附和：“不错，不错，真是不错！”

儿子受到鼓励，心想：“我明天要比今天写得更好！”他的作业一天比一天写得好，学习成绩一天比一天提高，后来终于成为一名优秀学生，成长为一个杰出人物。

这就是孩子。你说他行，他就行；你说他不行，他就不行。你为他喝彩，他会给你一个又一个惊喜；你说他不如别人，他会用行动证明他真的很笨。大人就是这样用语言来塑造孩子的。

记得我儿子三四岁时，我妈总对我说：“你儿子就是懂礼貌，来客人还会给人家倒水呢！”姥姥越这么讲，儿子越发懂礼貌，一来人就忙乎。一个大热天，一位老爷爷来家里串门。儿子见了，立刻找来一个大芭蕉扇给老爷爷扇。老爷爷高兴极了，摸着儿子的头说：“这孩子可真懂事，这么小就会照顾人！”爷爷走时，儿子一直跟到门口。老爷爷对儿子说：“留步吧，孩子，别送了，你这么小就会送客了，真懂礼貌！”儿子老瞅着爷爷手里的扇子说：“爷爷，我给您的扇子，您还没留下呢！”大家笑成一团！儿子就是在这样和谐的环境中长大的，以后也形成了他幽默的性格。

成人的评价对孩子的成长有至关重要的影响。在这方面我有切身的感受。

我小时候有两大爱好，一大爱好变成了特长，一大爱好变成了“特短”。小时候我爱画画，五岁时，照妈妈养的鸡画了一只彩色大公鸡，在北京市幼儿园评奖中获得一等奖，得了五张彩纸。我非常高兴，兴冲冲跑回家跟妈妈说：“妈，我得奖了。”妈妈笑眯眯地说：“太好了，我早就说过，你画的公鸡比我养的公鸡还漂亮呢！”我特得意，觉得自己很棒，更爱画画了。每次画完画，最先欣赏的是妈妈和大姐大哥，他们说我是画画的天才。我这个“天才”终于上小学了，上学第一天老师问：“谁会画画？”没有人举手，我傻乎乎地举起手：“我会。”老师很高兴，说：“那好了，黑板报就交给你了。”我从一年级画黑板报一直画到六年级，从初一画到高三，到农村插队给农民办报，后来就办了《中国少年报》，我至今对画画有着浓厚的兴趣。

但我还有一个爱好却变成了“特短”。小时候我爱跳舞，还去区里参加过演出。但是，到五年级的最后一个学期，北京市舞蹈学校到我们小学校招生，选了四个女孩，其中有我。我们到舞蹈学校面试，把外衣脱掉，穿着小裤衩、小背心，手背后，脚跟并上，脚尖朝外站直。我刚站好，有个老师从我身边走过，瞟了一眼，说：“哼，腿都不直还跳舞呢，你瞧人家！”我一看别人，真是自惭形秽，人家女孩子两腿一并，一条直线，我倒好，上面一个洞，下面一个洞，回家后对着镜子照自己的腿。左看不直，右看更不直。以后再跳舞时，耳边总响起老师的话：“腿都不直还跳舞呢？你瞧人家！”以后就完全没有自信心，干脆不跳舞了。后来当短跑运动员去了。等我插队回来，像我这样年龄的人，大部分学会了交际舞，我总学不会。在舞场上，男士们恭恭敬敬地说：“请您跳个舞。”我总是客气地说：“对不起，我不会跳。”我在舞场上仔细观察，发现比我腿还不直的人有的是，有的人还是罗圈腿呢，照样跳得很有兴致。我更加明白一个道理，一个人从小生长在“你不行”的环境中，慢慢地把“你不行”内化为“我不行”，他就真的不行。如果一个人生活在“你能行”的环境中，慢慢地把“你能行”变成“我能行”，他就真的能行！

对孩子来说，有没有天分并不重要，重要的是有没有兴趣，有没有自信。

特长并不一定都能发展为职业，但可能发展为爱好。爱好广泛的人，生活会更多彩，思想会更活跃，可施展才华的舞台会更广阔。

大胆为你的孩子喝彩吧！别瞧人家！请相信，你的孩子会创造奇迹！

7. 对抗变对话——从相互欣赏开始

当青春期碰上更年期，孩子要学会俯下身去，倾听父母充满爱的“唠叨”，而父母完全可以放下长者之尊，高兴地说：“终于长得比我们高了！”

十几岁的孩子爱跟父母“对着干”，你让他朝东，他偏向西；你让他干这，他偏干那。爸爸妈妈困惑极了：曾经那么熟悉的孩子，怎么突然变得陌生？

四五十岁的父母爱跟孩子“较劲”：“我叫你干，你为什么不干？”“我叫你好好考，你为什么不好好考？”“你是不是成心要气死我？”男孩女孩苦恼极了：曾经那么通情达理的爸爸妈妈怎么突然变得“不讲理”？

这种现象奇怪吗？并不奇怪。就像宇宙间的星球，在一定条件下会相互碰撞，“青春期”碰撞“更年期”也是大自然的规律。只是今天的孩子早熟，青春期“提前”；今天的父母太累，更年期也“提前”。

江苏镇江市王伊雯同学，曾经给知心姐姐杂志社寄来一封她写给爸爸的信。信中，她把与父母之间的“对抗”描绘得活灵活现。

记得有一次吃晚饭的时候，我滔滔不绝地对您（指爸爸）说，一个歌星唱的歌挺好听的，我很爱听。可是我刚说完，您就发火了，一拍桌子吼道：“不把心思用在学习上，专做这种无聊的‘追星族’！你有没有出息啊！”

倔强的性格让我喊了一句：“我爱听歌，并不代表我就是‘追星族’！我是‘追星族’，也不代表我就没出息。您什么意思啊？总把我想得那么差！”

您听了，真火了，拿起筷子顺手给了我一下，我委屈地哭了。说实在的，我不是“追星族”，我真的很委屈。可我知道这时候越向您解释，您就打我打得越凶，所以，我干脆不解释了，把委屈埋在心里。

还有一次，您提着两个包回来，一个拎进了房间，一个放在电视机旁。我好奇地跑去翻开看，原来是一张碟片。您见我翻东西，便给了我两下，然后横眉竖眼地教训我：“告诉过你多少遍了，别碰大人的东西！”

我反驳说：“我又不知道这是什么东西。”

“你不知道的东西还多着呢！”您越发凶了。

“对抗”就这样发生了！孩子与家长各执一词，完全不去考虑对方的想法，只想改变别人，不愿改变自己。

提早进入青春期的孩子正处在成人感迅速增强，但心理却并不成熟的阶段，渴望得到成人的尊重，但他们对成人尤其是父母缺少基本的信任，总觉得父母“跟自己过不去”，也因此形成强烈的逆反心理，心灵的大门朝着同龄人开放，却对成人紧闭。这时候的孩子特别需要心灵关怀，需要理解和尊重，需要知心朋友。

提早进入更年期的父母，由于工作、生活压力很大，面对孩子常常心急气躁。这时的父母同样需要关怀，需要理解和谅解，需要知心朋友。

所以，处于不同年龄阶段的两个特殊生长期的两代人，有着共同的要求：理解、尊重和沟通！双方都改变一下自己，情况就大不一样了。

《中国中学生报》小记者、北京高二学生董诚和他的妈妈杜女士都是我的老朋友。他们母子俩就是在“碰撞”中磨合成为好朋友的。

在和我聊天中，他们讲到了三条秘诀。

秘诀一：对抗变对话，从亲子相互欣赏开始。

杜女士说："以前逛商场，儿子要看光盘，我要看服装，总有矛盾。后来，我看中什么衣服，就请儿子当参谋。我偷偷看儿子一眼，他点头我就试穿。我觉得儿子有男孩的眼光，会把妈妈看得很美，妈妈衣服选得好不好，他一下就能看出来。儿子是我最好的参谋。"

董诚说："跟妈妈出去特别轻松。妈妈能让我当参谋，我当儿子的当然得有自信。"

秘诀二：对抗变对话，亲子互相支招儿来转变。

杜女士说："我把孩子当成最好的朋友，我有什么话跟他说，他有什么话也跟我说。儿子大了，有他的思想，要了解他就必须学会倾听。儿子有时候背着书包进门：'妈，我跟你说个事。'我不管多忙都听他说完。如果你说：'炒菜呢，哪有工夫听你说。'就等于拒绝，下次儿子就不会跟你说了。"

董诚觉得在家里茶余饭后聊天是最好的沟通。有一次，他想给学校提意见，不知道妈妈赞成不赞成。所以先试探妈妈："有节课老师讲得很不好，班里有个同学带头向学校反映，您觉得他这样做对吗？"

妈妈说："你是班长，应该由你来替大家反映。"妈妈当时并不知道儿子说的是自己，可她帮儿子支了招儿，却正合儿子的意。

我问董诚："妈妈给你支的招儿，你觉得灵吗？"

董诚说："还挺灵的，特别是有时候我火气比较大，说话直来直去，妈妈让我学会了婉转表达。"

秘诀三：对抗变对话，关键是亲子相互理解。

能坦率地表达自己，又能设身处地对待别人，在这方面，杜女士和她儿子董诚都深有感触。

杜女士说："从当妈妈那天开始，就不光孕育了一个生命，更是多了一个朋友。这个朋友一点点长大，我一点点了解他。现在我40多岁，孩子15岁，更年期碰撞青春期，我有时也挺有失落感。儿子总是问：‘妈，您现在怎么变得这么絮叨？’我说：‘我也不知道，其实还是挺想让你心疼妈妈的。’儿子说：‘以后我会好好孝顺您。但我现在大了，是一个男孩子，我有自己的事情要做。’”

妈妈向儿子交心，这使儿子非常感动。对于怎样愉快地接受走向更年期的妈妈，董诚做得不错，说起妈妈，他的脸上洋溢着幸福。

“妈妈跟我非常平等，而不是高高在上。我已经不喜欢依偎在妈妈身边，但喜欢妈妈挽着我的胳膊走，因为妈妈就是那样挽着爸爸走的。妈妈从来不干涉我的事情，女生给我打电话妈妈从来不问。‘三八’妇女节那天，我跟同学一起给各自的妈妈买花，花不是很好，但是妈妈特别高兴，说没白养我这个儿子。”

这对平凡母子总结的三个秘诀，的确意味深长。

岁月流逝，孩子一天天长高，父母一天天变矮。孩子要学会俯下身去，倾听父母充满爱的“唠叨”，而父母完全可以放下长者之尊，高兴地说：“终于长得比我们高了！”

第五章　让学习从灌输变成邀请

做家长的，都希望自己的孩子从小努力学习，长大成为有用的人，这是对的。问题是，有的家长把“努力学习”片面地理解为死读书，让孩子整天做题、补习、考试……

3000 年前，古希腊生物学家、教育家普罗塔戈曾经讲过一句话：“头脑不是一个要被填满的容器，而是一支需被点燃的火把。”学习不应该是被动的灌输，而应该是主动的探索。当这种探求的兴趣被点燃之后，那么学习就会变成一种邀请，变成孩子的乐趣。

对中小学生的家长来说，培养孩子要弄清一个问题：什么是有用的人？我们说，真正有用的人，是那些有理想、有道德、有知识、有体力的人，是懂得终身学习的人。只有这样，他们才能适应 21 世纪飞速发展的变化。

联合国教科文组织在《学会生存》中指出：“未来的文盲不是不识字的人，而是不会学习的人。”这就说明，教会孩子学习，教会孩子终身学习是一个被全人类所关注的问题。

21 世纪是知识经济时代，这个时代需要的是有创造力、勤于开拓的人。不会学习，就掌握不了新的知识，也就不会有创造的能力。孩子只有从小学会独立学习，养成热爱学习的好习惯，长大了才能够独立地生存在这个世界上。

一、引导孩子爱学习

1. 孩子为什么厌学

孩子的心态是比什么都重要的，所以爸爸妈妈要鼓励他们，用一种良好的心态去面对我们今天的人生，包括学习。

朱竞的爸爸说最近遇到特别棘手的事，就是孩子不愿意学习。

我觉得他好像把学习当成一种任务，说自己顶多混一个高中毕业也就完了。朱竞跟爸爸辩解的时候说，我不一定以后就靠读书吃饭，三百六十行，行行出状元，我能活！

朱竞说：就是不想学习，不想写作业。晚上做作业，第二天交的时候，就是错题太多，我也不想改了，然后就在那儿玩儿。不过呢，我也每天都写作业，就是不想得第一，也不想混倒数第一，就是保持中等就挺好！我爸说我，你长大就是捡破烂儿的料。我说你看我学习不好，玩儿其他，我都能玩儿出花样来。然后我爸说你现在不学习，你捡破烂儿将来还得用手机联络呢！然后我说手机这玩意儿不赶时尚吗？我肯定会学会！

我认为孩子缺少的是爸爸的鼓励。

我看他语文是不错，表达能力多强啊！而且他很有判断力，对错是非都很清楚。他不属于厌学的那一类孩子，他是个很健康的孩子。但是他缺少什么呢？他缺少的是爸爸的鼓励。你看咱们那些运动员，得了金牌之后，大声高喊爸爸我赢了，能让人当时眼泪都流出来。还有刘翔，他得了金牌以后他拿了什么呀？拿着国旗在场上跑，太完美了！这是什么呀？这是一种自信，一个运动员不相信自己是最棒的，他得不了金牌。他得相信自己是最棒的，然后他就把自己的能力发挥出来，于是他就是最棒的！那么孩子心中这种自信哪儿来的？是爸爸妈妈鼓励出来的。你不断地鼓励他很棒，他就真的找到棒的感觉。

这个孩子其实是很棒的，但是爸爸妈妈呢，看的是高分。可是你们知道吗？走进清华是靠一步一步走的，如果一个人没有自信，即使进了清华园也会夭折的。这就像一个木桶，它的盛水量不是取决于最长的木板，即智商，而是取决于最短的木板，即情商。

所以，我现在越来越明白一个道理，孩子的心态是比什么都重要的，所以爸爸妈妈要鼓励他们，用一种良好的心态去面对我们今天的人生。应该说中国体育能走出去，那些运动员的心态是特别重要的。所以我跟朱竞和他爸爸说：我们所有的孩子都有很大的潜能，这个潜能怎么发挥出来？爸爸妈妈要看中他们，把他们看成是很棒的，他就能把棒的地方表现出来。就像你的孩子，语文是相当棒，体育也是很爱好的，这本身就是他的才能。数学也没有问题，他绝对能行，他的脑子一下转过来，马上就豁然开朗。爸爸今天有一个很重要的任务是启迪孩子，把他最好的地方给表现出来，让他充满信心。

我觉得孩子自己也要有志气，爸爸对你还是有信心的，要不然他不会求助。那你就要给他一个辉煌。不是要求你考100分，我觉得孩子每一次都考100分，这要求谁都做不到，而是要求你今天比昨天有点儿进步！

朱竞说：您说得太好了，您真棒！人都是一点儿一点儿往上走的，这就是我想跟我爸说的，您不要小瞧我！

2. 找找学习的成就感

当您的孩子有一点儿成就感，您要在乎他这点儿成就感，他有了成就感才能有兴致，学习才能成为他的自觉行为。

一个妈妈说："卢勤老师，您好！我想让我的儿子明白学习的重要性。因为他就是有的时候明白，有的时候不明白，你跟他讲道理也懂，但是真正落实到行动上的时候，挺困难。"

一个孩子的学习积极性怎么才能上来？一定要有兴趣，孩子对学习要找到兴趣点才行。那可能对这门和那门的感觉不同，能够对哪一门特别感兴趣，就找到这个感觉，慢慢地去寻找自己学习的乐趣。愿意学的时候，没时间都会挤时间学，就跟玩儿一样的感觉，所以我觉得，可以帮孩子找找兴趣点。

家长应当爱护孩子那种成功的感觉，学习中厌学的孩子，是在学习上没有成就的孩子，如果他有成就感的话，他就会不断地努力。上课爱回答问题的孩子，常常是他预习了，然后明天老师一提问，别人都不会他会了，他就有劲头了。老师提问题，他还想回答第二个问题，他就有成就感。所以当您的孩子有一点儿成就感，您要在乎他这点儿成就感，他有了成就感才能有兴致，学习才能成为他的自觉行为。另外，我们的家长们，千万不要跟孩子说，不好好学习将来要你捡破烂儿去。这句话最好别说了，我觉得说这句话，可能会特别伤害孩子的自尊心。这个捡破烂儿也不是什么让人瞧不起的事情啊，说实在的，社会上什么工作都需要。关键在哪里呢，那么一个优秀的男孩子，这么高高大大、很帅的男孩儿，如果他很有学习能力，他将来能做很多他想干的事情，这点上我觉得应多鼓励。他为什么爱玩儿游戏啊，可能是游戏给他很多成就感，他就迷恋进去了。学习老是不行，你就要多发现他行的地方。

我们曾做了一个现场调查：一方面50个孩子中只有4个没有过对学习的厌烦情绪，另一方面孩子的兴趣丰富多彩。

还做了一个知心调查：如果可以不按学校的课表上课，请孩子们自己给自己开一个课程表。我们来看看大家的答案吧：

一、第一节课是欧美音乐，第二节是电影，第三节是异国风情，第四节是英语。

二、希望全天的物理、化学。

三、希望第一节课是自学，第二节课是体育，第三节课是英语，第四节课是班会。

四、第一节课是电脑，第二节课音乐，第三节体育，第四节自然，第五节语文，最后一节课是数学。

五、第一节课跆拳道，第二节课物理，第三节体育，然后美术、英语、计算机，最后一节课是政治。

六、第一节课是体育，然后是数学、美术、形体。

七、从星期一到星期五都是体育、电脑，电脑、体育。

针对孩子的厌学情绪，建议父母从以下方面多做工作：

多多鼓励。所有厌学的孩子，是因为妈妈爸爸成天在身边说，你的学习不好你要抓紧，说来说去他就厌学了。小孩子就怕你觉得他厌学，其实他根本不懂什么叫厌学，也没有厌学，再说下去就厌学了。

孩子对很多东西开始时都是有兴趣的，这时父母应该培养他形成好的习惯，等到他有些烦躁的时候，父母可以让孩子知道一种好的学习习惯能够使他获得成功。所以，在培养孩子的兴趣时，要给孩子一个机会，让他自已去品味，真正找到一种成就感，他可能就有兴致了。因为人的大脑就像一扇一扇的窗户，当你打开一扇窗户使孩子充满了兴致，他以后就会对这方面充满兴趣；如果打开一扇窗户使他充满恐惧，充满压力，可能他就把窗户关闭了。但是这一扇窗户跟下一扇窗户是有关系的，所以兴趣的培养可以从一个方面入手，找到感觉和成就感，就会影响其他的方面。

我国著名的阶梯教育法创始人程宏荀教授从长期的研究中发现，要想有效地指导孩子学习，就要给孩子铺出一个阶梯，一点点进步。比如听我讲课吧，我将之分为几级。一级，我说什么大家就跟着听什么，叫跟着。二级就是懂记，一边懂一边记。三级就是联想，我讲话你联想。前三级就是三个字，懂、记、想，如果孩子真能实实在在地把这三字搞好，学习就会很扎实，甚至连活得都扎实。你看前三级，孩子能做到懂、记、想吗？如果能长期地达到懂记想，小学生一般能达到优秀，中学生能达到良。如果把这个方法用好了，高考都可以考个高分。

让孩子快点儿收获。什么意思？老师哪个字写得好，自己多留心，哪一句话说得好也多重复一下，还有哪个老师肢体语言优雅，自己也培养点儿美感。所以，什么是高水平上课呢？我不知道现在学生能不能做得到，上课一定要有一个良好的情绪和精神状态，往那儿一坐感觉环境清新，环境美，有这种感觉的学生会学得更扎实，从内往外学习得更全面。

要先肯定孩子现在的成绩，孩子最需要肯定现在的成绩。我一辈子做教育有 12 个字的秘诀，叫“低起点，小坡度，勤奋到，大发展”。什么意思呢？给他个低起点，应该把基础赶快打扎实，如何上好课、如何做好作业，这些基本的东西赶快让他消化。小坡度，让他尝到甜头，孩子最重要的是通过自己的努力上一个台阶，够得着果子，尝到甜头他更来劲，这是阶梯教育的一部分。总的来说，家长也好，老师也好，一定要找到适合孩子水平的教育。

人有目标的时候肯定走得快，没目标的时候肯定走得慢。今天很多孩子在学习的过程中很迷茫：我要不要学习？我学习的东西跟明天有什么关系？这是因为没有目标，有目标才能让人去实现梦想。像陈景润去证明哥德巴赫猜想，他是什么时候有的这个目标呢？他上学的时候，老师就讲过在科学的殿堂中，最高峰是数学，而数学的皇冠就是数论，而哥德巴赫猜想是皇冠中的一颗明珠，是一个世界性的难题。老师可能就这么一说，别的人就这么一听，而陈景润听了，心中就有了解开这个难题的梦想，后来他真的成功了。那他为什么能成功呢？因为他有想法，所以有人说最可贵的就是想法，你要有了一种想法，你就有了一种动力。

3. 变“要我学”为“我要学”

面对学习，厌学不如乐学。如果真对学习提不起劲，请不要忙着去找医生，而是要去寻找兴趣。

假如把幸福比作天堂，那么通往天堂的路只有一条，那就是学习。

假如把痛苦比作地狱，那么通向地狱的路也有一条，那就是厌学。

改变你的未来，就必须先改变你的内存。天堂是用智慧建造的，而地狱是用愚昧铺成的。

可是今天，通往天堂和地狱的路上都挤满了人。其实，人并不是不愿去天堂，而是因为学习的烦恼太多太多；人也并不是乐意去地狱，只是不知道应该如何面对今天的学习。

《知心姐姐》杂志曾做过一次有关中小学生苦恼的调查，共收到问卷 5782 份。结果发现，在造成中小学生苦恼的六大因素中，学习和考试占了 72.26%。

河南的一家心理咨询机构对 3 所小学和 3 所初中的近万名学生进行了一次心理测试，结果竟然发现，有 50% 的初中生和近 70% 的小学生对学习没有兴趣，甚至“厌恶学习”。

记得有一次，《北京青年报》记者刘净植来出版社采访，我正忙得不可开交，两部电话一刻不停地响着。我对她说：“你看，这些电话……社会需求实在太大了！‘知心姐姐’正处在火山口上啊！”

话音刚落，一位母亲的电话打了进来，她边哭边诉说：“知心姐姐，快救救我的女儿吧！她才 18 岁啊就想不开，割腕自杀！大夫刚刚把她抢救过来，我简直要崩溃了！”这位母亲接着断断续续地告诉我说，她是个单身母亲，所以女儿的精神状态一直就不是很好。终于有一天，女儿突然提出，不想上学了！今天早上，目送女儿去上学的时候，母亲就有一种不好的预感，等赶到学校后，女儿已经出事了！

北青报记者目睹了这一切，受到震撼，回去就写了一整版报道，醒目的大标题就是“火山口上的‘知心姐姐’”。她在前言中这样写道：

“小时候，谁不知道《中国少年报》有个专门给小读者解决烦恼的‘知心姐姐’？随着童年时代越来越远，那份伴随我们成长的报纸的形式和内容，在记忆中已经模糊不清，唯独那个梳着小辫、可亲的‘知心姐姐’形象始终难忘。

“现在，愿听孩子说话、愿对家长讲话的‘知心姐姐’，已经成为孩子和家长的沟通桥梁，成为不少处于痛苦和烦恼中的家长和孩子的‘救命稻草’。今天的‘知心姐姐’所承载的社会责任，已经远远超过了我童年经验的想象。她是一个我不曾触碰的心灵按钮，她维系的是一个牵动人心的世界。”

的确，现在家庭中的种种矛盾，焦点大都在学习上。

据我了解，有些不愿意上学的同学，喜欢把自己关在家里，到了学校就犯困，总想打瞌睡。少数同学还伴有神经性反应，一迈进学校大门，就会出现拉肚子、低烧、头晕、胸闷等症状。可是，只要听说可以不上学，或者能够离开学校，就会马上“健康”起来。医生把这种奇怪的现象称作“厌学综合征”。另外，还有一些同学成天迷恋网络和游戏，希望依靠这些来缓解学习的压力，这实际上也是厌学综合征的一种表现。你还真别小看了这种“现代疾病”，要知道，厌学不仅会发生在学习跟不上的孩子身上，有许多学习不错的孩子也会厌学呢。

我讲一个真实的故事。

一次，一位痛苦万分的妈妈专程从洛阳跑来找我，坐在办公室里泣不成声。

儿子 13 岁那年，因体育特长和优异的成绩考入了北京的一所重点中学。因为他天性活泼，聪明机灵，人缘也好，很快就当上了班长。但是，上初三的时候，因为违反校规，被学校劝退，只好转到另外一所普通学校。

这一次的挫折，使孩子心灰意冷，竟选择了自我放弃。他一度不上学，整天睡觉、上网、交网友，甚至还向家长要了3万元钱，坐飞机去外地会见网友！他还以上学读书为条件，逼着父母给他买汽车，可买回来又嫌款式落伍，点着名要父母为他换车！父母一次次赶来北京看望他，可他竟拒绝与他们见面……

母亲伤透了心，无奈之下，跑来求助“知心姐姐”。

听完她的哭诉，我提出见见她的儿子。

约好见面的那天，我还特意请来了甘肃贫困山区的一对母女。女儿凭着自信和刻苦，考上了北京的一所大学，可是，家里穷，没钱供她读书。她的母亲就跟到北京来，托我帮着找份工作，千方百计要供女儿读完大学！

双方一起在会议室里坐了下来，一边是“要我学”，一边是“我要学”。女孩的好学精神感动了在座的每个人，当场我就和男孩的母亲决定一起资助女孩完成学业。一番真情沟通之后，那个男孩似乎也受到触动。

通过这次会面，我对这个叫李明的帅小伙儿有了进一步的了解，更对他的体育特长赞叹不已。我拍着他的肩膀，肯定地说：你一定能行！

这之后，我把一个比他大几岁的优秀男生介绍给他，让他们成了朋友。

这个男孩叫王海翔，毕业于清华大学国际MBA，现在担任某市投资银行行长。别看他才20来岁，却已经是我的老朋友了。这次，我把李明托付给了他，我相信他一定能够影响李明。

果然，不久之后他俩成了无话不谈的好朋友。在和海翔的交往中，他们讨论得最多的是，怎样激发学习兴趣和掌握高效的学习方法。2004年，就在李明准备参加高考之前，海翔说：“我觉得看他参加高考，好像比当年我自己参加高考时还紧张哩。”李明走进考场之前，海翔还特意发去短信鼓励他：“我相信，你能行！”最后，李明以617分的高分考入了北京大学。

在学校里，李明的各科成绩都不错，并且高票当选为班长。在2004年北京市大学生运动会上，他还取得了跳远比赛第二名。走下领奖台后，他信心十足地说：2008年，奥运会上再见！

2005年春天，李明的妈妈又一次来到我的办公室。不同的是，痛苦变成了喜悦，母亲如今容光焕发。

一个厌学的中学生，成长为一名乐观好学的大学生，发生在李明身上的这种变化，更让我对海翔产生了浓浓的兴趣。想到那些现在还在“厌学”的学生们，我又一次拜访了海翔，向他“讨教”良方。

海翔毫无保留地介绍了三条经验：

第一，学习是有方法的。

想想我们学习的过程吧，无论什么学科，无论何种知识门类，都免不了遵循“理解→记忆→应用”这三个基本过程。如果你把这三件事情的顺序搞错了，那你的学习肯定会出麻烦。

有些同学认为：“学习就是背诵，背得多了自然就会了。”我不同意这个观点。就拿最基本的英语单词来说吧，常常看到有的同学喜欢拿着单词表死记硬背，且不说这种方法单调又枯燥，它还有更严重的问题呢。你们想想看，绝大多数英语单词都是由表示各种意思的“零件”组合起来的，比如television这个单词，“tele”就表示“电”，“vis”经常用来表示跟“看”有关的意思，“ion”是名词的结尾，这样一来，信息全都凑齐了，你还记不住这个单词就是“电视”吗？可是，如果你没有对这个单词进行分解，仅仅是按着顺序去死记这10个英文字母的组合，那可就太辛苦了。此外，任何字词（特别是动词、形容词、副词和介词）的使用都离不开句子，所以把单词放进句子里记忆，既便于理解，又可以熟悉它的搭配方法，更适用于各种考试题型的需要。因此，我建议那些渴望提高词汇量的同学，平时要多阅读一些适合自己的文章。

其实，各门学科在各个知识单元上都有有效的学习重点和方法。有心人应该钻研和摸索这些方法，这样才能在学习上占领“制高点”。所谓“行家一出手，就知有没有”，指的就是套路和方法。

第二，学习是艰苦的。

为了让自己能有一个良好的学习环境，我当年考进了离家很远的一所重点中学。每天自行车换公交车，在往返学校的路上要花 3 个多小时。

为了解除疲劳的问题，我想出了一个好办法：回家以后先洗脸洗脚，然后上床睡觉；吃晚饭的时间正好用来恢复精神；吃完晚饭后，休息也充分了，精神也恢复了，我再开始学习。

为了让自己在晚上学习的时候不打盹儿，我还合理安排了学习顺序：学英语最累最单调，索性就把它放在前面；做数学题不容易犯困，干脆就往后放一放。还把自己感兴趣或容易一些的科目当成一种奖励，用它鼓励自己：只要坚持一下，把手头的活做完，就可以开心地进行自己喜欢的下一项了……

人们常说：“自助者天助！”学习上的“吃苦”，是任何人都不能代替你完成的！

第三，学习是有乐趣的。

学习是一种“渐入佳境”的过程，当你真正钻进去的时候，就能感受到它的乐趣。

学习需要熟能生巧，关于这一点，我和很多学习好的朋友们探讨过。大家一致认为，做题就一定要做够数量。只有各种类型的题目都见识过，甚至比出题老师见过的题还多的时候，你才不会被题目迷惑。而且，各种类型的题目做多了，自然也就有了一种交朋友的感觉。遇到重复的题就好像见到老朋友似的，顺畅、自信地选中一个正确答案，轻松得有如和朋友点头致意，这也算是一种“默契”吧。当然喽，审题很重要，千万要仔细，可别被化装成老朋友的“骗子”蒙骗哦！

知识本身带给我们的乐趣就不用多说了，只是看到自己在 20 个选择题里的回答正确率不断提高，那种成就感就不言而喻了。其实，做题跟玩游戏有很多相似的地方，都是要求尽量得高分，获得足够的经验值，开心过关。所以，我经常会找来一本英语习题集，每 10 道题分为一组，开始自己的挑战练习。只要有一组题可以全部答对，我就奖励自己稍微休息一会儿，或去吃一个水果……如果你不耍赖皮，选择的难度不是很低，那么，要想取得成功确实还不太容易呢！但是，一旦你取得了成功，就会感到特别兴奋，同时也会觉得，自己的这个小小休息是那么“心安理得”。

十分有趣的是，我们和老师在学习上更像是一对好玩伴，经常互相搞一些“恶作剧”。记得我们的初中数学老师就最喜欢搞“突然袭击”，不发任何通知就开考！看着拿到试卷之前大家脸上紧张的神态，他总是抿着嘴不吭声，脸上却满是得意的笑！渐渐我们也摸到了规律，只要他在上课前，背靠在我们教室的门框上，双手背在身后，脸上带着“坏笑”时，那准是要考试了！而且，在他背后的双手中，一定正拿着为我们“精心准备”好的“礼物”。当然了，我们也不会“示弱”的，偶尔也要找一个大家都做不出来的难题送给老师“尝尝”。有一次，数学老师上课时居然主动认输说：“实在抱歉，上次你们问我的那道几何题太困难了！我已经琢磨了两个礼拜，精神负担特别大，还老做噩梦呢。”可是，还没等我们得意够呢，他马上又神秘地宣布：“但是，我在昨天的梦里意外梦到了一条辅助线！于是等到今早起来，我就把题做出来了。嘿嘿，当你们的老师真不容易啊！”

就是在这样的氛围里，我们和老师就好像是在一起做“智力游戏”，时刻体验着“智斗”的乐趣。如果你也想参加游戏，并感受“胜利”的快乐，那就需要加强修炼、暗下苦功，把自己提高到超出一般考试难度的水平上来。

海翔的三条学习经验，让我明白了一个道理：“兴趣就是最好的老师！兴趣就是学习的动力。”对万事万物充满兴趣的人，可以在学习的瀚海中独自行舟却不觉辛苦，可以在探索的山路上奋力攀登却不知疲惫。

面对学习，厌学不如乐学。

如果真对学习提不起劲，请不要忙着去找医生，而是要去寻找兴趣。因为到那时，你就不再是“要我学”，而是“我要学”了。

4.“我是在帮你们学”

爸爸妈妈要从孩子一上学就告诉他，学习是自己的事，完成作业也是他自己的事。

一个妈妈说，我的孩子读小学六年级，他学习的目的还不太清楚，他总认为是为了父母而学习。起初我以为这是孩子爱玩儿的心理，才不肯学。后来有一次让他做作业，他就发脾气了，说你们为什么逼着我学呀，我都是为了你们学。我才明白他是这个想法，我真的感到很吃惊。他说你们的目的，要么就是老了为了我能赚钱养你们，要么就是为了名声。我说你的想法是从哪儿来的呢？他说有些是从电视里看的，有些是我们同学说的。

我对孩子说，学习是一种本事，是一种能力，咱们现在有一句话叫与时俱进，简单来说就是与时代共同进步。一个人为什么要有学习能力呢？因为时代在变化，很多知识也在更新，也在变化，如果没有学习的能力，你就会被淘汰了，所以人最重要的是要有学习能力。我哥哥是5岁上的小学，他今年60多岁了，一直在学习。他在美国先获得的是数学博士后，然后就当了一名数学教授。后来他又去攻读了计算机博士学位，当他拿到这个学位之后，他立刻找到了一个大的计算机中心，去那里工作。人家随时会给他一个难题，很快，一天两天他就能给人家答案，因为他会学习。所以他今年都六十多岁了，依然很受重视。他回来就跟我讲他内心的感受，学习能力比学习成绩重要，所以一个人真是要活到老学到老。他不停地学习，就能够解决新的问题，这个能力不是爸爸妈妈给的。妈，我又给你得了一百分，其实你是自己骗自己。自己有多大本事，就看你有没有学习能力了，将来离开老师自己也能自学，每个新的知识来了你都能自学，这样你就是一个能够与时俱进的人了。

那孩子们为什么会感觉到，他们是为爸爸妈妈在学？爸爸妈妈应该怎么告诉他，或者说用什么方法，让他发自内心地体会到我是为自己去学？其实，爸爸妈妈要从孩子一上学就告诉他，学习是自己的事，完成作业也是他自己的事。爸爸妈妈不要给孩子检查作业，也不要给孩子收拾书包，早晨起来不要叫，让孩子自己拿着闹钟爱起不起。如果第二天他真的就没有去上学，学校老师一定会有纪律的，他就会承受批评或者接受惩罚。这时候爸爸妈妈不要替他承受，让他自己承受。下次他就注意了。但是今天他没起，你就叫快起、快起……然后刚给他拉起来，扑通，又躺下了，这时候就非常被动。他有可能说，你不给我买玩具，我就不给你上学了，这种情况会越来越多。所以我觉得妈妈要相信儿子，他既然明白了学习是自己的事，他就会很努力，你在旁边鼓励他就可以了。他考得怎么样，他怎么去完成这就是他自己的事，你不能替他完成。

5. 怎样做孩子才努力

对于农村的贫困孩子，面对贫困，要矢志不移。有抱负才会有毅力，有毅力才会有行动，有行动才会有成功！

而对大城市的孩子，农村贫困孩子的学习生活状况是他们最好的镜子，会激发出他们的珍惜之情，会激发他们对学习的认真努力态度。

一个目标达成了，又给两个目标，总没有成就感。

因此，对孩子期望值不要过高。

在《渔夫和金鱼的故事》里，有一个老太婆，她本来能够得到一样东西，但是后来她的欲望不断在增加，她的要求一个又一个，她想要的东西都得到了还不满足，她又希望金鱼归她所有，最后一无所有。现在很多爸爸妈妈的心态有点儿像这个故事里的老太婆，就是不能够满足。对孩子成长不满足，不满足最后的结果是一无所有。

我访问过比较成功的孩子，我说的成功不光是考上重点大学，而是他的心态也非常好、学业也很好的。这样的孩子，爸爸妈妈有个共同的特点，就是能够不停地鼓励孩子。这个不在于父母的文化程度，而在于父母对孩子的期望值，过高就是无望。

我刚从非洲回来，有个非洲黑人孩子的家境特别贫寒，但孩子非常优秀，大学毕业后是美国的高科技人才。人家问这个黑人，你是怎么成功的。他说因为我妈不识字，我妈从小就佩服识字的人。自从我上了二年级，我妈大事小事都向我请教，我从小就是重要人物。后来他就觉得，他妈到处说儿子特棒让他很有成就感。他取得一点点成绩，妈妈就高兴得不得了。于是他真的就成为最优秀的人才。

我就发现今天我们的爸爸妈妈，都比这个黑人的妈妈有知识、有财富，但孩子不是那么让你满意，为什么呢？因为你老不满意，他就没有成就感，最后就对学习没兴趣了。所以如果你要向我讨教方法，那就是把期望值降下来，标准只要达到了就真是太棒了。孩子必须有一个不停发展的成就感，否则，他就会很无望。爸爸妈妈要知足一点儿。

作为知心姐姐，我天天接到很多悲痛的电话，很多都是爸爸妈妈的期望过高，最后孩子考上大学了，但因没考上自己理想的大学而自杀，真的让我听了很难过。他对自己的期望是很高的，但却是不现实的，这非常糟糕。父母要想让孩子一生快乐、能够获得成功的话，只要让他对自己的学习和自己从事的事情感兴趣就可以了，这样他就能获得最好的成绩，不一定说非要怎么样才可以。

1994年浙江高考文科第一名董煜说："若说我有什么诀窍，除了上课认真听讲，就是对读书很感兴趣，很热爱。我是在一种轻松的气氛中学习的，我的考试成绩好，父母不会多表扬；我某一次考试考得差，父母也不会对我多指责。若是逼着我学习，只能使我产生逆反心理。"他家的气氛轻松，他学习就有积极性。

家庭生活条件好的孩子，常常因为东西得来全不费功夫，所以不懂珍惜，不懂努力争取，并且也表现在学习上，不珍惜也不努力。对于这种情况，我想讲一个我经历过的很难忘的事，相信这个故事会给父母提供这种情况的解决思路。

湖北大别山区的戴满菊是一个有志气、爱学习的女孩子。我第一次见到她是在1990年夏天。那一次，我带领着来自京、津、沪、汉等地的12名《中国少年报》特邀小记者，组成了一支赴贫困地区小记者采访团，风尘仆仆来到了大别山区。

大别山是一块英雄的土地，大别山又是一块贫穷的土地。许多品学兼优的孩子都因贫困失学了。戴满菊也不例外，她的心里好难过啊！可是，她不得不退学！因为她要做饭、烧水、洗衣、喂猪、收拾屋子，还要帮着大人干农活。然而，她每天都会抽空跑到山冈上站一会儿。因为，那儿有一条通往学校的山路……

一天，满菊提着一筐猪草，正吃力地往家走，刚好碰上了前来找她的张老师。她一头扎进老师的怀里，"哇"的一声哭了："老师，我好想你！我好想读书啊！"

张老师来到满菊家，主动提出要为满菊垫付学费。满菊也"扑通"一下子跪在父母面前，哭着哀求说："让我去读书吧！家里的活，我哪怕不睡觉也会干完的！"

满菊的父母流着眼泪点点头。

从此，满菊又回到学校读书了！每天，她天不亮就会起床，做早饭、喂猪，然后背起柴草筐上路了——学校离家有15里山路，每天上下学要走3个多小时。于是，她一边走，一边用心背着英语单词……

由于满菊的刻苦事迹，她成为被“希望工程”资助的少年。那天，我带着来自天津的小记者高勇和北京来的小记者杨浩，去采访了戴满菊。

满菊，一个瘦小的湖北女孩，个子也就和城里三年级的孩子差不多。只见她穿着一件洗得有些发白的花布旧衣，干净而合体。面对我们的到来，小姑娘清秀的脸上显得有些紧张，两只小手捏来捏去，好像不知道应该放在哪里才合适。

扭头再看那两名小记者，虽说都是从大城市来的，可单独采访也是头回上阵，似乎也有点胆怯。

我坐在一旁有意不吭声，静静地等着孩子们的采访开始……

“你……叫什么名字？”男孩头也不敢抬，半天挤出一句话。

“戴满菊。”女孩轻声地回答。

“上几年级了？”

“五年级。”

“你家里有几口人啊？你爸爸是干什么的？”男孩始终低着头，索性照着小本子上事先准备好的问题，一条接一条追问下去。

“快打住吧，你们也太严肃了！我们又不是在查户口。别那么紧张，随便聊嘛！”我实在憋不住，笑了起来。

三个小家伙互相看了看，好嘛！每个人鼻子上都冒出了汗珠，也都忍不住笑了。

“你用过几个书包？”杨浩随口问了一句。

“一个。”

“什么？5年就用了一个！”两个男孩简直不敢相信自己的耳朵。

“那也忒结实了吧！书包……你哪儿买的？”杨浩好奇地问。

“不是买的，是我姑用两块花布缝的。我已经用了4年，只磨了几个小洞，我都自己用布缝好了。"

"厉害！让我猜猜，这个书包你平时不常使吧？"听口气还有些不服气呢。

"净瞎说！我天天都背着它上学，遇到下雨的时候，我就把书包藏在衣服里，紧紧贴着身子，不让雨淋着。回到家，我还会把书包放在纸盒子里。"

听了女孩的回答，两个男孩又低下头不吭气了。

"那你有几个书包呀？都是从哪儿买的？"我顺势问起了在北京城里长大的杨浩。

"很多！多得都数不清了！反正我每学期都要换新的。那些书包有妈妈买的，也有别人送的；有中国的，还有外国的呢。"

"这么多书包！那你是怎么使的呢？"我模仿着他刚才的口吻追问。

"说出来真不好意思！下雨的时候，我就把书包顶在脑袋上，当雨伞；坐在地上的时候，我就把书包塞在屁股下面，当坐垫……特殊情况下，也会拿它当当沙袋。"杨浩红着脸做起了自我检讨。

"好了，还是接着你们的话题聊吧。"我可不想把这次采访变成检讨会，所以又把"接力棒"传回他们手中。

"那……能看看你的橡皮吗？"

"我没有橡皮。"

"怎么可能？"男孩子又蹦了起来。可是，看到女孩一脸认真的样子，他们不得不信了。

"把我的送给你吧！"杨浩从书包里掏出一块白色的长方形香橡皮交给满菊。

满菊接过橡皮，放在鼻子前闻了闻：哇！好香啊！她于是伸出舌头，想去舔。杨浩突然大叫起来："Stop！不能吃的！那是橡皮，用来擦错别字的！"

满菊被他吓了一跳，连忙把橡皮紧紧地攥在手心里。

猛然间，我发现两滴泪水从杨浩的眼角边滚了出来……

"怎么了，杨浩？"我摸着他的头问道。

“我真后悔！知心姐姐，”杨浩哭着对我说，“满菊她比我大，可连一块像样的橡皮都没有。而我呢，平时就知道和同学打打闹闹，巨高级的橡皮，都被我切成小块当‘导弹’了！我真的很后悔……”

“你说得对，我们都该向满菊学习！”看着这些孩子，我的心里也是热热的。

谈起自己的愿望，满菊对我们说：“我最大的愿望就是读完初中。但是……家里太穷了，可能……读不起了……所以，我祝愿，我周围的同学都能读完初中！”

听了这句话，我们每个人的鼻子都酸酸的，为她，也为自己。

当采访团的汽车准备离开村子时，我在送行的人群中看到了满菊，正在向我们挥手。我急忙跳下车，挤到她身边，拉住她的手：

“满菊，好好念书！一定要上中学！为了所有的女孩，也为了咱大别山，一定要争气！学费我给你出！将来考上北京的大学，就住到我家来！”

满菊眼里闪着泪光，使劲点点头，小手却紧紧地拉着我，不肯松开……

回到北京后，我仍然一直惦念着这个大别山里的小姑娘。

一天，我突然收到一个喜讯：满菊来北京了！她是来参加“希望工程”汇报会的。

汇报结束后，罗田县教委主任陪着满菊特意来到了中国少年报社，报社的叔叔阿姨开大会欢迎了她。会上，小姑娘朴实而充满深情的讲话，感动了在场所有的人。

晚上，我又赶到满菊住的招待所，送去一些生活和学习用品：运动衣、保温饭盒、书包、文具……都是半新的。这是儿子用过的，他听我讲了满菊的故事后，非要让我把他最喜欢的东西连夜送来。

临走时，我又塞给满菊50元钱，让她给爸爸妈妈捎点北京特产。

一个月后，我收到了满菊写来的一封信。信的第一句话是：

“知心姐姐，我多想喊您一声妈妈呀……”

就这一句，我的泪水一下子涌了出来……

满菊在信中告诉我，爸爸妈妈听说了女儿在北京的经历，一会儿哭，一会儿笑……同时一再嘱咐自己，一定要好好学习，好好报答那么多好心人的帮助。最后，满菊写道：

"知心姐姐，假期我就去山上采草药。您的钱，我一定会还给您的！"

对于农村的贫困孩子，面对贫困，要矢志不移。有抱负才会有毅力，有毅力才会有行动，有行动才会有成功！

而对大城市的孩子，农村贫困孩子的学习生活状况是他们最好的镜子，会激发出他们的珍惜之情，会激发他们对学习的认真努力态度。

6. 提高孩子学习的兴趣

孩子能不能成功，关键是他的兴趣能不能早一些被发现，而且被大人所注意。考试的分数不能代表孩子所有方面的能力，兴趣是很重要的，它是事业成功的基础。

兴趣，是一个人走进成功大门的钥匙。兴趣，自然会邀请孩子去探索去学习。

孩子能不能成功，关键是他的兴趣能不能早一些被发现，而且被大人所注意。考试的分数不能代表孩子所有方面的能力，兴趣是很重要的，它是事业成功的基础。

很多年轻的妈妈爸爸只重视分数，忽视了对孩子兴趣的启发和培养。国家教委提出将应试教育转化为素质教育，就是强调发现和发展学生的兴趣，把他们培养成具备多种能力的未来建设者。

一个小女孩，偶然发现蚯蚓断成两半后，两半都在蠕动，感到特别好奇。她把断了的蚯蚓分别搁进两个有土的花盆里，想观察一下断了的蚯蚓还能不能活。妈妈非常生气，说："一个女孩子，摆弄什么泥巴，没出息！"说完把有蚯蚓的两块泥巴扔出门去。国家教委原副主任柳斌提到这件事时说："你看，这么一骂，一扔，就给未来的中国断送了一位女科学家！"因此，绝不能打压孩子的兴趣，而应该鼓励和引导他的兴趣。

第四届全国十佳少先队员车亮，是拥有许多专利的小发明家。起初，什么东西拿到手里他都想拆开来看看。他爸爸不责怪他，只是说："你怎么拆的，就怎么再装上。"车亮看爸爸严厉的样子，拆玩具的时候就特别小心，每拆下一个零件都按顺序摆好，拆完琢磨明白后，再一一装上。就这样拆了装，装了拆，成了个小发明家。才上小学，他已经获得了三项国家专利授权。

当然，作为父母，不能只欣赏孩子的兴趣，还要善于发现孩子的兴趣。不管你对孩子的兴趣持什么态度，你都要以极大的热情发现并支持，使其发展成为一种能力。

国际象棋大师谢军的脱颖而出，与她的母亲尊重孩子的选择有密不可分的联系。

那年，谢军面临着要么去棋队，要么继续上学放弃下棋的选择。她想上学更想去下棋，因为只有她自己知道，只要往棋盘前一坐，她就会无比畅快、兴奋。而妈妈，这位毕业于清华大学自控系的电子工程师，为独生女儿考虑更多的是她的学业和前途。作为一个有文化素养的妈妈，既不愿因家长干预断送一个确有天才的棋手，也不愿女儿为此耽误一生。

于是，母女间进行了一次很严肃的交谈，那时谢军才 12 岁。"你很喜欢下棋，对吗？"小谢军看着妈妈，从没见妈妈这么严肃过，有点儿害怕，但依然点点头。"那好，不过你要记住，下棋这条路是你自己选择的，既然你选择了下棋，今后，就要对自己负责任！"

试想，如果当年妈妈硬逼着谢军读书，压制她对国际象棋的爱好，那么，谢军也许会坐在大学的教室里，而我国就会少了一位出色的棋手。谢军的身后，有一个伟大的母亲！

7. 要严守时间

如果你能对日常生活时间养成分秒必争的好习惯，你等于延长了自己的生命。

一次，英国一位著名文学家给朋友们出了一个谜语：

“世界上哪样东西是最长的又是最短的，最快的又是最慢的，最能分割的又是最广大的，最不受重视的又是最珍贵的。没有它，什么事情都做不成。它使一切渺小的东西归于消灭，使一切伟大的东西生命不绝？”

智者查第格猜中了，他说：“最长的莫过于时间，因为它永无穷尽；最短的也莫过于时间，因为人们所有的计划都来不及完成；在等待的人，时间是最慢的；在作乐的人，时间是最快的；它可以扩展到无穷大，也可以分割到无穷小。当时谁都不加重视，过后谁都表示惋惜；没有时间，什么事都做不成；不值得后世纪念的，它都令人忘怀；伟大的，它都使它们永生不朽。”

时间是如此重要，我们就应该严格地遵守时间。严守时间是做人的美德，也是成功的保证。

伟大的革命家列宁是严格讲究准时的人。他组织召开的会议，不管到会有多少人，他总是要求准时开会。人民委员会遵照列宁的嘱咐，在会议桌上摆着一个带秒针的钟，迟到的委员都要被记录下名字，并且注明迟到几分钟。列宁严肃地警告一再迟到的人：“再迟到就登报！”

美国第一任总统华盛顿也是严守时间的人。他的秘书几次迟到，都推说手表不准。华盛顿就爽直地提出：“或者是你换一只表，或者是我换一个秘书！”

守时，是一种道德的行为。你迟到了，就是浪费了别人的时间，说严重点，是浪费了别人的生命，是不道德的表现。

著名教育家马卡连柯十分重视对孩子进行时间教育。他说：“任何孩子从顶小的年纪起，就应当受严守时间的训练，清清楚楚地给他们划出行动的范畴。”

他还说：“养成遵守时间的习惯，是一种对自己进行严格要求的习惯。在一定的时间起床，是对意志的最根本的训练，它可以改掉在被窝里幻想的习惯。吃饭的时候准时入座，是对母亲、对家庭和其他人的一种尊重，也是一种自尊的态度。在所有的事情上严守时间，那就等于维护了父母的威信，遵守了法律。”

当你每天醒来，口袋里便装下了 24 小时的时间，这是属于你自己的最宝贵的财富。如何使用这份财富呢？那就给自己上一门“时间利用课”吧。

认真制订一个生活时间表，将每天起床、洗漱、锻炼、用餐、学习、劳动、游戏、看电视、看书、洗脚、睡觉的时间安排好，按时去做。如果你能对日常生活时间养成分秒必争的好习惯，你等于延长了自己的生命。有人做了统计，用“分”来计算时间的人，比用“时”计算时间的人，时间多 59 倍。

别犹豫了，快点行动吧！

记住鲁迅先生的话：“节约时间，也就是使一个人的有限的生命更加有效，而也即等于延长我们的生命。”

8. 把时间交给孩子

把时间全部交给孩子，教他们自己支配，告诉孩子：你的心爱之物，可以珍藏在家里，锁在箱子里，但是时间藏不住、锁不住。世上没有时间的收藏家，但每个人都可以做时间的主人。

中小学生过重的课业负担，不仅来自学校，也来自家长。家长总是把孩子的时间装在自己的口袋里，用“施舍”的办法逼孩子学这个学那个，结果令孩子失去了自己支配时间的能力，减负赢得的时间又白白浪费掉了。

假期开始了。

“假期太长了，我都不知道该干什么！”有的孩子说。

“假期太短了，我要做的事情太多了！”也有的孩子这样说。

假期究竟是长还是短呢？

《伊索寓言》里有这样一个故事：

一位过路人问智者，要走几小时才能到达某城。智者先是默不作声，等过路人走了一段路以后，才又把那人叫回来，根据他行走的速度，告诉他所需的时间。

这个故事启示人们，人生道路离不开时间，而时间又决定于人的行动。生命给予每一个人一生的时间，在这笔数以亿计的财富中，孩子将摘取什么样的人生之果，完全取决于他一生的行动。假期里，孩子的收获多与少，完全取决于孩子自己对时间的利用和支配。

每一个爱孩子的父母，都会爱惜孩子的时间；每一个有责任感的父母，都会从小对孩子进行严守时间的训练。而假期正是为孩子上“时间利用课”的极好机会。

把时间全部交给孩子，教他们自己支配，告诉孩子：你的心爱之物，可以珍藏在家里，锁在箱子里，但是时间藏不住、锁不住。世上没有时间的收藏家，但每个人都可以做时间的主人。

减负以后，学生的作业量减少了，假期里都做些什么？每天的生活怎么安排？必做的事情有哪些？争取做的事有哪些？这些都可以指导孩子早做计划。让孩子明白，假期里的一切时间都属于他自己，节省下来的时间完全由他自己支配，这样孩子就会主动去做事，不会再磨磨蹭蹭、拖拖拉拉了。

家长还要告诉孩子，一旦定下来的计划，就要严格执行。如按时起床睡觉，按时学习游戏，没有特殊情况，绝不可以改动，这样孩子就会慢慢养成分秒必计的严格习惯了。反之，磨磨蹭蹭、拖拖拉拉的不良习惯一旦形成，改起来就难了。

爱生命，就要爱时间，懂得珍惜和利用时间的人才会创造出生命的奇观。

做家长的，都希望自己的孩子从小珍惜时间，努力学习，长大成为有用的人，这是对的。问题是，有的家长把“努力学习”片面地理解为死读书，让孩子整天做题、补习、考试……有位父亲为了让孩子考上大学，竟把孩子锁在家中，不许他上学。他让孩子每天清晨5点起床，深夜12点才准睡觉，逼着孩子把课本、习题、答案全背下来，其他的书一律不准看。结果孩子虽然在13岁时就考上了大学，但好像早已与世隔绝，连长江的源头在哪里这些基本的地理常识都不知道……

因此，时间不是家长帮孩子去支配，而是要把时间交给孩子，让他自己去管理使用，这样，才能真正让孩子学会安排时间，计划自己的人生。

二、怎样帮助孩子学习

1. 挖掘孩子的智力潜能

每个人都有先天禀赋，但后天的教育更重要。儿童的潜能如果不及时开发，就会递减。

孩子的潜能是个巨大的宝库，要仔细观察和发现，懂得开发。很多专家分析，婴孩就有巨大的潜能，从孩子出生那天起就要开始教育，跟他说话，教他认知。北京电视台曾报道，一个6个月大的孩子壮壮识字上千个，经有关儿童教育专家测试，壮壮的认字能力的确很强。壮壮很小的时候，妈妈发现他对电梯的数字很关注，特别对自己住的楼层——23 这个数字敏感，于是试着培养他的认知能力。

如果发现孩子对某一方面有兴趣，要好好爱护和培养。我国围棋国手常昊从小爱下棋，还没上小学，象棋上父亲就不是他的对手了。从幼儿园回家的路上，常昊总在半路“失踪”，他是看人下棋去了。少儿围棋班开课半年了，不会下围棋的常昊才来，但围棋班的邱百瑞老师注意到，通常 6 岁孩子看人下棋，半小时就坐不住了，常昊一坐就是半天。兴趣本身就是一种才能，邱老师经常给常昊开小灶，小神童开始扬帆起程了。

每个人都有先天禀赋，但后天的教育更重要。儿童的潜能如果不及时开发，就会递减。

误区一：催逼孩子

值得注意的是，要有科学的家教观念，因材施教，遵循自然发展规律，而不要催逼孩子。很多天才的失败就是由父母、社会的极度催逼导致。《伤仲永》就是众所周知的故事。神童仲永不过几年工夫，就变成了一个普通人了。我接待过很多伤心困惑的父母，都满怀骄傲地回想孩子当年的聪慧和与众不同——经常得“一百分”“第一名”，活泼可爱，某一方面特别强，哭诉孩子“悲惨”的现状——不爱学习，成绩一落千丈，行为怪僻，不知道为什么变成了这样。为什么？他们不知道大部分原因在于自己的教育。整天在孩子耳朵边唠叨分数名次，今天得了 99 分，为什么那几个孩子得 100，你怎么就要差那么一点？这次第三名，为什么不多几分？多两分就是第二名了，得了第二名，又加码——下次一定要得第一名啊。有的父母拿孩子的某项特长到处显摆，甚至在专业和职业上早早地就给孩子订了“终身”，回到家再进行“魔鬼训练”，要求越来越高，将孩子的兴趣和激情化成了负担甚至是仇恨。我曾看到一则记者的采访报道，一个 10 岁孩子学钢琴，母亲辞了职陪学，记者问：“打算作为专业吗？”母亲说：“那当然，我把一切都豁出去了。”“孩子还小，如果以后他有另外的选择呢？”母亲斩钉截铁地说：“不能的。”看到孩子坐在琴凳上那茫然的神情，我不禁心生害怕。只给孩子一条路，此路不通时，就难免发生悲剧了。

误区二：画地为牢

另有一个事例，一位父亲觉得自己的女儿记忆力超常，就辞了职专事教育。孩子每天要记忆背诵好几个小时，家里满墙的文字公式定理，此外父亲也带着进行体育锻炼，带着适时娱乐。父亲很自豪又得意地讲解他“宏大”的家教计划。我从孩子眼中却看不到那种清亮亮的喜悦和能力非凡孩子的从容，我注意到她的听话，她的紧张，与孩子们在一起时，她不太合群。孩子也是“社会人”，在她的每个年龄段，都应该有自己的精神空间和行为空间，有自己的缤纷世界，她需要更多跟孩子们在一起的欢笑，需要宣泄情感和体能，这种种加起来才称得上幸福。如果她整天只跟家长在一起，狭小的世界会限制她，孩子的想象力和创造力会萎缩，况且家长不惜辞职孤注一掷，执着一念，会给孩子带来无比沉重的压力。

任何人的成功，都离不开智力因素和非智力因素。智力因素主要包括观察力、想象力、注意力、思维能力和记忆力，非智力因素主要指人的情感（包括道德品质）、意志、性格、气质等。

人的一生中，儿童时期正是智力发展的关键时期，这一时期的智力发展，将直接影响到一个人一生的智力发展。因此，抓住儿童智力发展的黄金时期，及时开发儿童的智力潜能，是教子成才、助子成功的重要途径；而失去了这一时期的发展机会，以后的教育会加倍曲折艰辛。因为儿童的智力开发不进则退，是会递减的。

作为家长，该如何挖掘孩子的智力潜能呢？

（1）强化孩子的观察力、认知力

历史上，大凡智力高度发达的人，其观察能力都是比较强的。著名的俄国生物学家巴甫洛夫曾对自己的学生提出过这样的要求：“应当先学会观察，观察。

不学会观察，你就永远当不了科学家。”

著名的法国昆虫学家法布尔，从小就喜欢观察动物。在他5岁的时候，一天晚上，他忽然听到附近的丛林里传来一阵阵美妙的鸣叫声。他想，是小鸟在鸣叫吧？我该去看看。大人们吓唬他说，森林里有狼，专门吃小孩子。小法布尔却毫不胆怯，勇敢地钻进森林去观察、探索，结果他发现：发出鸣叫的不是小鸟，而是一种蚂蚱。从此，他对昆虫产生了浓厚的兴趣，后来终于成为颇有成就的昆虫学家。

观察力对研究自然科学的作用是极为重要的，同样，对于文学艺术也是必不可少的。鲁迅就曾教导文学青年：“如果要创作，第一要观察。”

法国著名文学家莫泊桑，拜福楼拜为师。福楼拜要求莫泊桑到马车站去观察马匹：“马车站有许多马，你仔细观察那里的马，然后用一句话描绘出其中一匹马与其余几十匹马不一样的地方。”就这样，莫泊桑锻炼出了超人的观察力，因而，他的小说以人物刻画细致、入木三分而著称，在世界文坛享有很高的声誉。

怎样使孩子具有敏锐的观察力、认知力呢？

第一，锻炼感官功能。把孩子带进大自然，使他们视野开阔，博览多闻。接触感性事物，是观察力发展的基本前提。

现在，很多孩子害怕写作文，“一写作文就头疼”。为什么呢？因为他们没有生活。如果整天把孩子关在屋子里，势必堵塞孩子的视野，又怎么能激发孩子观察事物的兴趣呢？

北京有位年轻的妈妈很懂得培养孩子。她的女儿从小爱画画，可有一段时间觉得画烦了，不想再画了。这位妈妈没有硬逼着孩子继续画画，而是带她去养鸡场、动物园观察小动物。女儿看得很仔细，回来后画了不少新画，其中的一幅百鸡图还获了奖。

所以，家长要尽量利用业余时间带孩子去公园玩一玩、看一看，游览祖国的名山大川，多接触大自然。孩子在这些外出活动中，自然会对周围的事物产生浓厚的兴趣。家长可以利用这样的机会，引导和训练孩子的观察力。

第二，要帮助孩子确定观察对象。节假日，家长带孩子外出时，可以事先对孩子提出一些观察事物的题目：家门口增加了几栋楼？大街上增添了几家商店？动物园的猴子是怎么吃东西的？下雨的时候，雨是什么样子的？刮风时，会发出什么样的声音？……长此以往，孩子就会留心周围的事物，逐渐改变那种凡事漫不经心、视而不见的习惯。

第三，对于上学的孩子，最好让他写观察日记。这样不仅可以锻炼孩子的表达能力和写作能力，也有助于培养良好的观察习惯。

第四，给孩子创造一些观察的有利条件。如让孩子自己养养小金鱼、小蜗牛、小蝌蚪，或者小鸡、小兔、小花、小草什么的，让他们观察这些小生命的生活情况，了解它们的成长过程。这一切，非常有利于孩子身心的健康成长。

(2) 培养记忆力

加强背诵，理解，增强有意注意能力；扩大阅读量，加强无意注意，反复刺激大脑皮层，增强记忆力。

(3) 发展孩子的想象力、思维能力

想象力，作为创造性的认识能力，是一种强大的力量。

爱因斯坦概括自己一生的科学实践，得出了“想象力比知识更重要”的真知灼见。他提出：“知识是有限的，而想象力概括着世界上的一切，推动着进步，并且是知识进化的源泉。”因此，我们应当把想象力看作是科学研究中的完备因素。

人的大脑分为四个功能区：直觉功能区、记忆功能区、判断功能区和想象功能区。据心理学家研究证明，一般人对想象功能区只使用了50%。这就说明，发展想象力的潜力还很大，而儿童时期又是个人想象力发展的大好时机。

达尔文上小学后，不知怎么变得爱“撒谎”了。有一回，他捡到一块小化石，回来跟姐姐说：“这是一块宝石，价值连城呢！”又有一回，他捡到一个硬币，一本正经地告诉姐姐："这是古罗马造的。"姐姐一看，只是一枚被压得变了形的 18 世纪的旧币罢了。姐姐对达尔文的"说谎"行为很是恼火，几次向父亲告状，可父亲总淡然一笑，说："这算什么撒谎！这个孩子倒挺有想象力，说不定哪一天他会把这种才能用到事业上去呢！"果然，达尔文长大以后，把丰富的想象力运用到缜密的科学研究中，创立了伟大的"物种起源"学说。

（4）培养孩子的自制力

对孩子来说，最重要的是让他们从小养成良好的自学习惯，有了自学的习惯，不论孩子是继续深造，还是参加工作，都能很好地利用这把钥匙去打开知识大门。

孩子自学习惯的养成，要靠家长的长期训练。比如，帮助孩子制定具体的学习制度，安排学习计划，并提醒孩子去认真实施；要求孩子预习功课，养成提前预习课文，以便带着问题听讲，更好地吸收知识的好习惯；鼓励孩子独立完成作业，教会他查字典、读书读报，以获取更多有益的知识……

古人云："不积跬步，无以至千里。"要想让孩子成才、成功，家长们就要注意从生活、学习中点点滴滴的小事抓起，培养孩子每一方面的优良习惯，正确地引导他们稳步走向未来的美好前程。

可以说，孩子的一生，就攥在我们做父母的手中！

2. 训练孩子的想象力

想象力比知识更重要。画画，是培养孩子创造力、想象力的重要途径。

我们每个人都有一个神奇的大脑，大脑有左右两个半球：左脑主要处理语言、逻辑、数学、次序，即所谓的学术性活动；右脑主要处理节奏、旋律、音乐、图像和幻想，即所谓的创造性活动。

今天，人类十分重视对右脑的开发，而开发右脑，发挥创造力，主要是运用想象力。

“想象力比知识更重要。”这是科学家爱因斯坦的著名论断。他还说，因为知识是有限的，而想象力概括着世界上的一切，推动着世界的进步，并且是知识进化的源泉。在20世纪自然科学发展史上，几乎无人能与爱因斯坦的成就相比，他在科学史上占据着划时代的地位。

然而，谁能知道，这个头发蓬乱、不修边幅的犹太人，在中小学时代竟然常常被斥为“智力迟钝”，甚至被断言将来“一事无成”。

爱因斯坦在回顾自己的童年时，多次谈起他所体验的惊奇感。他说：“思维世界的发展，在某种意义上说就是对‘惊奇’的不断摆脱。”他认为，学生最可贵的动力是想象力、好奇心、求知欲、学习中的乐趣以及对学习结果的社会价值的认识，而学校最重要的任务是努力引导学生形成这些能够启发创造性的心理能力。他的结论是：“教育应当使所提供的东西让学生作为一种宝贵的礼物来领受，而不是作为一种艰苦的任务要他去负担。”

画画，是培养孩子创造力、想象力的重要途径。

我曾经看到这样一篇文章——《创造性能不能教》，作者是留美教育管理学博士黄全愈。其中写道：

美国孩子学画画，老师往往不设样板，不定模式，让孩子从现实生活到内心想象的过程中自由构图。孩子虽然画得“一塌糊涂”，但十分高兴。画完之后，只问老师“好不好”，而从来不问“像不像”。黄博士说：“回答‘像不像’，是指‘复印’得如何；回答‘好不好’，是指创造得如何。”

黄博士讲了这样一个故事：美国的小学美术老师达琳曾来中国云南做学术交流。不少中国老师请教她：“怎样教孩子的创造性？”达琳很困惑：“创造性怎么能教呢？”

达琳给中国孩子出了一道题：快乐的节日。结果发现，很多孩子都在画圣诞树，而且画得一模一样！她仔细观察，原来孩子们的视线都朝着一个方向：教室墙上的一幅画里有棵圣诞树！达琳把墙上的画遮起来，要孩子们自己创作一幅画来表现这个主题。令达琳感到吃惊的是，那群孩子竟然抓耳挠腮，一副茫然的样子……达琳老师不得不又把墙上的那幅画揭开……

这个真实的故事的确令人深思。中国有千千万万个孩子在学画画，问题是怎么学，学什么，用什么方法去学。是用“眼”画画，还是用“心”画画？这可能就是模仿与创造的不同点。

我很同意黄博士的观点：模仿是一个简单的由眼睛到手的过程，由于没有心的参与，可以说是一个类似“复印”的过程。长此以往，虽然技艺越来越高，可想象力却越来越差。他的眼睛里有画，而心里没有。眼睛里的画只能是别人的画，只有心里的画才是自己的。

有创造性的孩子，往往是用“心”画画，正是在“心画”的过程中，培养了创造力。

北京市和平里四小就是一个注重培养孩子创造力的学校。有一天，日本教育代表团来校观摩四年级的美术课。美术老师胡明亮画了一只流着眼泪的小鸭子，让同学们以这只鸭子为主题，当场创作一幅画。30分钟后，全班36名同学创作出37幅画，令日本教育家们大为惊讶，连连称赞：“中国的孩子太富有想象力了！”

孩子们都画了些什么呢？胡老师把同学们的作品带给我。

赵亦鑫画的是《失去自由》。小鸭子被关在铁笼子里，望着一群高飞的大雁在默默地流泪。

陈溪画的是《不准动！》。一个戴着假面具的人，正用枪口对准一只流泪的小鸭子。

李佳画的是《水污染》。小鸭子从被污染了的河里叼起一条小鱼，而小鱼只有骨头架子，小鸭子伤心地哭了。

最精彩的是唐小晰的《触景生情》。一只小鸭子呆呆地站在“烤鸭店”门前，看到爸爸妈妈都被挂起来烤熟了，自己成了孤儿，不禁伤心地流下了眼泪。

我想，如果我们的美术课都能像胡明亮老师这样教，让孩子们充分展开想象的翅膀，那孩子可就解放了。一名优秀的教师，必须重视培养学生的想象力。

人类的发明，都来自大脑。一个奇妙的主意怎样才能产生出来呢？这就要张开想象的翅膀，打破原有的模式，学会重新组合，把不方便变为方便。比如：

改变的方式。把两辆汽车摞在一起，改成双层，让它的容量加倍，也可以把汽车减半、扩展、切开、拉长等。

代替的方式。用小球代替钢笔尖，制造出圆珠笔；用互联网代替传统的通信方式。

重组的方式。把耳机和收音机组合在一起，成为“随身听”；把商场和地铁车站连在一起，地铁的出口也就是商场的入口。

我向全国著名少先队教育专家段镇老师学了一招：加一加，减一减。比如，在一个圆圈上加点儿什么，能变成什么？

我曾经去一所城市小学和一所农村小学，让孩子们做这个游戏。我在黑板上画了五个圆，让五个孩子上来画。结果，城里的孩子画的多数很复杂：向日葵、小花、小孩、钟表、太阳等。而农村的孩子画得却较为简单，比如圆上加一竖——梨；圆下加一竖——气球；圆下画一横——太阳从地平线上升起；圆中画一个正方形——铜钱；圆上点上很多小点点儿，一个男孩告诉我——芝麻烧饼！

新知识、新技能怎样才能学得快呢？有一个成功的做法：进行“形象训练”，画脑图——把全部东西在脑子里绘画组合。

日本有位著名医生，小时候，祖父教他骑自行车，并不先买车，而是让他看别人怎么骑，让他反复想着自己应该怎样骑，在这个阶段，他一次也没有骑过车。过了一段时间，在他找到感觉以后，祖父才买了自行车。他开始骑的时候，有点儿摇晃，但很快就得心应手轻松自如了，连他自己都奇怪为什么掌握得这么快。其实这就是画脑图的作用。学医后，这个经验得到充分的运用。他第一次给患者做阑尾手术，就十分出色。执刀之前，他先反复进行形象练习，回想观看高年级同学手术时的全过程，脑子里浮现出自己执刀手术的全部形象，预想可能出现内脏粘连等复杂症状，描绘着自己有条不紊地及时判断处理的全过程。由于事先做好思想准备，走上手术台，就没有了初次执刀的紧张慌乱。

再说说我自己。我利用业余时间学习了大学本科和研究生课程。考试前，我的复习方法是将知识画成树状的图，所有的知识点就是树突，反复看，反复想，最后形成一个脑图。这样，大部分要点都记得比较清楚。另外，上台讲话，我也很少拿稿子，有的时候一口气讲三四个小时。有人说我记忆力强，其实不是，是我已经事先把所要讲的内容画好了脑地图，想着“图”讲，这样就能声情并茂，用心与听者交流。有时，我觉得有了稿子反而会限制我讲话，反而给自己造成“麻烦”。

这其中，冥想是十分重要的。你把自己想象成一个成功者，你就能成为一个成功者；想象成一个失败者，你就可能是一个失败者。孩子在上考场、上赛场、上台讲话或者表演之前，你对他说“别紧张”，他肯定会紧张；如果让孩子想“我都准备好了，我会自如发挥的”，那一定会有好结果。

做父母的，都希望自己的孩子有一个聪明、敏捷、健康的大脑。那我们应该做些什么呢？

“喂”好脑。大脑需要能量，能量主要从食物中获取。有人说，你的孩子早餐吃什么，决定着你的孩子成为什么样的人。这当然有些夸张，但也不无道理。平时，要多给孩子吃富含维生素C和蛋白质的食物，比如新鲜蔬菜、水果、大豆制品、肉类、鱼类等，早餐能吃一根香蕉更好。脑在工作时需要大量的氧和糖，所以要常常保持室内的空气清新，注意通风换气。要让孩子经常做深呼吸运动，也就是“调息”。具体做法是：闭目，吸气——吸到丹田，呼气——把气吐尽。平时让孩子多运动，才能保证大脑有充足的养分。

使用脑。俗话说得好："你不用它，就会失去它。"要使大脑得到开发，就要经常使用它，脑子越用越灵，不用就越来越笨。集中精力多思考是锻炼大脑的最佳方法。思维敏捷的人，都是好动脑筋、勤于思考的人。我们批评"题海战术"，是因为它把复杂的脑力劳动变成了重复的"体力劳动"，对孩子的智力发展极为有害。

放松脑。自然放松，轻松愉快，可以活跃大脑的生理功能，是保护大脑的好办法。我掌握了一套大脑的"放松术"，效果很不错，通过主观意志的活动，放松全身肌肉，从而调节紧张情绪和高级神经活动的机能。

现在，每逢组织孩子们活动，在紧张之余，我经常带着他们进行放松训练。当然，程序没有这样复杂，但常常使疲惫而又兴奋的孩子得到很好的头脑休息，也方便他们更好地参加后面的活动。

父母们还要注意，保证孩子充足的睡眠，是保护大脑的最好办法。因为人只有在睡眠时，肌体内的免疫细胞才能很好地生长。长期睡眠不足，免疫功能自然下降，人就爱生病，也会影响工作和学习。

大脑，就像一个"沉睡的巨人"。帮助孩子开发大脑吧——巨人醒来之时，正是即将成功之日。

3. 每天阅读十分钟

排列在书架上的，并不是一页页无生命的白纸构成的书本，而是一颗颗跳跃的心灵，从每一本书中发出它的声音。就像按下一个电唱机的按钮，便可以使房间里充满音乐一样，一个人只要打开书本，就可以跨越空间和时间的限制，聆听到智者的箴言，并和智者促膝谈心。——［英］吉伯特·海埃特

早在14年前，我们曾对全国"十佳少先队员"进行过调查，结果发现，这

些孩子在阅读方面的能力都高于普通儿童。14年后，我又对部分“十佳少先队员”进行了跟踪访问。我发现，这些孩子也都成长得非常优秀。

其中表现最突出的就是上海女孩张琳和藏族少女意娜。张琳从小就酷爱阅读，曾是《中国少年报》忠实的小读者、小作者，也曾是一名认真负责的小记者。记得1990年我带她去大别山采访的时候，她才12岁。当时她读书的数量之多，已经令大人们惊叹不已！也因此她表现出来的能力就比一般孩子要高。后来张琳获得了医学硕士学位，并去美国哈佛大学进修，努力实现着自己人生的理想。

藏族小姑娘意娜从小也是个读书迷，爱写诗、爱画画。书给了她智慧和梦想。在她9岁时，有一次爸爸带着意娜去草原，小姑娘被那里的美丽深深吸引，回家后就画了一幅画，并配了一首小诗：

我和牦牛去草原/那里有青青的小草/那里有蓝蓝的天/那里没有人捉小鸟/那里太阳的脸上没黑烟。

你千万别小看这幅诗配画，它可在国际上获得过大奖呢！意娜11岁时当选为全国“十佳少先队员”，后来又写过好几本书。现在，她已经从中国人民大学中文系毕业了，成了一位很有才华的青年作家。

当然了，除了这些“小孩子”，我也曾对一些成功人士进行过采访，发现他们也和阅读有着不解之缘。时任安徽省合肥市委书记的孙金龙，曾经担任过团中央书记处常务书记。他从小就生长在一个贫苦的农民家里，没钱买书订报。可是谁又能知道，少年时捡到的一张报纸竟改变了他的一生。

“那是小学一年级的下半学期，有一天，我到同村的一个小伙伴家里玩，无意中在他家门后的旮旯里捡到了一张揉皱了的废纸。当时，我并不知道那就是报纸，说实话，在这之前我也没见过报纸到底是什么样子。看到报头的标题，我才知道，这是一张《中国少年报》。报上的内容一下子就把我吸引住了，至今我还记得上面的主要文章。因为，它给我的印象实在是太深了，直到今天也难以忘怀。可以说，那张《中国少年报》成了我的第一份课外读物，我是一口气把它看完的。小伙伴见我这样兴奋，就告诉我，他家屋顶棚里还有一大堆这样的报纸。于是，从那天开始，我几乎每天都跑到他家去看报。报纸上的一切对我来说，都是那么新奇，那么引人入胜，尽管它们几乎都是好几年前的旧报纸……

这段往事，已经过去很多年了。对今天的小朋友来说，可能并不值得一提。但是，对于生长在闭塞落后、文化贫乏的农村的我来说，却是一件非常了不得的事情。正是那些过期的《中国少年报》，豁然开启了我幼小的心灵，给了我一个村庄外面的世界，令我向往，更令我在想象中徜徉……”

后来，孙金龙终于走出了山沟，考上了大学，成了一名优秀的地质工作者。由于在援外工作中表现突出，他很年轻的时候就获得了国家特殊贡献奖。对此，他深情地告诉我说：“《中国少年报》就好像一个小窗口，打开了我的大世界。”

一个平凡的农村孩子，由于养成了阅读的好习惯，经过自身的不懈努力，终于成了一个不平凡的人；一个普通的民族，由于重视阅读，更会成为一个强大的民族。

据说，被全世界公认的智慧者——犹太人有这样一个习俗：在孩子小的时候，母亲就会把《圣经》翻开，在上面滴上蜂蜜，让孩子去舔。其实，这样做的用意无非是想让孩子从小就牢记：书是甜的！读书是一种美好的享受！

上海复旦大学附中学生汤玫捷去美国交流学习一年后，回来告诉我说，美国的政府官员和大公司的主管们都非常关注各国青少年的成长。他们通常会问汤玫捷一些“中国孩子都看什么书”“中国孩子如何应对考试”之类的问题，似乎在他们看来，中国的 GDP 不是威胁，真正的威胁来自下一代。所以，当他们与酷爱读书的汤玫捷熟悉之后，总会这样开一个美国式的玩笑：“看来，中国确实在威胁美国了。”

哈佛大学前校长艾略特说得好：“养成每天用十分钟阅读有益书籍的习惯，二十年后，思想上将有大改进。所谓有益的书籍，是指对身心健康成长有益的书籍，不管是小说、诗歌、历史、传记或其他种种。”

为了帮助青少年养成爱读书的习惯，迎接2006年IBBY国际儿童读物联盟第30届世界大会在中国的召开，从2002年开始，全国200多家少儿报刊联合在青少年中开展“每天阅读十分钟”活动。许多优秀的书、报、刊像鸿雁一样，飞到了祖国各地，飞进了大山深处，让被大山隔断视线的孩子们看到了外面的世界。

重庆市秀山土家族苗族自治县东路小学的孩子们通过这项活动大大获益，这所学校的辅导员唐秀红老师在活动的表彰大会上，提出了自己学校希望达到的目标：“让有书看的孩子爱看书，让没书看的孩子有书看！”

为了心灵的成长，让我们读书吧！因为，读书能使我们今天比昨天更有智慧，今天比昨天更加慈悲，今天比昨天更懂得爱，今天比昨天更懂得宽容，今天比昨天更懂得生活的美好。

面对阅读，你要充满极大的热情和兴趣；

面对阅读，你必须把它当作陪伴一生的习惯。

一个有远见的人，宁可少玩一会儿游戏，也不能不读书看报。

因为，书是你最好的朋友，它将陪伴你一步一步走上成功的台阶！

4. 教孩子集中注意力

养成一个专心致志的好习惯，对孩子的一生都会有益。孩子跟你说话的时候手里千万别拿东西，专心致志地听他说话，尤其是小孩子，从小形成这种印象，他做事就能专心。

影响注意力集中的三大原因：活动太单一，父母言行，生理成熟。

孩子注意力跟父母的言行也有关系。如果爸爸妈妈做事集中精力，孩子无形中就会养成集中精力的好习惯。我们曾经采访过注意力很集中、学习成绩非常优秀的孩子，后来发现爸爸妈妈的影响很大。有一个孩子各门功课都很优秀，玩的时间很充裕。人家问他为什么学习那么好呢？他说关键是该做什么做什么，从来不分心。你为什么能做到这样呢，他说你看我爸。他爸爸是一个学者，经常写论文，非常专心，喊爸吃橘子他都不吭气。从小看爸爸这样，就跟着学，人家叫他去玩，他说我还没有写完作业，就这样形成习惯了。很多孩子注意力不集中，跟家长有关系，孩子写作业，家长打麻将、看电视、看球，你的状态在运动之中，孩子就坐不住。

如果你想让孩子养成集中精力的习惯，我有两个建议：第一，最好在孩子一年级和二年级的时候，爸爸妈妈在家安定一下，到晚上把大灯关掉，小灯打开，大家都在自己的桌前做自己的事情。孩子看到家里有学习的气氛，就养成了习惯。第二个建议，别总对孩子说你瞧你怎么就坐不住，你瞧你坐的什么样，坐不了几分钟就出去跑。这些话就是在塑造孩子，孩子脑子里就会形成“我就是坐不住的孩子，我就是出去跑的孩子”这样的观念。我跟孩子接触的时候常常是另外一种方式，我老说，你瞧孩子，你做得多好多专心！你越说他就越专心，因为你给了他一个正面的形象。如果一个孩子玩电脑很专心，他就知道专心是什么感觉，我们把正面的东西描述得具体一点儿，把负面的东西慢慢地在孩子字典中去掉，这样孩子就能走正道了，不要把他看成病人。看成病人之后，家长的焦虑使孩子有了负面情绪，本来不多动也多动了，人都是这样的。多接触正面信息，慢慢地孩子就会更阳光一点儿，而且更能够踏踏实实的。

人的注意力集中不集中，将决定他未来成就大小，其实人的智商差异不是很大，但是注意力差异就大了。晚上所有的灯都灭了的时候，打开家里的灯，你是不是觉得特别亮？为什么呢？因为电灯一下都灭了，你这个灯就显得特别亮。一个人如果把自己的精力全部集中起来做一件事，叫聚精会神。为什么科学家成就高？因为他们把所有的精力都集中在这一件事情上。

关注孩子注意力集中是非常重要的。怎么关注呢？我们应该把培养孩子注意力作为家庭教育的一个内容。怎么培养呢？可以让孩子把脑筋开动起来，凡是比较活泼的孩子，思想就比较活跃。老师上课、爸爸妈妈说事时，最好让我们孩子的脑子里出现一个图画，全部形象化，脑子不停地转，出现图画。死记硬背是记不下来的，一般变成图画就都记下来了，然后再用语言描述图画。

所以最好让孩子学会绘画，把想的、说的画下来，变成形象思维，利用形象思维注意力会集中在图画上，老师讲课的时候眼前会浮现图画，这算是一种训练的方法。

还有一种是注意力高度集中一段时间后，就要换点别的，长期做一件事情就会疲劳，永远都处于不集中的状态。所以家长要控制一下时间，该集中的就集中，什么都不说，该玩的时候就不提学习的事，专门玩，孩子能控制自己，这叫好习惯。一般 21 天能养成一个习惯。

比如说孩子写作业，要专心写，不仅为了写作业，也是为了培养孩子的注意力，这段时间不干别的，今天什么事都不干，就是在专心写作业上下功夫，每天督促一下，让他在几周之后养成这个习惯，慢慢来，一点一点来，看到孩子的进步。当孩子有注意力不集中的情况，老师反映给你的时候，家长千万别着急，不要原封不动地把老师的话告诉孩子。

有个清华大学的学生告诉我，他上幼儿园的时候老师就对他母亲说你的孩子跟人家差多了，坐不住，人家能够坐半小时，你的孩子才能坐十分钟，妈妈听了当然很伤心了。回来以后孩子问妈妈老师怎么说的，妈妈笑着说老师夸你了，说你过去只能坐十分钟，现在能坐半小时。孩子兴奋了："我能待的时间更长一点儿。"下次坐的时间就比第一次坐的时间更长一点儿。妈妈从来不拿他跟别人比，她觉得孩子原来只能坐半小时，现在能坐 40 分钟真是了不起，在不断的进步下，孩子最终养成了良好的学习习惯。我听了这个故事挺受启发的。爸爸妈妈用耐心、专心来培养孩子专心致志的习惯，这可能对孩子一生是非常有益的。另外还有一点，孩子跟你说话的时候手里千万别拿东西，专心致志地听他说话，尤其是小孩子，从小形成这种印象，他做事就能专心。养成一个专心致志的好习惯，对孩子的一生都会有益。

5. 请别打扰孩子

在孩子做事、学习的时间里，请不要打扰他们。

“专心致志”是形容一个人做事全神贯注，一心一意。这就是告诉我们，在观察时就专心观察，在思考时就专心思考，在玩耍时就专心玩耍，无论做什么事，都用全部精力去做。

有关专家做过调查，人与人相比，聪明的程度相关不是很大，但如果专心的程度不同，取得的成绩就大不一样。凡是做事专心的人，往往成绩卓著，而时时分心的人，终究得不到满意的结果。居里夫人在科学上取得那么大的成就，就因为她是一个终生做事专心致志的人。她的成功给了我们这样的启示：集中精力做一件事，就容易成功；如果一心二用，往往是一事无成。

人的思想是了不起的，只要专注于某一件事情，那就一定会做出使自己感到吃惊的成绩来。那么，怎样做到专心致志呢？

一要目标明确。要想明白现在自己究竟要做什么事，不达目的，决不罢休。

二要排除干扰。当一个人专心致志时，就仿佛完全进入了另一个世界，对周围的喧闹声、说话声就会听而不闻。

三要有张有弛。做作业时，要专心致志地写，不要想玩的事；玩的时候就痛痛快快地玩，不必想学习的事。这样一张一弛，大脑才能得到充分休息。

两个小学生向我描绘过他们在家学习时的情形。

“我写作业的时候，我妈老在我身边转悠，一会儿伸过头来说，好好写！别写错！一会儿端来苹果说，歇会儿吧，吃点儿水果！一会儿又倒来一杯水说，渴了吧？喝水……唉，真是烦死啦！”

"有一天，我正在自己的房间里专心练字，我妈嗵的一声推门进来找东西，我平静的心一下子被扰乱了……"

两个孩子诉说的情形，在不少家庭都发生过。家长这样做，好像是在关心孩子，实际上却是在打扰孩子，非常影响孩子的注意力、记忆力以及情感思维等心理功能的良好发展。

人的大脑一部分全神贯注、高度兴奋，其他的部分就全部放松、高度抑制。处于高度兴奋的一部分，各种营养成分的供应都很充足时，就显得特别灵敏，就特别能理解和记忆，就特别能解决问题。

所以，让孩子养成专心致志学习和做事的好习惯，实际上是交给他们一个成功的法宝。

那么，如何培养孩子专心致志呢？

第一，父母要做出好榜样。我们报社的一位高级记者，曾以"时间时间，哪里来"为题，报道过一个十分专心的女孩。这个女孩无论是写作业还是玩耍都很专心，结果不但各门功课成绩优秀，兴趣爱好也得到充分的发展。女孩的专心，主要是受她当工程师的爸爸的影响。女孩的爸爸每天晚上伏案学习工作，精神十分专注，从不受家人看电视、谈天的影响。他说，要做到像一位北宋诗人所描绘的"用心专者，不闻雷霆之震惊，寒暑之切肤"的程度虽然很不容易，但不被其他事情干扰而专心地做事，还是能够做到的。

第二，着意让孩子专心完成一件事。比如，安排孩子整理书籍、玩具，或者练习书法等，让他们有始有终地做一两件事，很利于培养他们专心致志的习惯。

总之，在孩子做事、学习的时间里，请不要打扰他们。

6. 帮助孩子提高学习效率

要告诉孩子，你在这个时间内完成作业之后，剩下的时间全是你的。于是他就会抓紧时间，很迅速地做完，因为他要获得自由的时间，他必须要很快地做完作业，于是他就学会了提高效率。

我想替孩子说几句话，因为现在很多父母反映，孩子有个共同的毛病就是爱磨蹭。事情并不多，孩子为什么磨蹭呢？我也做过调查，当一个人做一件事情的时候，如果说做完了还要加码，就会很慢地去做。有一个小孩儿跟我说，他一篇作文写了一天。我就问他为什么写一天？他说你不知道，我做完了以后，妈妈又给我留别的作业了，我就把题目先写上，一会儿我再写两行字，到最后睡觉之前才能完成呢，这样的话妈妈就不给我留别的作业了。

人怎么才能提高效率呢？

要告诉孩子，你在这个时间内完成作业之后，剩下的时间全是你的。于是他就会抓紧时间，很迅速地做完，因为他要获得自由的时间，他必须要很快地做完作业，于是他就学会了提高效率。否则，他就没有希望了，也就形成了磨蹭的坏毛病。您希望在高考的时候，孩子在短短时间内获得很好的分数，那不可能。那时候让他迅速起来，他已经达不到那个状态了。

所以，那些考试优秀的学生，常常是把作业当考试，把考试当作业。在自己写作业之前，先搁一个闹钟放在那儿，迅速完成，然后检查两遍放那儿，闹钟响了也完成了。等他考试的时候也就不紧张了，跟平时做作业一样的状态。所以爸爸妈妈不要没边际地留作业，一定要非常有度，要在一个小时之内能完成，不能超过这个时间。

孩子是需要玩儿的，他们是在玩儿中长大的。如果他现在不玩儿的话，他就没有很多感受。如果你要让他写作文，没经历没感受的话他就写不出来。没有内心的感悟，你让他写东西，是非常困难的。所以现在很多孩子，都写不出作文来。一个学校过“六一”儿童节，本应该让孩子们去玩儿的，可学校让孩子们在学校里写作业，结果那年的考试题目叫“快乐的‘六一’”，所有的孩子都觉得“六一”根本不快乐，很多人没写出来。所以玩儿也是孩子生活学习的一部分。我觉得爸爸妈妈留任何的作业一定要限量，给孩子留出自由支配的时间，这样孩子就能形成抓紧时间的好习惯。

7. 为什么孩子学习有困难

家长帮助孩子克服学习困难应注意勿急勿躁，切忌包办代替，避免加重孩子的负担。

一位家长说，进入小学以后，我的儿子小刚学习成绩始终名列前茅，经常获得学校的各种奖励。五年级的时候，我和丈夫工作调动，他转入另一所小学学习，新的环境令他难以适应。不久，小刚参加了学校的数学选拔比赛。比赛中，他把一道题的要求看错了，等到检查时发现了错误，但交卷时间已到。小刚由于成绩不理想而遭淘汰，不能参加区级比赛。为此他在很长时间里闷闷不乐。紧接着，期终考试的前一天，小刚突发肠炎，一天里面必须多次上厕所，尤其是每门课开考前的十几分钟内，他总要频频离座。而考试结束后，他的肠炎症状立即自行消失。自此以后，每遇考试，小刚便有类似的肠炎症状，到现在半年多了，我们开始意识到问题的严重性。

就小刚的情况看，他学习成绩不良是几个原因综合起了作用。小刚的母亲是一个易于焦虑紧张的人，对孩子影响很大。小刚的父母对他的教育非常严格，期望过高。他们要求小刚学习只能成功，不许失败，小刚从小就生活在这种重压之中。

当小刚转入新的学校后，需要一段时间适应，尤其遇到挫折时，更需要调适。家长忽略了这些，而小刚的自我心理调整能力不强，造成现在这个局面。

影响孩子学习成绩的因素很多，有孩子自身因素，也有环境的影响。内外因素相互影响，使孩子的学习成绩差异很大。

从环境影响看，社会风尚、学校教育和家庭氛围共同构成了孩子学习的环境，影响着孩子的学习成绩。学习型家庭的孩子成材比例显然比平均水平高得多，孩子的学习成绩也与家里是否有一块安静的空间和一段不被打扰的时间相关。

就影响学生学习成绩的内部因素来说，也不是单一的。

第一，遗传素质。也就是所谓天资。遗传限制了人的表现，为人的发展提供了可能性。所以学习成绩不良者可以做智力测试。如果智力发展正常（97%的学生没有智力问题），可以考虑以下内部因素。

第二，经验。有的学生学习效果差是由于缺少某一部分知识，难以继续学习；也有的学生是没有掌握科学的学习方法，结果在学习中事倍功半。

第三，身体。有的学生体弱多病影响上学，有的学生视力或听力有障碍影响学习效果。

第四，动机，这是最常见的原因。学习时注意力是否集中？是否过度焦虑而影响发挥？是否贪玩而对学习没有兴趣？影响学生学习动机的社会心理方面有以下两点。

① 家长溺爱无度、放任自流或高压专制、期望过高，都会削弱孩子的学习动机。

② 学生的自我认识偏差，畏惧竞争，害怕失败，贪图玩乐。

处于成长时期的小学生，对学习本应有无穷的兴趣。但由于有的教师或家长经常采取强行的灌输教育方法，使学生求知欲望受到挫伤。有些学生感到学习枯燥无味，甚至把学习看成一种负担。有的学生成绩不好，学习吃力，不爱学习，是因为智力、个性上出了问题。有的学生学习困难，主要由于家长没有从小培养良好的学习习惯，养成小动作多、坐不住的毛病，不注意听讲，老师讲的什么听不明白也记不住。加之当前科技迅速发展，教学内容更为复杂，学习不好，基础差的学生更感困难。以上是造成学习困难的原因。

遇此情况，家长如何帮助学生提高学习兴趣，改善学习困难的情况呢？首先家长应深入了解和观察孩子的学习情况及学习困难原因，万不可粗暴对待，要注意耐心教育，也不溺爱孩子。孩子在小学低年级未养成良好的学习习惯，现在功课多了，学习内容复杂了，要求也高了，此时加强训练才能跟上要求，否则学习更加困难。

如何提高认识帮助孩子克服困难？以下是加强训练逐渐改变孩子学习困难状况的主要方面。

① 孩子升入小学中高年级，知识的深度加深、难度加大，这就要求家长帮助孩子改进学习方法、端正学习态度和提高学习能力，以适应变化。还可根据孩子自己的学习体会合理安排时间，订出可行的学习计划，在学习方法方面给予具体指导，尽快使孩子适应高年级的学习生活，学会主动学习，认真思考，提高学习能力。

② 创造一个良好的学习环境。当孩子在家里学习时，家长应注意不和孩子说话，不干扰孩子。还可订些报纸杂志，常带孩子到书店逛逛，买些有益于孩子学习的书，增加知识扩大视野。家长应支持他们参加各种活动，陶冶情操，锻炼身体，提高学习兴趣。

总之，家长帮助孩子克服学习困难应注意勿急勿躁，切忌包办代替，避免加重孩子的负担。应针对孩子实际情况，重点辅导改进学习方法，提高学习兴趣，培养良好的学习习惯，这样孩子就能逐步取得良好的学习成果。

三、应考心态很重要

1. 考前怎样缓解紧张情绪

人生要面临很多考试，这些考试对很多人来说也是一种考验。其实考了半天我倒觉得考的不是功课，考的是心态。

考试之前的紧张可能是非常普遍的，我们都参加过各种考试，都有过紧张。但是我现在发现这些紧张，一种是有形的紧张、恐惧，还有一种是无形的恐惧。有形的是什么呢？就是说你担心，觉得我是不是哪门复习不好，还有哪点不行，老担心自己答不出来而产生的一种紧张。或者就是担心自己考不好，爸爸妈妈怎么说，同学们怎么说，想起后果还是紧张。这也是一种有形的紧张。还有一种是无形的，不知道怎么回事，不明不白就紧张，一听说考试就紧张，就是一种对考试的拒绝，因此而产生的一种恐慌，这种恐慌可能他本身没有意识。人生要面临很多考试，这些考试对很多人来说也是一种考验。其实考了半天我倒觉得考的不是功课，考的是心态。所以这种恐惧很大程度上是心理作用，可能跟学习本身没关。

不要太在意考试结果可以消除紧张情绪。

人对后果非常担心的时候就会产生紧张的情绪。20 世纪 50 年代美国有一个非常著名的杂技演员叫瓦仑达，他走了一辈子钢丝都没出事，最后一次走钢丝他紧张了，他想着千万别掉下来，结果走到中间就掉下去摔死了。他之前走了那么多次钢丝为什么没掉下来？因为他只想着下一步该怎么走，就认真走完了全程。后来人们把这种心态叫瓦仑达心态，认真走好脚下每一步。当一个孩子在考试前，不用担心爸爸妈妈的各种指责时，他就有可能安心地走进考场，答题时就不会紧张。不知道爸爸妈妈有没有造成这种现象，让孩子在考试的时候会想起如果考不好的后果。不知道爸爸妈妈能不能意识到平常的那些语言或者表现，有没有给孩子带来这种紧张的情况。所以如果家长也因为担心孩子而紧张时，要注意克制自己的紧张情绪，不要在孩子面前表现出来，因为孩子会因家长的紧张而更感到紧张。

人不能分心，人在做一件事时要非常专心，任何后果都不要想，就像运动员一样，如果你想得金牌，老想着金牌你肯定得不到，你就想着把你的过程运作好。一样的道理，孩子们很准确地表达了一种心理现象，就是担心他考试考不好的后果，实际上这个可能是妈妈无意中提醒他的，如在考试头一天说好好考，提高一点儿。所以实际上家长给孩子制造压力，孩子就会紧张。如果这种话提前十天或者平常说一说，没有联系到考试，跟考试联系不到一块儿可能好一些。所以爸爸妈妈的关心要看时候，时候不对会造成孩子紧张。

刘霄考试时紧张，听说在睡梦中还背单词，她说：我觉得这种紧张气氛可能和妈妈有关系。就是因为家长有时候把很普通的事变得很不普通，把一般的事变得很不一般，在一般的时间做了很不一般的动作让人看着就紧张。所以，从刘霄的事看父母应该做的就是两个字——放松，要恢复正常。那种不正常、紧张的动作最好少一点儿。

所以妈妈首先要放松，把考试当成很一般的事，别当成很重要的事。有一个家长告诉我，每次孩子考试两口子都到外面去，怕在屋里影响孩子复习。更可笑的是有一年高考结束之后北京的家长状告知了，说知了影响孩子考试！我觉得荒唐可笑，知了一直在叫凭什么让人家搬家，就是我们心理不正常，太在意太紧张，所以弄成这样子。这个问题要解决起来很容易，你就把它作为家常便饭。其实当学生就得面对考试，这很正常，紧张什么。所以紧张气氛相当程度都是爸爸妈妈造成的，家长应该在这方面多注意。

2. 家长满意度决定孩子考试是否紧张

衡量孩子的考试结果，家长的满意度应该说是很重要的，这也是决定孩子考试紧张不紧张的一个重要因素。

高二的梁静说她是一个非常心重的孩子，自尊心特别强。

梁静怕考试，可是在竞选干部时，当老师说还有一个委员名额的时候，她大声说我来。然后她就当上这个委员了。那时候她是充满了自信的，她可能没想结果。如果想到她说她来，老师说“你一边去”或者说“你还能来？”，她可能就不敢说这句话了，她没想，她想她行，她就说“我来”，于是她就真行了。这就是状态，这就是行的状态。

我跟她说：人在很多时候都需要一种状态，就是行的状态。这个行的状态来自哪里呢？来自对自己的相信。所以，你刚才说你还是有自信的，我也相信你，我看你的眼睛就能看出来，你眼睛还能冒光。真的，眼睛是心灵的窗户，你对自己有自信，你刚才说了一句话我相信，你可能表面看起来害怕考试，但是你内心对自己是有信心的。我想人生最宝贵的一种东西，就是对自己的信任。考试紧张的根源是对自己的不相信，相信自己行就不会害怕。

人都要面临各种事情，对自己的信任是不能丢掉的，你现在应该找出当初说“我来”的那种感觉。任何考试，我都行，我去参加了，我尽力了就行，成绩不用管，名次不用管，这样走下去，你应该是最棒的。我觉得应该把心中的这种东西焕发出来，行的感觉找到了，于是你就行了。

我比较爱考试，我觉得考试要有大将风度。考试就像打仗一样，由我来指挥，由我来冲锋陷阵，我来做。每次考试都有一种冲动的感觉。每次考试我妈都不太在乎我考得怎么样，我也不太在乎分数，总是把每次考试作为一种拼搏，就是有行的感觉。我觉得要带着这种感觉去考，每次考试都觉得很过瘾，如果没参加还觉得很不过瘾，就是这种感觉。所以应当充满信心，把我能行这句话放在嘴上，放在心里，任何考试，任何竞赛，任何竞争你都去参与，成与不成没关系，但是自信心要不断地培养出来。

我想到一个人，这个人大家全认识，就是《实话实说》的主持人和晶，她接的是崔永元的班。我最近看到的一份材料使我特别感动，她接崔永元的班的时候大家都很吃惊，一个瘦瘦的小小的女子去接一个大腕主持人崔永元的《实话实说》节目，大家都为她捏把汗。果然她一出场就有人议论说她比崔永元差远了，崔永元怎么怎么好，哪像崔永元。

面对这样一种压力，和晶有过思想斗争，也有难堪的感觉，但是她突然明白了，我敢接崔永元的班就是最棒的。然后她说崔永元是崔永元，我就是和晶，我有自己的特色。我能拜崔永元为师，能做这样大家认为比较难的事，我觉得自己很棒。

于是她就平和地走近观众，后来终于被大家接受了，很多人也很爱看和晶主持的《实话实说》。后来和晶的人生感悟是什么呢？她说其实人生最怕的不是别人是自己，没有谁能打倒你，除了你自己。人和人是不同的，你不要去比较，崔永元是崔永元，崔永元有他行的地方，和晶有她自己好的地方，有特点才有自己的市场。

所以，她相信自己有特色，这就是一个人存在的价值。像梁静这样的学生，我跟她说：你不要考虑别的，你就是你。你曾经惧怕过考试，今天就像同学说的敢走进考场就是最棒的。你行，走进去就行了，甭管考得怎么样，人生总有一步要迈出去，走下去再说。我相信你是最棒的，因为我从你的目光和谈吐中，感觉你的实际能力还是很好的。

今天面临高考而自杀的孩子不是学习差的，常常是学习好的；不是那些落后生，常常是比较优秀的学生。他们就是过不了面子这一关，所以就产生了巨大的恐惧。所以我要特别告诉你们，优秀的学生、最棒的学生也有考不好的时候，就像演和珅的演员王刚曾经写过一篇文章《我曾经是个坏小孩》。一个大家一个明星写出这样的文章说明他很自信，一个自信的人才能够对他过去的历史，非常真实地回顾。

衡量孩子的考试结果，家长的满意度应该说是很重要的，这也是决定孩子考试紧张不紧张的一个重要因素。

前面我说过一个中国孩子和美国孩子打篮球的例子，中国孩子和美国孩子同时去打篮球，中国的孩子是 10 个球进了 9 个，爸爸妈妈不高兴，说那一个球怎么没进呢？美国的孩子 10 个球进了 1 个，他爸爸妈妈又鼓掌又说太棒了，中国的家长说你有病，孩子那么差你们还说棒。结果是中国家长的满意度最差，孩子的成绩是最好的。国外很多父母对孩子的满意度是很高的，尽管孩子成绩并不好。但是最后的发展，那些孩子充满了自信，不管是球场上也好，考场上也好，干什么都是最棒的，而中国最棒的孩子到最后可能不如别人了。所以，爸爸妈妈的满意度将决定孩子紧张不紧张，做得好不好。

3. 考前要做好三个准备

物质上的准备一定要平常化，千万不要特殊化，一特殊就无形中造成紧张。

第一条就是树立信心。这个信心就是相信孩子能考好，给孩子一个鼓励，告诉孩子考试只是检验平时的学习情况，都是平时学过的东西，平时努力就好了。即使没考好，也是告诉你哪里不扎实，今后努力就行了。这个心态是第一位的。第二就是要做好知识上的准备。负责的家长应该是平时多督促，让孩子平时有紧迫感，讲学习效率，做好知识储备，考试时让孩子放松。第三是要打有准备的仗，作业要弄懂，题型要做过，考前文具要备好。没准备也是不行的。

有一个学习很好的同学告诉我一个经验，我用了很灵，就是考试之前把我们学习的知识，整理成一棵知识树。

因为人的大脑神经细胞是树状的，知识的掌握也是有规律的。你把知识用几天的时间整理在一张纸上，所有的知识在这一棵树上，树上有果实，每一个果实都是一个卡片，卡片上有知识点，整理完之后知识都在心中了，等你考试之前把这棵树记在心中。你在考试的时候，就像知识树在身边一样，老师考什么都知道果实在哪里，不是盲目地考试，是非常清晰地考试，这是考试的整理。

考试的目的，并不是为了排名次看谁好谁坏。考试就是一个学期下来，把知识整理一下，整理完了就是自己的了。

还有物质上的准备一定要平常化，千万不要特殊化，一特殊就无形中造成紧张。本来平常不吃这个，早上起来吃这个可能造成新陈代谢的紊乱。我这是有教训的，我儿子上一年级时，我听别人说考试之前吃一根香肠俩鸡蛋就得100分，我就哄着儿子把香肠和鸡蛋给吃了，吃了以后儿子一上考场就流鼻血。现在想想以前为了孩子考100分真是蠢，实际上一切跟平常一样，孩子的心态才能调整好。

4. 不能改变考试，那就改变心情吧

考试只是过程，绝不是结果，一次考试并不能改变一个人所有的命运。

教育在改革，我相信改革的步伐正在加快。那些课本都在改革，我也参与过一些课本改革的过程，大家相信我们的时代都在发展，所有的事情都在顺应变化而发展，教育也在变化。但是今天教育的大轮子对家庭来说你可能控制不了，你就应该实事求是地面对你要面对的事情。

我只是告诉大家，当你改变不了的时候，就改变你的心情，改变你的心态，来积极地面对任何的事情。大家也不用觉得现行的考试制度不科学、不公平，虽然可能存在这种现象，但是我相信明天会更好。而我们今天还要过今天，今天你还要认真地面对，如果等明天再过，今天怎么办？

所以，大家要改变自己的心情，什么经历走过都是一笔财富。哪怕你今天高考失误了，可你感受了一次高考，明年再去考或者是去工作都没有关系，这都是人生的财富，不要因为一次没考好就结束自己的生命。对于那些因高考而跳楼的事件，我作为一个母亲，真的感到我们母亲所有的心血，全付诸东流

了。就那一念之差，因为恐惧考试的结果而走向了死亡，这实在是太让人扼腕叹息了。

我们今天不是教孩子怎么去考试，而是告诉他们怎么去面对人生的挑战。我觉得人总是要面临很多挑战的，每人都不同，你看孩子不容易，大人也不容易，单位竞争上岗下岗问题也很大，大家都要去面对。人就是这样走过来的，所以希望孩子们积极面对人生，什么事都能过去的，没什么了不起。

考试只是过程，绝不是结果，一次考试并不能改变一个人所有的命运。那么作为爸爸妈妈，作为家长应该帮助孩子树立信心，正确去引导孩子掌握学习的方法，让他们能够战胜考前综合征。

5. 如何对待孩子的考试失利

分是什么呢？分是孩子成长的一个记录，这个记录还不一定是非常科学的记录，只是一个符号，你难道只关注那个符号？

孩子和分数之间，父母应该看重什么？

小学生周雨同说考试没考好的时候心里像针扎的一样。因为心里觉得特别对不起妈妈，她花那么多学费供我上学，我还不能考出好成绩。

她觉得爸爸妈妈最看重的是分数。父母在不知不觉中给孩子一种压力，但他们自己感觉不到。

问：不知不觉的一种什么压力呢？

答：悄悄的，谁都不知道那种感觉，但我自己能感觉到那种压力。

问：是不是从他们的眼神、态度上感觉到的，你能形容一下吗？

答：眼神。

周雨同在作文中写道：

爸爸妈妈我最想对你们说，大人最羡慕小孩儿的是无忧无虑。唉！其实当个小孩儿也不容易，我们小孩儿也想和父母谈谈心里话呀！大人们做自己乐意做的事，做错了小孩子也不能说。小孩子就不一样了，处处受大人管教，做错一件事，大人又是批评又是教育，没完没了。唉，是呀，谁叫我们是小孩子呢。小孩子在大人心中永远是小孩儿，还不懂事。比如像大人说话时，小孩子也不能插嘴，只要一开口说话，他们就会说去去去。我们在学校还要考高分，每天把老师留的作业做完后，其实还有一项无法拒绝的任务，就是爸爸妈妈留的各种各样的作业，他们天天嚷嚷着："分！分！分！"我感觉分才是他们的孩子。我们小孩子都有千千万万句心里话想对家长说，却不敢说出真真正正的实情，不敢大胆地告诉家长，如果万一说错了一点点什么话，爸爸妈妈把脸一绷，谁知道又会下一场什么样的雨呢？也许会是小雨，也许会是大雨，最可怕的就是那暴风雨的降临。当个小孩儿就有这么多的烦恼，如果要是小孩儿在父母的眼里永远也长不大，那大家说我们小孩子在世上活着还有什么味道呀！最后我还想说我不想和分数赛跑，爸爸妈妈请给我们一个自由的空间吧！

我最有感触的是那句话：分分分，分才是父母的孩子。我真的很受触动，孩子嘴里说出这句话应该警醒我们父母，我们爱了半天究竟爱谁呢？爱的是分，不是孩子。孩子感受到了，我觉得父母应该很受触动。

其实什么最重要？孩子重要还是分重要？我们的家长可能都会说我为的就是孩子，可是你给人家的感受，分比孩子重要。分是什么呢？分是孩子成长的一个记录，这个记录还不一定是非常科学的记录，只是一个符号，而你关注的是那个符号。当分好的时候，妈妈满面的春风；当分不好的时候，小雨、大雨，甚至是暴风雨。对这个孩子的心里话，不知道各位家长听了以后会有什么感受。对妈妈的目光，孩子观察得多仔细，可能你很无意中给了孩子低头的不看她的冷漠的目光，她的心里就窝得慌，像针扎一样的感受。这个孩子很在意母亲的目光，但是母亲一看好分，眼里就发亮，一看差分眼里就发暗，感觉好像是把分看得真的比孩子的感受还重要。

孩子的妈妈了解了孩子的想法后很感动，嗓子也哑了，觉得忽略了孩子的感受。

她其实很在意孩子是否健康快乐地成长，但觉得分数也同样重要。

每个孩子都面临着上学，都要面临考试。试卷上大题8分、10分，小题1分、2分，这是孩子必须面对的，也是家长必须面对的。成绩好肯定要高兴。

但她没有想过什么样的态度会促进孩子考好，什么样的态度会使孩子考试更加紧张。

应该说这是一件特别值得我们去思考的事。妈妈一直满意了三年，但没想到孩子才四年级，就写出这样的作文，表达这样的心情。这就说明这样的心理在她心中已经好久好久了。

爸爸妈妈的苦衷我也有同感，因为孩子今后进入大学，走向社会也是靠分数的。所以你觉得我不要分数，将来孩子上大学怎么办？你可能担心的是这个问题。

期末考试考完了，孩子拿回成绩单，春节快到了，走亲访友，亲友之间肯定会问你的孩子考多少分，在班里排第几，考得好觉得很有面子，考不好可能说不出口。

很多父母都有相同的经历：孩子的分数就是面子，是父母心里的一个结。

咱们这一代父母的兄弟姊妹很多，到春节团聚就开始说你孩子考多少分，你孩子上什么大学。孩子的成绩不能如愿以偿就觉得很没有面子。很多孩子拒绝参加家庭聚会，就是因为没考好怕没面子。

其实，这就是因为父母给孩子的感觉是分数这个考试的结果是非常重要的，考好了，好吃的好喝的好玩的全来了，考不好全没了。

我们真的到了应该来好好考虑这样一个问题的时候了：是以人为本，还是以分为本？

在孩子和面子面前，是选择孩子还是选择面子？

孩子和面子之间，父母应该在乎什么？

6. 过分看重分数会给孩子带来无形压力

分数像大山一样压在孩子心中，名次也像大山一样压在孩子心中。学校已经在给孩子减负方面有所行动了，但是家长呢？多从孩子的身心健康成长出发吧。

一个同学说她考了第三名，可妈妈说："你看人家某某某考得那么好，你要向他学习，下次你也考个第一名让我高兴高兴。"

其实考第三名已经很不错了。

现在很多孩子因为考试到了"悲惨世界"，爸爸妈妈把分数看得很重，考多少分可能就像报纸的头版头条一样。因为我问过很多孩子，妈妈爸爸的人生格言是什么？他们问我什么叫格言，我说格言就是常说的话，你们爸爸妈妈都有。很多孩子会说，考多少分。

我问他们爸爸妈妈人生的忠告是什么？他们问什么叫忠告，我说忠告就是告诉你事情的后果。他们说也有一句，考不好我揍你。所以很多孩子就怕考试，因为考不好他会挨揍，他有紧张的心理。

有一个孩子真的没考好，老师让他把卷子拿回去请家长签字。第二天老师问孩子他的家长有什么反应？他愁眉苦脸地说，昨天晚上我遭到了一顿男女“混合双打”，过去是“单打”，现在是该出手的都出手了。爸爸很坦率地说你给咱们家多考一分，就给咱们家省下了三到五万块钱。孩子说自从我上了学，我爸爸就变成了挣钱的机器，我变成了挣分的机器，我们家没了快乐。

有一次我去张家口，一个学生对我说他爸爸最爱看的书就是《钢铁是怎样炼成的》，他揍我，就说钢铁是这样炼成的，谁写的这本破书。

还有一些比这更悲惨的孩子，他们把考试、爸爸妈妈的感受看得很重。当他们一旦考不好或者恐惧考不好的时候，就很可能走向轻生。现实中已经连续发生了一系列这样的自杀事件。我记得有一次到徐州去，给家长和孩子进行心理健康的讲座，结果有一位小姑娘走过来，她是个大学生了，她说您快救救我的表妹吧，她天天想死。

因为考试分数。

姑娘下午把表妹带来了。她来的时候我没有看到，但是最后签名结束的时候，我意识到远远地站着的那个女孩儿就是。我看她正默默地看着我，我对她点点头，意思是说等我一会儿。等大家散去的时候我把她拉到旁边，我说你怎么样，她说我很差。我说你在班里第几名。第六名。第六名很好了。不好，我妈对我希望高着呢，希望我是第一名，我一直很努力，可是我达不到，我心里觉得很对不起我妈，我几次站在窗台上想跳下去，想起我妈，我真的觉得我对不住她，她对我那么好，可是我还考不到第一名，我就特别特别自卑。

我说你太不了解妈妈了，第一名不是她的希望，你才是她的希望，分数不是第一位。甭管考第几名，这只是人生的一个过程，关键自己要对自己充满自信。然后我又跟她说，以后不要再站在窗户跟前了。到哪儿去呢？到山上去，看看群山，你会发现每当登上一座山，就有一个比它更高的山峰在前面，人生就是这样的，不要跟人家比，你看到自己走得多高这是最重要的。

我跟她讲了很久，她一直忍着。我说你哭出来吧，她趴在我怀里哭了半天。

我又说要想哭就哭出来，别憋着，把它扔掉之后，再重新走你新的路。当我跟她告别的时候心里非常不平静，什么样的孩子是快乐的，什么样的孩子对学习是主动的？分数像大山一样压在孩子心中，名次也像大山一样压在孩子心中。学校已经在给孩子减负方面有所行动了，但是家长呢？所以，真心地希望家长们不要过分看重分数，多从孩子的身心健康成长出发吧。

7. 良好的心态保证考场的发挥

一次考试失利了，无非是在道路上被小石子绊了一下，没有关系，未来的路还长着呢，后面还有很多机会。重要的是你是否在旅途中学到了知识，看到了风景。

我时常在想一件事情，究竟什么决定了孩子的成败？我觉得是心态的好坏决定成败。同样一个孩子，去参加考试，什么样的情况下他就能赢，什么样的情况下他就会输，心态至关重要。大家可以看看奥运会的运动员，那种兴奋不是压力，不是内疚，它是一种为祖国争光的兴奋感。你看刘翔得了冠军之后，他是不是披着国旗满场地跑，嘴里喊着我赢了，那种感受是一种兴奋。人在兴奋之中就会发挥他现有的技能，而人在压力之中，在过分的压力中会产生恐惧。

大家也看到了，有些运动员，大家对他的期望值很高，他却没有获得冠军，因为什么？期望值太高，比赛的时候紧张，人的潜能就不能充分地发挥出来。所以面对今天无法取消的考试，我们做父母的应该反思一下。是什么决定了孩子的成功？是孩子的良好的心态，这个良好的心态来自父母的良好心态。

有一个男孩儿考得不好被爸爸妈妈打，打得简直皮开肉绽，后来孩子离家出走了。爸爸这回终于想明白了，自己的教育方法有问题，他换了一个“太好了”的心态去看孩子，他忽然觉得眼睛发亮。孩子后来被我们送回去了，过了一段时间我再回去看孩子，孩子就变了，因为他爸爸变了。

他爸爸开始时想我的孩子就这样了，基础就那么差，干脆我换一种心态吧。有一天，孩子考了全班最后一名回来了，跟他爸说我今天考了最后一名。他爸说太好了，你考到最后一名就一点负担都没有了。儿子特奇怪，说爸今天你病了吧！他爸说我没病，过去爸有病，老是对你不知足，爸爸今天想通了，学习是你自己的事，我着急也没用，爸相信你是聪明的，你今天考到最后一名就从零开始了，爸爸为你高兴。孩子一想，得最后一名我爸都为我高兴，这就没负担了。他第二次参加考试，考到全班第 15 名。他爸说太好了，原来最后一名，现在到 15 名了，你简直太聪明了，爸都不能像你进步这么快。

孩子想这算什么呀！第三次考试他考到了全班第 5 名，他爸爸说我太佩服你了，你的进步速度简直太快了。孩子经过努力，后来拿到全班第 1 名。

说实在的，孩子很有潜力，他其实很聪明，但在爸爸的打骂之下他放弃了，自己破罐子破摔了，之后爸爸的鼓励使他有了信心有了劲头，他就成长起来了。后来我忽然发现，其实孩子没改变，改变的是父亲的心态，孩子感觉到阳光很灿烂，就前进了。

后来我又遇到了一个大家认为比较优秀的孩子，一个北京的男孩儿考上了英国剑桥大学，而且成绩还很好。他的爸爸妈妈都是老师，我跟他们一起做过节目。我说你们是怎么对待孩子成绩的，他们说我们对孩子的成绩看得不是很重，但对孩子本身的道德方面却看得很重。比如说那会儿我们在上夜大，孩子上小学，每天回家都很晚，我们的院子里有一个老奶奶，只要孩子一个人在家，老奶奶就把灯亮着，等我们回来老奶奶才把灯关上。我们就问孩子，老奶奶的灯是为谁亮的？回答是为我，她怕我害怕。我们告诉孩子说，这就是爱，一点一点让孩子感受生活中的爱。

孩子有一次没考好，垂头丧气地回来了，妈妈一看就笑了。哦，欢迎欢迎，成功他妈回来了。失败是成功之母，说成功他妈回来了，失败了呗。孩子笑了，说还拿我开玩笑，我窝囊着呢。妈妈跟他说一个人要赢得起输得起，考坏了没什么，总结总结就是教训，这就是体验。孩子觉得妈妈依然用微笑面对着他，并不因为分数不好就愁眉苦脸的，就没有负担了。所以孩子考试从来没有负担，中学时就非常优秀，现在到剑桥也很优秀。这个故事告诉我们，心态的改变对孩子来说也是非常非常重要的。

成绩不好时，孩子最需要父母真心的鼓励，鼓励之后再帮孩子分析原因。

面对考试的失误，有一个非常成功的孩子他有一个非常好的经验，就是搞一个错题本，把错误专门登在错题本上。因为人犯错误往往是有规律的，你把它整理出来就知道哪儿错了，所以如果利用错题本来找失误的原因，可能是比较好的方法。所以面对考试的失误，最好的方法是分析原因，不是打骂。打骂只能让孩子紧张，甚至不把考试的成绩告诉你。面对一次考试、一种检验的时候，你知道哪儿不对，一定要总结经验教训，如果考完了就过去了，没能总结经验教训，将来还是会犯同样的错误。聪明的人不是不犯错误，而是不犯同样的错误。

曾经有一个小朋友说，有一次他考试失利后，他的爸爸跟他说了这么一段话，他一直铭记在心：人生就像长途旅行，每个人都在自己的道路上前行。一次考试失利了，无非是在道路上被小石子绊了一下，没有关系，未来的路还长着呢，后面还有很多机会。重要的是你是否在旅途中学到了知识，看到了风景。我觉得这段话非常精彩，而且让孩子受到很大的鼓舞。

我想起一个武汉的男孩儿，在一次电视竞赛活动中，他是导演最看好的孩子，大家都认为他肯定能得冠军，得了冠军会给他做一个专访。但是很遗憾，第一轮考试他就被刷下来了，因为他抽到的题比较难。孩子为了练抢答题，按这个动作，整整用了一箱方便面，可见是下了很大功夫，但是他没想到第一轮就被刷下去了。孩子一下来就哭了，要找他爸。他爸说你要哭就别找我，不哭了再来找我。孩子哭着又来找我，我也跟他说你哭着不要来找我，不哭了再来找我。第二天孩子笑着来找我了，我说你今天怎么笑了。

孩子说我问我爸你失败了怎么办，我爸笑了，他说我是一个技术人员，我一生中失败的次数要比成功的多，我是九十九次失败，最后一次成功，而且我为最后的成功而欢乐，所以一个人要输得起赢得起，一次失败怕什么，这只是一块成功的垫脚石。我说你今天得第一。最后发了一个特别奖给他，当时任国家教委副主任的柳斌同志给他颁的奖，特别奖，因为他通过这次竞赛得到人生的启迪，赢得起输得起，这才是很大的收获。

第六章　智慧父母的教育细节

一、良好习惯早养成

1. 一年级很重要

人生最重要的是养成好习惯，而这些最重要的习惯都是一年级养成的。所以这段时间千万不能着急，因为人要改变的话，他需要个过程。

一年级孩子的问题，是所有孩子都面临的问题。很多一年级的孩子，从幼儿园的小朋友变成小学生，这是人生的第一个转变。他从一个无拘无束的孩子，突然变成一个学校里要守纪律的小学生了，这是个转变。这段时间最需要的是什么呢？是爸爸妈妈的耐心。人生最重要的是养成好习惯，而这些最重要的习惯都是一年级养成的。所以这段时间千万不能着急，因为人要改变的话，他需要个过程。

要帮孩子养成好习惯。养成好习惯的方法是什么呢？不要训斥，只是告诉他怎样做。比如一年级的孩子要学会怎样坐，坐在那儿一定要坐得腰很直，然后坐有坐相、站有站相、吃有吃相、写有写相，这些相全都是一年级培养的。我认识一个朋友，女儿非常优秀，现在已经出国留学，而且获得了双博士学位。

他说自己教育女儿，是从一年级下的功夫。孩子上了小学，他就告诉她应该怎样吃饭，应该怎样写作业，要掌握时间。回家第一件事先洗手，吃点儿东西活动一下，然后写作业。写作业的时候，眼睛离桌面必须有一定的距离，不能够趴得很低，手拿铅笔的时候姿势一定要正确。写得怎么样我不管，我只告诉你姿势要正确。然后他拿一根小棒，他管它叫“教女棒”。这小棒很小，跟筷子一样细。爸爸就坐旁边，看孩子的姿势不对敲她一下，腰弯了敲她一下，这都是很轻的，不是打孩子，就是提醒她。他也不给孩子检查作业，让她自己检查，一切由她自己做。所有的这些规矩，他都告诉孩子然后跟她一起做。

坚持了半年时间，孩子就跟人家不同了，坐有坐样、站有站样，写东西的时候姿势很漂亮，字也写得很漂亮。然后又坚持了半年，整整用了一年，孩子养成了良好的习惯。每天写完作业第一件事，先把书都收拾好，把书包收拾好。然后每天晚上睡觉的时候，先把外面的衣服脱下来，放在最底下，然后一件一件脱，最后把袜子搁在最上面。第二天早上，因为袜子爱丢，先把袜子穿上再穿别的衣服。她的书柜也非常整齐。所以我后来就跟很多家长说，你一年级就要帮孩子养成好习惯，一个行为坚持21天，就能成习惯，父母都要有点儿耐心。

父母不要先给孩子扣帽子，只要您教育方法得当的话，他一定行。

2. 家里规矩有方圆

不能要求孩子听你的每一句话。但是不能说没有规矩，有些规矩是铁打不动的，这就是所谓的硬规矩。还有一些软规矩，是可以商量的，可以给孩子选择的权利的。

怎么说话，孩子就能听？怎么说他就不听？怎样让孩子养成好习惯？我引用我的朋友乐乐妈妈的话——

我从国外回来，今天能有机会参加这个活动，特别高兴也很受启发。听到这么多国内的家长谈小孩儿的问题，我们有时候在国外也听到很多。因为中国的情况，国内家长对孩子的学习，好像都特别着急。关于孩子听话和不听话，我觉得不能要求孩子听你的每一句话。就像我们在单位、在公司里边，你不希望老板跟你说的每一句话，你都得去照做。而且你心里肯定有好多想法，或者根本就觉得老板不对，其实孩子从很小的时候就有这种想法。

但是不能说没有规矩，所以我们后来就说有些规矩是铁打不动的，这就是所谓的硬规矩。比如在我们具体的生活当中，不能打人，不能骂人，这是一些比较基本的道德上的东西。还有一些是在日常生活当中，比如说在美国坐车就得系安全带，因为要不系警察就要抓你重罚。安全带系的方法不一样，小孩儿坐在后座有时候觉得勒，很多小孩儿就跟家长斗争，美国的孩子也是不愿意系。我们家的态度是反正你不系，就哪儿也不去！还有比如说不玩火。

在日常生活当中，随着孩子慢慢长大，又增加了一些规矩。比如他从很小就开始弹钢琴，你必须弹完钢琴才能玩电脑，吃饭吃好了才能看电视，然后这些事做好了，就可以有多一点儿奖励。

他最近过六岁生日，跟他讨论是要开一个生日派对，还是让他选一个游戏机，他自己说要游戏机。从买游戏机以前就跟他说好了，一个星期里星期六玩一个小时，这是你的权利。这是所谓的硬规矩，不可变的。

同时还有一些软规矩，比如说看电视，我们规定吃完晚饭休息五分钟以后，他可以看半个小时的电视。电视内容随便看，比如他愿意看中文的、英文的、迪斯尼的动画片频道都行，随便看，给他一个选择的权利。

另外，提醒孩子带作业这一点，要说明的是，作业首先是孩子自己的责任，从记住做作业到本身去做作业，到最后第二天早上带作业，应该都是孩子自己的事，父母可以不管，也不应该管。但是因为孩子毕竟年龄小，有时还是要提醒一下，你是不是把作业带上，咱们一起上学上班去了！有的时候我也听有的家长说，你看我得告诉你多少次，你才能记住。其实有的时候这种指责可能并不会有助于孩子记住这件事，更多的是产生抵触情绪。我也看知心姐姐文章中写过一个故事，家长跟孩子说别在墙上乱画，这时候孩子脑子里产生的就是要乱画的想法。而换种说法，说你瞧这墙多干净，孩子就会产生一种要保持干净的想法。负面的东西说太多了，脑子里出现的负面东西也就会越来越多。

刚才很多爸爸妈妈也说，当你骂他的时候、说他的时候，实际上就是把负面的东西描述得非常具体，这样他脑子里就是这个印象，所以他等你不在的时候想的全是这个。怎么一边写作业一边看书，怎么趁父母不在的时候偷偷看电视……这些东西很具体，这样就变成他的行为了。我记得我小的时候写大字，我爸爸是个书法家，他告诉我你写得最好的字就是永远的永和颗粒的颗。于是我就老照这两个字写，人家让我写字我就写这俩字，这俩字写好了，字就写好了。所以要给孩子们正面的信息，这样孩子们就会有一个追求的目标。如果你老否定他，他脑子里就不知道哪件事情是对的。是不是这个道理？

另外我觉得，物质的鼓励，当然小孩儿也都喜欢，但最终还是要想怎么调动他自身的因素，让他自发地去做很多事情。我看过一个例子，小孩儿晚上不刷牙，他妈妈说你刷一次牙，我给你十个美分存在那个地方。一实行这个政策挺好，可两周以后他又不刷了。他妈妈问你今天不想要那十美分了？他说妈妈我今天不要了。可见外在的奖励是没有用的，有一天他可能会对这东西没兴趣了，因为这不是他自己自愿做的事情。

3. 养成良好的学习习惯

优良学习习惯的培养不是一朝一夕之功。学习习惯的养成越早越有效，小事不放松，一点一滴地努力，坚持不懈，方见成效。

孩子良好的学习习惯中重要的有：

独立完成作业，考试不作弊。

刻苦认真学习，一丝不苟。

守时惜时，学习计划有序。

勤于思考，不拘泥于定式。

人的学习习惯一般在小学便形成了。所以，小学中年级是建立学习好习惯的时机，荒废到中学再培养就实在不容易。如果从小不良学习习惯积累多了，时间一长，积重难返，今后一旦要改便大费周折。

积极的生活习惯，就是符合社会道德标准、有益于人的身心健康的生活习惯；消极的生活习惯，就是不符合社会道德标准或不利于人的身心健康的生活习惯。良好生活习惯主要有：心胸豁达，情绪乐观；劳逸结合，坚持锻炼；生活规律，善用闲暇；营养适当，防止肥胖；不吸烟，不酗酒；家庭和谐，适应环境；与人为善，自尊自重；爱好清洁，注意安全。

有害健康的不良生活习惯主要有：吸烟；饮酒过量；不恰当服药，包括未经医生处方服药和不按医嘱的方式和剂量服药；体育活动不够或者运动量过大；吃热量过高和多盐的饮食，饮食没有节制；不接受合理的医疗处理，信巫不信医；对社会压力产生适应不良的反应；破坏身体生物节奏的生活。

经调查，绝大多数成绩优秀的学生回家后，都把家庭作业、智力游戏、阅读书籍放在娱乐、看电视、玩游戏机之前。

一般而言，习惯的养成常经历三个阶段：

制度制约。此时尚需有他人督促提醒，行为略显被动，却是必经阶段。例如孩子做完作业需要检查，有时还需要家长提醒，逐步养成习惯。

自觉行为。在此阶段，行为由他人督促变为自我督促。这是形成习惯的关键时期。例如，孩子做完作业后问自己：我检查了吗？

自动行为。连自我督促也不需要的时候，行动已经自动化了，已经内化为自身的需要了。例如，孩子做完作业如果不检查，自己就会觉得不舒服，一定要仔细检查之后才坦然。这时，良好的学习习惯才算真正养成了。

优良学习习惯的培养不是一朝一夕之功。学习习惯的养成越早越有效，小事不放松，一点一滴地努力，坚持不懈，方见成效。

怎样教孩子坚持下去

父母不能包办代替，要让孩子拿主意，培养孩子的责任感，减少依赖性。当孩子断然做出某个决定或承诺时，告诉他，要对自己的做法及所产生的后果负责。这样可以避免事后不必要的埋怨和牢骚。英川 6 岁时愿意学钢琴，父亲也希望他能学一门乐器，以提升生活品质。在激起了孩子的兴趣后，父亲告诉英川，学钢琴跟学别的本领一样，都是有困难的，你再考虑一下，明天早上告诉我。一旦学了以后就要克服困难，坚持到底。英川做了承诺。两年以后，英川对每天的练习厌烦了，流露出不愿学的情绪，父亲跟他谈心，并激将他："当初你可是答应过我的。我们是男人哪，答应了的事，做出的承诺是一定要努力去实现的。"此后，这个 9 岁的"男人"发奋努力，现在已经弹得一手好钢琴了。

教孩子拒绝垃圾文化

人要有自制力，人如果没有自制力将来是不能成大器的，所以爸爸妈妈要帮他选择一下。比如口袋书的选择。口袋书是放在口袋里的小书，但小书也有好有坏的，并不是说口袋书都不好，一些黄色的、淫秽的东西不要看，爸爸妈妈要发现了就没收。怎么去选择呢？我觉得您可以带着孩子上新华书店，和他一起去评论，什么样的书好，什么样的课外书是不错的，让他有一个辨别是非的观念，这其实也是一种教育，教育是在比较中实现的。咱们有的时候，教育特别简单化。我觉得10岁的孩子，正是认知的时候，你可以带他从课外书说起，在比较中去认识，天下没有最好的东西，只有最合适的东西，要选择最合适他的东西就好了。

4. 教孩子爱思考

我们要留给孩子的不是一些生活的必需品和舒适安逸的生活环境，而是要教会他们学习，教会他们思考，教会他们用自己的思想去创造生活。

爱思考的孩子总爱问“为什么”，我们的孩子就是在解开一个个“为什么”的谜团中长大的。

可是，面对孩子数不清的“为什么”，父母、老师常常束手无策。

一天，一对年轻夫妇领着他们8岁的儿子来见我，说他们的儿子是“问题儿童”，让我帮忙看看“问题”出在哪里。

“你最喜欢研究什么问题？”我和这个男孩聊起来。

“汽车、武器、电脑、宇宙。”男孩回答。

“那好，请你谈谈你的研究成果吧！”我对他的回答很感兴趣。

他一口气讲出18种汽车的名称、产地、速度和价格，俨然是个汽车方面的“专家”。他说，这些汽车的标牌自己都能画出来。接着，他又说出十几种武器和数十种电脑的名称和性能，还向我说了自己想出来的消灭战争的办法……

我惊讶不已，问：“你几岁？”

“8岁呀！”他一定觉得我的提问很怪。

“你这些知识是从哪儿得来的？”我又问。

“看书呀。有的是我发现的。”

“你们的孩子很了不起，不但没有问题，而且是个人才，请你们一定珍惜！”我兴奋而又郑重地对孩子的父母谈了自己的看法和评价。

“他经常提一些怪问题，跟学习、考试一点儿不沾边，我没法儿回答。”妈妈还是很发愁。

“能提出问题的孩子是智商高的孩子。至于他提出的‘为什么’，你不必马上直接回答，应该引导他，让他自己从书本上、实践中找答案。”这里，我引用了一位父亲培养爱思考的女儿成才的成功经验。

这位父亲是这样告诉我的：女儿小时候总缠着我问“为什么”，我都不是直接回答，而是让她自己去寻找答案。她逐渐发现了读书的兴趣，也更爱思考了，后来取得了博士学位。

我们的孩子是21世纪的主人，他们所面临的将是一个知识高度更新、变化日新月异的时代，等待他们的将是许多闻所未闻的新知识、新事物，他们应该学习，学习，不断地学习。而对于学习，思考将是最好的、最有效的方法。所以，作为他们的父母，我们要留给孩子的不是一些生活的必需品和舒适安逸的生活环境，而是要教会他们学习，教会他们思考，教会他们用自己的思想去创造生活。

二、方法总比问题多——典型个案分析

1. 孩子对父母说“请勿打扰”

父母亲应该给孩子讲，门关了不要紧，如果把心的门关上是非常可怕的。如果看不见的心门关上了，两代人就不会有很好的沟通和理解。

我们曾在一所高中的一个班做过一个关于孩子与父母沟通问题的调查，结果是：45% 的同学和父母的沟通有所保留，觉得父母不能够完全相信；还有 80% 的同学感觉和父母沟通有一些障碍；100% 的同学认为自己关房门对父母说“请勿打扰”是非常正常的。这说明孩子今天保护自己的意识已经增强了，他应该有一个独立的空间，他应该受到别人的尊重。

很多家庭的情形是亲子之间缺乏沟通，父母在挤占孩子的空间，孩子才想逃离父母的视线。可是父母不理解孩子，却想我养你这么大还给我来一个“请勿打扰”，还来一个“谢谢合作”。其实，家长是盯孩子盯惯了，孩子一离开视线家长就不放心。盯的感觉会让孩子不自由。家里应该是一个自由的空间，为什么老盯着我，所以关门的原因可能是不愿意被盯着。孩子越不让盯，父母就越想盯，于是产生了隔阂，一个想看，一个不让看。

想沟通，想了解孩子但是不了解，这可能是今天家庭中出现的一个重要的问题，父母没有正确了解孩子的渠道。

17 岁的天洋与父母不沟通，妈妈说的话不愿意听了。

“说这事应该怎么做，那事又不好了，比如我看电视不让我看，就是一些小的细节问题。”

“觉得她说的倒是对，可是就是觉得听着很烦，感觉已经听了很多次了，听了已经没有什么意义。”

现在很多孩子对父母首先是给予了肯定，但是对父母的教育方法他不能接受。因为现在很多妈妈都是这样的，孩子长大了，妈妈没长大。妈妈还用小孩儿的话，对 17 岁的男孩子说话，就是对他的嘱咐，对他的那种担心，对他各种各样不停的唠叨，都是一样的话。他就觉得没有用，对他不起作用。这可能是我们爸爸妈妈说的这些话不太适合这个年龄的孩子。这样大的男孩子坐在那儿就不应该说：“吃了吗？喝了吗？赶快学习去，怎么还在看电视，怎么还在玩！”

这样的话他们听了没有作用，因为语言方式不对。所以我觉得从沟通的角度，妈妈首先要长大一点，你的心理要像 17 岁的孩子一样，并不是你应该说“孩子你吃了吗”，应该是孩子说“妈你吃了吗，妈你要早点睡，妈你要注意身体健康”，应该这样。

天洋出国去看妈妈时，觉得妈妈不容易，这是男孩子的基本感觉。因为在男孩子的心目当中妈妈特重要，一看到妈妈不容易，他就产生了一种对妈妈的理解。实际上我们在生活中，对孩子关爱太多，而没有把责任交给孩子。

我认识一个朋友，原来是中央国家机关的一个局长，他被派到浙江的一个市当市委书记，要去一年。他的妻子身体特别不好，而且他妻子跟他上中学的儿子关系特别紧张，话都不说。他走的时候想了半天，就把儿子叫到身边说，爸爸要去外面挂职，要一年的时间，我的妻子身体不大好，就请你多照顾了。每天晚上请你关好门、关好窗、关好煤气罐再睡觉，拜托了。儿子听了以后愣在那儿什么都没说。

他回来以后，妻子说你走了以后儿子对我特关心，每天都是关好门、关好窗、关好煤气罐再睡觉。这个父亲没有把照顾孩子的责任交给妻子，而是把照顾妻子的责任交给儿子，儿子一下子成人了。妈妈终于认识到儿子不是男孩儿，他是男人。孩子和父母“争权夺利”是源于两代人的价值差异。

孩子和父母是两代人，两代人在不同的时代里有不同的价值观，还有不同的做人做事的方式，甚至理想追求都会有很大的差异。但是两代人又在一个家庭里，又有血缘关系，尤其我们现在独生子女的家庭中，父母亲对孩子有很高的要求，希望孩子能成功，是好孩子，以后能有所成就，这些可能也会给孩子很大的压力。现在亲子之间的冲突比任何时代都严重。

现在的人和 20 世纪 80 年代以前人经历的完全不一样，观念也完全不一样。这样的一个变化又浓缩在一个家庭里，使两代人价值观差得太远。还有多数家庭中孩子是唯一的，父母亲的压力非常大，孩子承受的压力也非常大。我们讲到沟通，讲到有些小孩把门关上，不愿意让父母亲侵扰自己的领地，其实这是可以理解的，父母应该理解孩子希望有一个自由的空间。但是父母亲要关注，如果孩子把门关上了，这其实是一种暗示，父母亲应该意识到这就意味着孩子不希望父母进来，不希望家长老来打扰自己。父母亲应该给孩子讲，门关了不要紧，如果把心的门关上是非常可怕的。

如果看不见的心门关上了，两代人就不会有很好的沟通和理解。再加上不平等的关系，我是觉得亲子之间父母拥有比较大的权力。我是家长，我可以要求你怎么怎么样，我吃的盐比你吃的饭还多，我见识的比你多。父母亲其实要想一想，在这个关系里，你自己的知识体系、价值观、能力，有的时候可能不如孩子。

如果父母过多地用自己的权力，家长的行为给孩子造成的压力就会很大，孩子也会模仿，孩子反过来也会使用这种权力。我就是不听你的，看你怎么样，于是把门关上了，就是不跟你沟通。毕竟是自己的孩子，父母一定是很难过的。有的时候我们会看见有些家长，头低得比孩子还要低，求孩子干什么。

亲子之间如果使用权力，父母亲使用权力，孩子效仿使用权力，对两代人的关系其实是非常不好的。

在孩子写作业的时候，有的家长会喊“别玩了，写作业”，这是好的；有的家长则悄悄走到孩子后面，孩子被吓一跳，说你能不能出点儿声让我知道，这时候他就紧张。父母这样做孩子肯定学习不好，他根本就不会专心学习，他要观察别人怎么看他，有没有动静，他会这样防着你。其实这种关门的方法也不太好，你一关门爸爸妈妈就怀疑你没做好事，实际上你正在学习。但是孩子怎么才能不关门，我倒同意这一点，孩子学习时别打扰他。

学习是自己的事情，它是一个独立完成的事情，不要打扰，不会的话向谁请教由他自己做主。如果向妈妈请教，妈妈也不要告诉他答案，自己去学习嘛，可以告诉他方法，不一定告诉他答案。自己能独立学习的孩子将来就是一个爱学习的孩子。在监视下学习的孩子他会觉得他是在为你学习，你不监视他就不学了。孩子偷偷看电视，妈妈回来一摸电视是热的，得，吵起来了！问题常常是这样发生的。所以，我觉得首先要让孩子明确为什么要学习，不是为别人学的。说实在的，学习是自己的事情。

我在《知心姐姐告诉你——做人与做事》专门讲了快乐人生三句话，精彩人生九个字，其中有一句叫我要学，改变内存就改变了未来。是“要我学”还是“我要学”完全不一样。我要学的，不让我学，按也按不住我一定要学；要我学的你看着我我就学，不看着我我就不学了，你一惹我，我就不给你学了，这样的孩子上了大学就不学了。

还要谈谈天洋的话题。天洋的爸妈非常了不起，他们为自己的事情操劳，同时不管人在意大利还是在法国心总系着我们的天洋。在天洋处于最关键的时候，母亲回到了天洋的身边，希望帮助天洋考上理想的学校。

我之前听到过天洋的事，那时候我特别关心，我觉得这个大男孩儿可能出现了严重的问题，可是我看到了天洋就放心了。我觉得天洋是一个很有想法的孩子，而且他的目光是坚毅的，他认准了目标这很好。有一点我告诉了天洋，人有一个很大的能力就是沟通，你将来走向社会最重要的就是你的沟通能力，现在叫“情商”，就是人际交往能力。其实这个能力不是与生俱来的，是要学习的。

有的孩子从小会沟通，会跟父母沟通，会跟同学沟通，走到社会他的障碍就会小得多。天洋现在遇到一个坎儿，你不要去想爸爸怎么样，妈妈怎么样，因为你比他们都高了，你已经是一个大男人了，你要想我怎么学会跟父母沟通。像这样一个美丽的女人你不跟她沟通是你没本事，不是说妈妈有问题，是你没本事。我跟你妈妈接触，你妈妈是一个很温柔的女人，这样的女人你都不能让她跑到你这头来，是你没本事。咱先不说你妈，说你爸。你爸是一个教授，他又不是没有文化，你说你爸爱你爱得多深，要不爱你理都不理你了，反正他都离婚了。你爸没有这样，他使劲敲门，希望和你面对面沟通，这就是一份爱心。

同时我还告诉天洋：一个男人和另一个男人一定会发生冲突的。现在我们想的是如何把对抗变成对话，你有责任。看到你我就想起我儿子了。

我儿子在中学的时候也发生过类似的事，有一次他跟我爱人也是因为一件小事发生了冲突，然后我儿子就大吼了一声，你别逼我好不好。我吓死了，不知道怎么回事。他把门一摔就走了。

他走了以后我跟我爱人一句话都没有说，我们俩都忽然愣住了，因为我儿子从来没说过这样的话。大约五分钟后，我儿子回来说对不起，我刚才态度不好。我当时眼泪一下子流出来，我觉得儿子真是宽容。因为在对抗当中一定要有一个人先妥协，他首先坐在那儿。我觉得儿子真棒，坐在那儿说对不起。后来我发现他跟我沟通的时候也会发生问题，但是他总是先给我写条，妈妈对不起，我昨天态度不好。现在他已经工作了，这个人最棒的地方是很有宽容度，所以他的沟通特别好，很有亲和力，跟别人沟通很顺畅，他是敢作敢为的那种人。我觉得我从他身上看到了男人的优秀品质。

其实大人多数爱面子，让大人主动去找你赔不是，有时候他们很难放下架子。你应该在发生冲突后先说声对不起，我昨天没开门真的对不起，你有什么问题说吧。这时如果一个明智的爸爸会把话说清楚。

有位爸爸说孩子当着众人把门一摔，明显没给爸爸面子，也显得孩子没文化，这种事做完你一定觉得不对，事后要说对不起，一句话就够了，这就是男人的风格。冰山要融化一定要一方先活动开，这方面一定要做到，这才是男子汉。男子汉不是永远挺着，也有低头的时候，赢得起，输得起，不对的时候要说对不起，这样的话矛盾就会慢慢淡化。男人不愿意把爱说到嘴上，但是你一定能够感受到，这时你要表达出来。

因此我想到了两个问题，一个是爱是需要发现的，妈妈爱儿子，爸爸爱儿子都是有感觉的，儿子发现了，这时候你就应该感觉到特别欣慰，儿子能看到。

第二，爱是需要表达的。我们今天很多家庭不会表达爱，把爱都变成恨，明明是爱孩子却说是恨孩子，明明是喜欢他，偏要变成打，不打不成材，明明是对他的一种关爱却变成是唠叨，造成这样的结果都是因为不会表达爱。其实有时候我爱你这句话要说一下，妈妈我爱你，爸爸我爱你，说不出口写在纸上也可以。另外我还对天洋的爸爸及所有的爸爸说，你的儿子很棒，你不要为有这样的儿子感到一种悲哀或者自卑，你应该为他感到骄傲。儿子要长大，一定会有很多的问题出现，成长就会有问题，问题并不可怕，可怕的是有问题而不能沟通。我觉得爸爸要用宽广的胸怀来包容儿子，儿子永远不能放弃，你只有坚持。

2. 我的孩子在叛逆

处在青春期的孩子要长大，要自由，要独立，应不应该？应该！但是如果这其中缺少两个字，就可能是盲目的，这两个字就是“思考”。

“‘酷’的真正定义，是‘做自己想做的’，而自己想做的，常常是家长、老师不要我们做的。越是不要我们做的，我们越要做！我们进入了叛逆年代！”

叛逆，是青春期少年最大的心理特点。但也正是这种强烈的叛逆心理使许多青春期的少年陷入深深的痛苦之中。

你要自由，要摆脱成人的束缚，但处处碰壁。

你要独立，要自己决定自己的事，但屡遭反对。

你要飞翔，要去寻找属于自己的世界，但又缺少勇气。

你困惑多多：为什么这个世界总和我作对？

许多同学向“知心姐姐”倾诉了自己的种种烦恼，都认为，世界上最倒霉的是自己，最不幸的是自己，最不被理解的还是自己。

中学生王行楷，原本是个学习不错的男生，进入青春期后，和父母发生了严重的冲突。一次，他和女同学通电话，妈妈说他“学习不行，就打电话行”，爸爸打了他，一气之下他离家出走，在汽车站住了两个晚上。从此，他和父母之间的冲突到了不可调和的地步。他的父母打电话向我求救。

“孩子整个变了一个人，狂躁、脾气大，甚至有点蛮横无理，有时还狂吼：‘谁也甭想管我！’谁一说他，他就跟谁吵，眼珠子瞪得老大。我们俩特伤心。现在他不和我们说话了，搬去他姨家住了。您说他怎么突然间变化这么大呢？”

我们把王行楷请到北京电视台《知心家庭·谁在说》栏目的演播室。节目录制中，播放了上面一段对他父母的采访。

王行楷看了后，说：“大家看看我的眼睛，有可能瞪成那样吗？”场上的人笑了。看上去行楷的眼睛真的很小。“我跟我爸我妈根本就无法沟通。他们烦我，我也烦他们，我不想跟他们在一块儿，每天放学都在学校耗到六七点钟才回家。”行楷越说越委屈，“其实我现在也快17岁了，我爸我妈还经常打我，原先我爸打我，说是为了吓唬我，现在呢，他说不把我当小孩子。现在我们俩是成年人对成年人。”

“你爸打你，你还手了吗？”我问他。

“我是他的孩子，他生了我，养了我，我不可能还手。但是我觉得，有些事情他没法理解我，我也没法理解他。”

我怔了一下，笑笑：“你还有良心！办法总会有的，关键看你想不想与父母沟通。”

“你觉得你的爸爸妈妈还爱你吗？”

“差不多吧！”行楷低着头回答。

“你想了解你的父母吗？”

“想。”

“回忆回忆小时候，好吗？”主持人向平笑着说。

大屏幕上，出现了记者采访行楷父母亲的镜头。

“孩子刚出生时，谁给他起的这个名字？”

“是他大舅起的。”

“为什么叫王行楷呢？”

“有两种理解，一个是形容像楷书一样潇洒，再有一个是行动的楷模。”行楷的父亲自豪地说，看来他对儿子满怀希望。

“行楷上小学五年级之前，开家长会，我特爱去。往那儿一坐，老师就说：‘全班我最喜欢的孩子就是王行楷。’就表扬两人也保证有他。所有的老师对他印象都相当不错。每次我都想，哎哟，瞧瞧我的儿子多棒啊！”讲这番话时，父亲眼里含着泪水，“那时他也听话，跟现在没法比。”

说起儿子棒的地方，父亲如数家珍：“下象棋我下不过他，转呼啦圈小女孩也没他摇得好。”

谈起儿子搬出去后的感觉，父亲显得很痛苦：“我们都觉得屋里过分冷清，家里甭管有什么事，都会想起他，比如今天炒菜了，他妈就会说，孩子最爱吃这个；去商场看中一件衣服，就会想，儿子穿着肯定合适……”

“您是不是特想儿子？”

“是呀，有时他放学时该回来没回来，我就坐立不安。有时进院子一瞧灯亮了，知道儿子在屋里，心里踏实了；一瞧灯没亮，知道儿子不在，真着急也闹心，可儿子要是真进了屋，我这火又噌一下子上来了。我跟老师说，我就怕学校给我打电话，交通队给我打电话我都不害怕，顶多是让车撞死了。可没想到老师把这话跟孩子说了，这是气话，哪是真话呀！”父亲说着说着流下了眼泪。

“您想在电视机前和儿子说句话吗？”主持人问。

这位执拗的父亲竟对着镜头，一字一句地倾诉了真情：“行楷，过去我们可能在言谈举止中对你有些伤害，今天我在这里说声‘对不起’，希望咱们今后能够互相理解，互相原谅，这家是咱们三个人的家。”

场上静静的，行楷和场上的观众一起在看大屏幕，听他爸爸说话。可他怎么也没想到倔强的父母会说出这样柔情的话，他更没想到，父母会亲自来到现场。分别一个月的父母与儿子在演播现场相见了。行楷十分意外，但他没有去和父母拥抱，也没说一句道歉的话，可是看得出他态度开始缓和了。

节目结束前，我谈了自己的看法："今天我很激动，爸爸妈妈把话说出来了，儿子也讲了真心话。什么叫沟通呢？沟通就是把话说出来。我想先对行楷的父母说说，不要太在乎孩子。你们和所有的父母一样，把孩子一点一滴的成长都记在心中了，但是当孩子长大的时候，他需要一个自由的空间，如果你们还像小时候那样待他，呵护他，很在乎他，他就会觉得不自由，就会觉得难受。"

我接着又对王行楷说："作为一个男孩子，你不愿意表露自己内心的东西，对于父母，你内心是在乎的，但你表达出来的是不在乎。父母可以忘记他们在你成长中的付出，但你应该记得并在乎，人都是有良心的。一只小猫或小狗长大了走丢了，它们的主人都会非常着急，何况一个人呢！孩子是父母辛辛苦苦养大的，你一定要在乎父母的爱和付出，我相信你能做到。"

我理解和行楷一样处在青春期的同学，你们今天要长大，要自由，要独立，应不应该？应该！但是如果这其中缺少两个字，就可能是盲目的，这两个字就是"思考"。青春期需要的就是思考。会思考和不会思考，情况会完全不同。

毕业于哈佛大学的刘轩，也和你们一样经历过"叛逆年代"！如果你看了他写的《叛逆年代》这本书，你会发现不论是中国少年还是美国少年，不论是在普通大学还是名牌大学，蓝天下的少年，虽有着不同的生活环境，但都有着一样的烦恼，经历着一样的叛逆年代。

这就是成长的规律。叛逆期，是成长中的少年不可回避的时期。

所不同的是，同样处于叛逆年代，有的人奋起，有的人沉沦；有的能把握自己，有的却放纵自己；有的正在思考，有的仍在迷茫之中。

刘轩能顺利地度过青春期，度过叛逆年代，是因为他在闯世界、寻找自己时，头脑是清醒的。他能够用自己的眼睛观察世界，用自己的大脑思考世界，用自己的语言表述世界，于是找到了真正的自我，找到了自己在这个灿烂星空中的位置，找到了自己对世界的一份责任。

3. 女儿为什么变神秘

我觉得孩子神秘兮兮的时候，爸爸妈妈不要去打听，你打听多了孩子就很反感。当他打电话的时候，你要回避，不要在那儿听着，看他说什么，那样做孩子就特反感。

曾有一个父亲说他女儿最近特神秘，总背着家长干一些事，打电话也偷偷地，让他十分担心。

我估计这是一个小学高年级，或者是初中的学生。她可能交了一个异性朋友，一般交异性朋友就不愿意让你知道，所以就偷偷摸摸地，显得很神秘。其实爸爸妈妈看到这种情况，也用不着惊慌。因为你曾经也有过这个年代，你也许也有过异性朋友，那时候你爸你妈可能也不知道，其实每个人都有这个过程。

我觉得孩子神秘兮兮的时候，爸爸妈妈不要去打听，你打听多了孩子就很反感。当他打电话的时候，你要回避，不要在那儿听着，看他说什么，那样做孩子就特反感。

有一次深圳育才一小请我去跟孩子们面对面举行“知心对话”，结果来了一个小女孩儿，说中学生的问题你管不管？我说管啊。那你为什么不到我们中学去？女孩儿问我。我说你没请我啊。那我请你去不去？女孩儿又追问。我说去。我看她挺厉害的。然后她一会儿就来通知我，明天中午一点半到她们育才中学去。我就去了，我想看她到底有多大本事，找来多少人。我以为她顶多找五六个小女孩儿跟我聊天呢，没想到，多功能厅全部坐满！我说这些人都是你找来的？女孩儿说，是啊，都是我找来的。我说你怎么找来的？女孩儿说，我贴一张海报，上面写着告诉大家一个好消息，知心姐姐来了，大家有冤的、有仇的、有话要说的，明天中午一点半到多功能厅教室来。我问女孩儿，你贴这海报的时候，你们老师知道吗？女孩儿说，我跟校长说了，他同意了。校长是一个教育家，他知道后直点头。我说，那好，既然是你请我的，你来先说吧。那孩子腾地站起来说，每次我打电话的时候，我妈就在旁边盯着问我是男的还是女的。明明是女同学打来的，我就要说男的。我妈就问他叫什么名字，他妈是干什么的，他爸是干什么的。然后我就生气了，我说你是查户口的呀，把电话一扔我就屋里哭去了。她凭什么这么对我，她每次打电话的时候，我从来没问是男的还是女的。女孩儿说这话的时候，一根一根的头发都立起来。我突然想起一个词——怒发冲冠。我第一次看到孩子头发都立起来，看来她气得够呛了。

我就没怎么说，当天晚上我就召开家长会，请了一些家长。结果等会结束以后，一个非常美丽的妈妈走近我说，那个女孩儿就是我的女儿。我说您为什么要这样？她说深圳很乱，就怕孩子出事，所以我老钉着她；越钉着她吧，她跟我越远。后来我跟这位妈妈说，孩子是不能钉着的，这样反而会非常逆反。当孩子打电话的时候，给她一点儿空间让她去打，但是要限时，不能太长，要跟她说太长时间电话费受不了，也耽误你很多时间。这样她就会有一种宽松感。她在外面交了朋友，她跟你谈的时候，你就说：“噢！”“真的？”“那男孩儿长得怎么样啊？”“挺漂亮的吧？”在轻松的氛围里，孩子就会把妈妈作为她知心的朋友。我特别理解这个妈妈，我也理解这个孩子。我觉得现在很多初中生家里发生战争，就是因为互相的不信任和不理解。多给孩子一些信任，多给孩子一些鼓励，孩子们也要向爸爸妈妈敞开心扉，不要老防着他们。因为最理解你的是爸爸妈妈，最关心你的也是爸爸妈妈。你越瞒着他们，他们越对你感兴趣；如果你什么都说，他们就不感兴趣了。

4. 孩子上网不要堵，要疏导

孩子迷恋网吧，做家长的束手无策时，很少想到孩子迷恋网吧更深层的原因：孩子的心理成长和孩子身体成长一样，需要肯定、自由、情感、宽容、梦想的均衡营养。这些，许多家庭往往不能给予，而在虚拟的网络世界里，孩子们能暂时找到满足感。

6月4日，《都市快报》刊登的《如果有第二个孩子，我一定给他自由空间》中的妈妈，我在演讲当天见了她。之前她一直在做儿子的思想工作，希望他能一起见我，但被拒绝。

她制作了一张杭州网吧地图，上百家网吧都标在其中。孩子从去年春假迷上网络游戏后，就经常彻夜不归，学习成绩一落千丈。为了挽救儿子，老爸用尽各种手段，伤心绝望之下与儿子断绝往来。拿着这张地图，每天妈妈奔跑在凌晨的街头。

以下是我与这位妈妈的对话——

妈妈："孩子迷上网络后，对身边的人无情无义，我再怎么求他，怎么流泪，他都无动于衷。"

知心姐姐："有的父母甚至跪下来求孩子不要做什么，这样的家长，孩子心里是看不起的。要做个有力量的父母。家里的各种处境跟他讲清楚，你对他的信任也要告诉他。孩子再跟父母离心离德，家长都不应该放弃。"

妈妈："我每天在他桌上，写很多励志的话，就想让他醒过来。"

知心姐姐："你为什么天天写？每天写就不值钱了，有的话说一次就够了。"

妈妈："他上网聊天，我站在后面，不是存心偷看他，只是想知道他在干什么，小鬼骂我卑鄙。"

知心姐姐："如果是你在上网，后面有人看着你，你自在吗？"

妈妈："我最担心他在网上认识一些不三不四的人。"

知心姐姐："网络也是一个可以真心交往的地方，并非到处是陷阱。内向的孩子如果得不到宣泄，他就会自伤，或者伤害他人。你的孩子现在上网能聊天，说明他有地方发泄，你要理解他的行为，千万不要做监控他的妈妈。适当的话可以请他的网友来帮助，同龄人之间的对话有时比成人有用。"

迷恋网络的孩子为什么出不来？因为在学业上他找不到成就感，所以扎进网吧寻找安慰。我看到这位妈妈，心里非常难受。

我认为大禹治水就是在疏导，在现在的社会中父母是挡不住网络的，父母只有和孩子一起走近网络。网络世界有许多诱惑，孩子有可能会被诱惑而沉迷于网络。

一个北京初中生在机场看到我就追上我问，他说迷恋网络怎么办，我说人就像车子，该刹车就要刹车，人要有自控。自控能力搞好才能有所进步。同时，家长要让孩子感受到亲情的真爱。

有个江苏女孩迷恋网吧离家出走，她的母亲将当地所有网吧标成地图，整日整夜寻找女儿。为了女儿，不会电脑的母亲，硬是学会了上网，学会了打字，并每天坚持给女儿在网上发帖子。因为她有一个信念：是我将女儿带到这个世上的，一定要对她负责。

一天夜里，母亲又在网上给女儿留帖："女儿，妈妈昨夜又没睡着，打了一夜稿子一不小心被删了。我知道你在看帖。家里的灯永远为你亮着，家中的门永远为你开着，我等你回来！"深夜，女儿冒雨悄悄回到自家楼底，看见只有一扇窗口还亮着灯，那是妈妈为她点亮的。"妈妈！"女儿情不自禁地喊出声。仍在等女儿归来的母亲发疯般地跑下楼，将女儿紧紧搂在怀里，失声痛哭。后来，女儿以优异的成绩考上了大学。

中国老百姓经常说一句话，叫"好孩子是夸大的"。现实生活中，很多家长关注孩子，更多地集中在两个方面，一是身体，二是学习。总觉得这两样实实在在，看得见，摸得着，有用，而孩子心理健康是虚的，可做可不做。忽视孩子心灵的成长是中国家庭教育中一个最大的盲区。孩子迷恋网吧，做家长的束手无策时，很少想到孩子迷恋网吧更深层的原因：孩子的心理成长和孩子身体成长一样，需要肯定、自由、情感、宽容、梦想的均衡营养。这些，许多家庭往往不能给予，而在虚拟的网络世界里，孩子们能暂时找到满足感。

5. 孩子，你没被“网住”吧

时代需要网络高手设计，网络需要高超骑手驾驭。面对网络，你一定要头脑清醒，用网不恋网，清醒不痴迷。一个能把握自己行为的人，才能最终把握未来的命运。

“我爱你，爱着你，就像老鼠爱大米……”一首网络歌曲，曾经在大众中广泛传唱。

老鼠爱大米，也是有选择的，陈旧的它不吃，发霉的它不咬，个大饱满、新鲜的它才搬回家。那么面对网络，你有没有老鼠那两下子？你是怎样选择的呢？

有一次我去浙江绍兴开会，一群小记者来采访我。我们几个大人和一个三年级的小女孩谈起网络，她滔滔不绝，讲得头头是道。我听了目瞪口呆，情不自禁地夸奖她：“你可真够棒的，怎么什么都会？你说的这些我可不会！”

小女孩满不在乎地说：“这有什么？！告诉你吧，我们中最笨的人都会！”

我们几个“最笨”的大人，互相看看，忍不住大笑起来。

我从心里佩服这些“网络高手”，我看过中小学生做的网页，相当精彩，参加中小学生网上论坛，水平很高。

网络作为新事物，首先被最敏感、最时尚的中小学生接纳。他们崇尚它，熟悉它，掌握它，表现出一种趋新的天性，一种可贵的探究精神。同时，当互联网伴随这一代青春少年的脚步走进千家万户时，也带来了成长中新的问题，新的困惑，新的矛盾。

特别值得思考的有三点：

① 你上网做什么？是获取知识还是单纯娱乐？

2004 年，上海市少工委办公室和上海社会科学院青少年研究所联合开展了“未成年人的媒体需求调查”，结果表明，未成年人用电脑主要为了娱乐。最常用的电脑功能前 6 位是：打游戏（33.21%）、下载和播放音乐（16.06%）、搜索引擎查找（14.81%）、聊天交友（12.72%）、看影视作品（7.3%）、浏览网络新闻（5.58%）。可见电脑对于未成年人主要是一个娱乐工具。

其实，电脑并非只是一个玩具。电脑更多的是，可以让你接触到世界文化、最新信息，学到现代的发散性思维方法，使你的认识大大超越你局限的眼界。

② 你怎样面对网络？你是它的主人还是它的猎物？

天津市实验中学曾对天津 2452 名学生进行了调查，结果表明：互联网既有利于中学生现代思维的形成，也会造成人生观、价值观的冲突与失范；既有利于社会化的进程，也会弱化社会道德感和责任意识；既能激发创造潜力，也导致一些同学人文精神的失落。所以有人说网络是把“双刃剑”，一点都不错。

如果你能把控它，网络就像温顺的牛，乖乖为你服务；如果你沉迷于它，网络就像一个恶魔，毁灭你，吃掉你。

③ 你是否网络成瘾？你是成功者还是失败者？

有三种同学容易网络成瘾。

第一是学习失败的。由于家长、老师对孩子的期望过于单一，学习的好坏成为孩子成就感的唯一来源，因此，一旦学习失败，会产生很强的挫败感。但是在网上，他们很容易体验到成功：游戏闯过任何一关，都可以得到“回报”。这种成就感是他们在现实生活中很难体验到的。

第二是学习特别好的。不少本来学习好的学生在升入更好的学校后，无法再保持原有的位置，这时，他们对“努力学习”的目的产生了怀疑。按照老师和父母的逻辑，学习是为了“上大学—找到好工作—挣钱”，当他们失去了为“名次”“位置”学习的内在动力后，一些人开始迷恋网络。其实，造成这些孩子依赖网络的根本原因是没有正确的学习观。

第三是家庭关系不和谐。通常在家里得不到温暖的孩子，他们在网络上提出任何一点小小的请求都会得到不少人的帮助。现实生活和虚拟社会在人文关怀方面的反差，很容易让“问题家庭”的孩子“躲”进网络。

怎样挽救那些网络成瘾的同学呢？这里我有三条建议：

第一，说出来。

沉迷网络的同学，常常内心世界极为苦闷，躲进网络与外面世界隔绝，这不是解决问题的办法。最好的办法是把心里话说出来，让父母知道，让老师知道，让同学知道。

一个小网迷写信给报社，吐露真言。

“真要感谢网络！没有网络，也许我们更多的人会沉沦为罪犯或心理变态者。妈妈，我爱你，而我只能在网络上告诉您，您知道吗？我很孤独，我渴望心灵的交流。在我受伤的时候，在我渴望自由的时候……我丝毫没有感觉到您对我的爱。您是否知道，有时我恨您？我像个没有生命的木偶，我的一切言行都无法摆脱您为我铺设的轨道。作为一个生命，我背负着全家的希望，这个责任已经把我压垮了。”

“小网迷”在分析了自己沉迷网络的原因之后说：“我坚信随着年龄的增长和心智的成熟，我会逐渐摆脱网络的吸引，请给我一些时间和信任，好吗？我始终认为沉迷网络并不可怕，可怕的是我和您的心灵的隔阂！”

这封信在报上刊登出来，许多父母读后感到十分震撼，他们找到了孩子迷恋网络的原因，知道与孩子的沟通是多么重要。所以，心里有话，一定要说出来让父母知道，这样他们才能有效地帮助你。

第二，走出去。

一批沉迷网络、学习失败而拒绝上学的中小学生，走进了石家庄市徐向洋训练基地。在这里，他们受到严格的体能训练，重新找回了自信。

一次我在石家庄接听“知心热线”时，听说有三十名学员从石家庄徒步走到北京，沿途风餐露宿，便在他们到北京时，在中少总社组织了隆重的欢迎仪式，会场上悬挂着巨大标语：“知心姐姐爱你！”

我想象这些孩子走了十几天，一个个肯定是精神疲劳，脏得像泥猴，但出乎意料的是，三十多名身穿迷彩服的同学排着整齐的队伍，个个精神抖擞！

交谈中，一个15岁的少年告诉我，他曾经在网吧玩了15天没回家，他几次想跳楼自杀，他的学习很失败，但来到训练营，他第一次获得了成就感。一个小女孩说她乐意走路吃苦，我问她为什么，她说，走一步就有一步的成功。

假如你真的沉迷网络不能自拔，那劝你选择一项活动，走出网吧，走到大自然之中去，也许你也能获得成就感。

第三，讲道德。

办法总比困难多。只要你想成为网络的主人，只要你想摆脱网瘾，成为一个自由的人、一个健康的人、一个快乐的人，那你一定要遵守网络文明公约。

2001年11月22日，团中央、教育部、全国少工委等八个单位，发布了《全国青少年网络文明公约》，提出：“要善于网上学习，不浏览不良信息；要诚实友好交流，不侮辱欺诈他人；要增强自护意识，不随便约会网友；要维护网络安全，不破坏网络秩序；要有益身心健康，不沉溺虚拟时空。”这些要求，都是上网时应该遵守的道德守则。

时代需要网络高手设计，网络需要高超骑手驾驭。老鼠爱大米，也要爱得明明白白。

面对网络，你一定要头脑清醒，用网不恋网，清醒不痴迷。一个能把握自己行为的人，才能最终把握未来的命运。

6. 把“早恋”变成“早练”

妈妈要成为孩子的朋友，去理解孩子，跟孩子共同探讨这个问题，因为孩子感情上的起伏，会影响他生活的很多方面。

我有个朋友，他的孩子在上中学的时候，就喜欢上他们班的一个女孩子，但是那个女孩子不喜欢他，所以男孩子就非常烦恼。老师就把这个情况告诉了他的妈妈。他的妈妈回去，就给他写了一封信说：一个国家强大了，别的国家都会跟你建交；一个人强大了，别的人都会跟你友好；一个男人强大了，好多女人自然会来找你，不要苦苦地等一个人。

妈妈没有当面跟他沟通，而是把这封信放在桌子上。后来这个男孩子坚强起来，开始去走他自己的人生，当然就有很多很好的女孩儿喜欢他。他自己的事业发展了，自然就有了一个幸福的家庭。

其实我觉得这是很有道理的。对于男孩子来说，打铁必须自身硬，你自己强大起来，女孩子就会喜欢上你。对女孩子来说更是这样，如果你是一个很自信的女孩子，就不会纠结男孩子喜欢你或不喜欢你。

人不能把自己的命运寄托在别人身上，不要太看重别人怎么看你。我曾给《中国少年报》写了篇文章，题目叫《每一个生命都是奇迹》。因为他们给我大量孩子自杀事件的资料，面对这些问题怎么办，我就写了海龟湾的海龟产卵的故事，然后就讲了一个道理：人生下来都是奇迹。

有一篇文章中写道，爸爸和妈妈这两个人，生一个孩子有300万亿个选择，就是说有很多的精子和卵子可以结合，但是都没生别人，而生下了你，所以每一个孩子的出生，都是最棒的，所有的生命都非常神奇。所以我们就要看重自己的价值，不要因为别人说我一句不好，不要因为老师说我不行，不要因为男孩儿没瞧上我，不要因为女孩儿把我抛弃，就放弃自己的生命。这太不值了，你也不能为别人活着。

所以我觉得所有的人都要有自信，不管你看不看得上我，我得看得上自己。所以我建议你告诉你的朋友，告诉你的孩子，自己的肩膀上扛着自己的脑袋，不要在意别人，世界上的好男孩儿好女孩儿多了。

再说了，在中学阶段，在大学阶段，人都是变化的，你今天喜欢他，明天可能就变化了，孩子在没有长大之前都在变化，如果我们过早地决定了终身，那以后可能会后悔的。所以我建议你们长成熟了，再去选择终身的伴侣。但今天男孩儿女孩儿交朋友，一点儿矛盾俩人就互不理睬了，这样的人干脆拜拜。因为在今后的生活中，这样的矛盾很多，一点儿不好就拜拜，你想想这种友谊是不是坚固的。

打铁必须自身硬，妈妈当然管不了别人，家长不要去找对方：你怎么不跟我们家孩子好了？这种妈妈是最蠢的。

情感世界中，妈妈不要干预太多，妈妈只要告诉你的女儿或你的儿子，“你是最棒的，用不着为他或她失去自己，这太不值得了”。妈妈要让孩子的自信心张扬起来，我觉得这个更重要。而且这时候妈妈不要埋怨孩子，说你怎么能这么小就谈恋爱，说这些都没有用。

当一个人陷进去的时候，最需要的是力量，就像掉井里了，你伸给他一只手，就把他拉起来了。怎么给他自身的力量？告诉他你为什么这样看轻自己呢？你失去了也许就是新的获得。有的人在放弃中就有了新的获得，得和失是相对的。你失去了他，你就赢得了你学习的专心。有时候在青春期的时候，就是这么一个道理。

如果父母把这些话都告诉他，他根本听不进去，怎么办？我觉得妈妈这时候要成为孩子的朋友，去理解孩子，跟孩子共同探讨这个问题，因为孩子感情上的起伏，会影响他生活的很多方面。告诉他妈妈也知道失去了一个你喜欢的人确实是非常难过的事，但世界上不止有这样的一个人，还有更好的，你要有这个自信心去选择更好的。然后再告诉他在生命当中，什么是最重要的，什么是最有价值的。

三、妈妈“弱”一点，孩子会更强

1. 母亲口头禅：“有儿子就是不一样。”

母亲对儿子的肯定，最能激发男孩的潜力。为了给妈妈一个惊喜，儿子可以创造奇迹，这种动力能使一个弱小的男孩成为勇敢的男子汉。

对儿子说：有儿子就是不一样。

我跟很多男孩子的妈妈讲过：儿子是什么？男人！男字怎么写？一个“力”顶着一个“田”，顶天立地就是男子汉。

男子汉应该有阳刚之气，说话落地有声，做事敢作敢当。这种气质的男孩肯定会被女孩仰慕和追求。

但是，现在有些男孩唯唯诺诺、胆小怕事。许多孩子的名字和过去都有了很大不同。过去多用钢、铁、山、海、江、涛、鹏、伟、诚、军等阳刚气十足的字，而现在改用“洋洋”“多多”“贝贝”。这表明，时代变化了，家庭对男孩子期望值也发生了变化。过去把男孩子看成是家庭的“根”，未来家庭的支柱。现在各家只有一个孩子，便把这唯一的男孩当成“宠物”，不再委以重任。表面上看去是宠爱，其实爱已被扭曲。

爱是什么？

爱是一种感受。一个人在被他人需要时，才能感受到自己的价值。一个孩子被大人需要时，才能感受到自己幼小的生命是多么重要，进而感悟到一种深深的爱，并且产生强烈的责任感。

对于一个男孩，如果希望他将来成为一个有责任感的人，对国家对人民都有这种情怀，那么从小就要培养他对家庭负责，对父母负责，对自己负责。而这种崇高责任感的产生，需要动力，这动力便是父母的需要。

有些父母从小给文弱的男孩起女孩的名字，穿女孩衣服；对淘气的男孩，非打即骂，极少肯定和鼓励。有些妈妈还常常当着儿子的面对外人讲，我的儿子"胆小""怕黑""像女孩""什么都不行""笨得要命"等，久而久之，胆小无能、没有责任感的男孩就被她塑造出来了。

其实，母亲对儿子的肯定，最能激发男孩的潜力。为了给妈妈一个惊喜，儿子可以创造奇迹，这种动力能使一个弱小的男孩成为勇敢的男子汉。父母要懂得享受儿子！

那么，该如何做呢？我的切身感受是：用"男子汉"意识塑造男孩。

2. 享受有儿子的快乐

母亲的伟大，不在于能否让儿子上大学、出国留学，而在于让他有一种成就感，找到自信，找到自我，找到父母和社会对他的需要。当他找到这种需要时，便找到了一种责任、一种幸福。

现代都市人中流行这样的观点："生儿子有面子，生女儿有福气。""女儿好，女儿是妈妈的贴心小棉袄。"事实上，养女儿的人家，往往能享受到女儿的体贴与关怀，而养儿子的人家就很少能享到这个福了。这是因为受传统思想影响，中国家庭不注重培养男孩子为家人服务的意识，尤其在独生子女家庭中，男孩子被人照顾得太多，长大后在生活上很无能。我很早就意识到这个问题，所以，在儿子很小的时候，就有意识地培养他的责任心。我总是对朋友说，妈妈“弱”一点，儿子就会强；妈妈太能干，儿女往往变得无能。

儿子上二年级的那个盛夏。一天，我下班回到家，儿子兴冲冲地端上一杯茶：“妈妈您喝茶。”茶已经凉了，我的胃不好，不能喝凉茶，但还是一饮而尽，然后很享受地说：“太好了，我正渴呢。有儿子就是不一样！如果茶再热一点儿就更好了。”第二天下班，我享受到儿子沏的一杯热茶。

李悦从小是女孩子堆里唯一的男子汉，因为我的兄弟姐妹生的都是女孩子。我总是鼓励儿子要多帮助姐姐妹妹。表亲们团聚，女孩子一遇到事就找李悦帮忙，李悦因此有很多照顾女孩子的机会。他从小就是这个家族的“小大男人”，照顾姐姐妹妹的时候，儿子特别有成就感。平常家里都是爸爸做饭。李悦上四年级时，一天，他爸爸要出差，我有意做出为难的样子说：“这可怎么办哪？你爸出了差，我下班还要赶回家做饭。”儿子拍着胸脯神气地说：“爸爸不在，还有我呢！”我马上现出“恍然大悟”的神情：“哦，对，对！还有你，你也是个男子汉！”

第二天，李悦放学后早早地回到家，炒好两个菜，放在盘子里，还用碗扣上。我一回到家，儿子马上说：“妈妈，您快去洗手，我给您盛饭去！”我特别“听话”，洗好手，坐在饭桌前。儿子盛来米饭，我大口大口吃起来。

儿子看着我问：“味道怎么样？”

“味道好极了！”我说。

“和我爸做的菜比怎么样？”

“比你爸炒的菜强多了！”我夸张地说。其实，他的手艺比爸爸差远了。但几年以后，儿子就是炒菜的高手了。

这种感觉能带来什么呢？男孩会有男人的责任感。他看你干事费劲，会走过来用大人的口气说：“你去吧，我来！”在他眼里，你好像变成了孩子。我的一位朋友，儿子6岁，她说她和我的感觉一样，让我们听听她和儿子的故事。

儿子3岁时，丈夫出国留学了。我的胆子小，我家楼上有人养了一条大狗，每次上楼，狗一叫，我就吓得浑身哆嗦。以前，都是丈夫走在前面，我跟在后面。丈夫一走，我便对儿子说："这回惨了，你爸走了，我连楼都不敢上了！"

儿子拍着胸脯说："别怕，有我呢！"

于是每次上楼，儿子走在前，我跟在后。大狗一叫，儿子虽然也害怕，却壮着胆朝我说："别怕，有我呢！跟我走！"每到这时，我都非常感叹："有儿子就是不一样！"

一个冬天的晚上，外边漆黑一片。姥姥要去倒垃圾，儿子大喊一声："姥姥，别动！看我的！"

只见儿子搬着小板凳，走到黑黑的楼道里，踩着小凳子，把过道的灯拉亮，朝姥姥喊："现在可以出来了！"

姥姥感动得差点掉下眼泪，嘴里不停地说："家里有个男人就是不一样！"

儿子4岁时生病发烧，我带他去打针。针刚扎进屁股，儿子"哇"地大哭起来。我一见他哭，也跟着哭起来。

儿子立刻不哭了，问我："又没扎你，你哭什么？"

我说："妈胆小，看你一哭就害怕。"

儿子显出一副无奈的样子："嗨！你们女人太胆小，算了吧！以后你甭进去了，我一个人进去！"第二天，他独自壮着胆走到护士面前，大声说："你扎吧，我是警察！"

听了她讲的故事，我笑得前仰后合。你看，妈妈对儿子的评价多么重要！

你用“男人”的标准来塑造男孩，男孩就会变成勇敢的男子汉！

一次我在温州讲学。当地团市委一位女书记带着9岁的儿子来听。我讲了刚才的故事。第二天，这位书记对我说：“我儿子长到9岁，从没帮我做过一件事。昨天散了会，儿子破天荒地帮我背书包，一路上，还不停地朝我看。我问他：‘你怎么老看我？’儿子说：‘你还没说，有儿子就是不一样呢！’”

你看，不是儿子不愿、不会替父母做事，而是儿子从未受到过父母的肯定和鼓励，从未体验过帮助父母做事的快乐。一个人只有被他人需要时，才会产生动力，产生真正的快乐。

尚秀云是北京市海淀区人民法院“少年法庭”的法官，少年犯都亲切地叫她“法官妈妈”。一天，我对她讲了上面的故事，她竟遗憾地说：“我虽然鼓励过许多少年犯，却从来没有赞美过自己的儿子。我儿子对我特别好，他已经长大去上海工作了，家里的电器大部分是他买的。”

一天晚上，尚秀云打来电话告诉我：

有一天，儿子从上海回家来，我情不自禁地说：“有儿子就是不一样！我一用洗衣机、一开电冰箱就想起你，有儿子真好！”没想到，儿子听完这番话，对我说：“妈，您把刚才的话再说一遍！”我又讲了一遍，儿子马上说：“妈，您等着！我再扛一件电器回来让您看看！”电话里，我俩开怀大笑。

儿子多么渴望被母亲肯定，被母亲需要！母亲的伟大，不在于能否让儿子上大学、出国留学，而在于让他有一种成就感，找到自信，找到自我，找到父母和社会对他的需要。当他找到这种需要时，便找到了一种责任、一种幸福。

有一次，我在电视节目里阐述了这个观点。事后，一个上中学的男孩对我说：“我妈听了你的话，天天朝我喊：‘有儿子就是不一样！’我可惨透了，我们家的活儿全由我包了！”

我问他：“你爱听这句话吗？”

“当然爱听了，我听了心里美滋滋的，累点儿也高兴！”他得意地说。

真正爱孩子的父母，要在儿子面前表现得弱一点，给孩子一点爱他人的机会。不要把自己看成高山，把孩子看成小草，让孩子靠着你、仰视你、畏惧你，更不要当大伞，为孩子遮风挡雨，让孩子弱不禁风。

母子换个位置、换个形象吧！让儿子做高山，儿子就会长成山；让儿子当大伞，儿子就能顶天立地！

3. 教孩子顾及别人的感受

教孩子顾及别人的感受，就是在培养孩子的爱心，并且父母会得到孩子爱的回报。

有家长说，现在的孩子很聪明，但特别自私，很难相处。

现在的孩子，聪明自信，敢说敢干，很生猛，也很可爱。但因为现在的孩子多是独生子女，都在家庭的溺爱中成长，因此养成了特别自私的习惯，根本不懂得关注他人的感受，他们在未来的生活中将经受更多磨难。

已有调查表明，近年来被社会淘汰的大学生，并非智商不够，而是情商太低。因此告诫天下的父亲母亲："不要过分溺爱孩子，要告诉孩子，多考虑别人的感受。"

在我的一生中，对我影响最大的就是自己的母亲。母亲一生以她博大的母爱影响着儿女们。我小时候，妈妈曾经养过几只"澳洲黑"母鸡，每天精心照料它们。一天，我不小心用重物把一只母鸡的爪子砸伤了，母亲心疼得直掉泪。她让我找来云南白药给母鸡涂上，隔两天就让我给鸡换药。过了半个月，鸡的伤口长好了。奇怪的是，这以后它总是跟着我转。妈妈说："你对它好，它知道。"

我做了母亲后，特别注意对儿子爱心的培养。小学毕业时，学校号召为灾区捐款，儿子将自己攒了一年的压岁钱50元全捐出去了。上中学时，一个风雪交加的除夕之夜，儿子看见一位老奶奶在寒风中卖地图，他给了老奶奶10元。回来后他对我说："老奶奶肯定没钱过年，要不，大过年的干吗要在外面受冻？""你做得对，妈妈支持你！"孩子有这份爱心，我很欣慰。

天气转凉了，儿子从高高的柜子上取下厚棉被，还给我留了条子。"妈妈，天气凉了，你今晚盖厚被子吧，千万别感冒。"我很感动。在陪伴儿子成长的岁月里，我始终用爱心影响着儿子，儿子懂得回馈母亲一份爱心，让我非常欣慰。

教孩子顾及别人的感受，就是在培养孩子的爱心，并且父母会得到孩子爱的回报。

4. 对女儿说："有个女儿真好。"

"有个女儿真好！"是父母对女儿的欣赏，也是对女儿最大的鼓励，它能使女儿充满乐观与自信，学会善良与关爱。

"有个女儿真好！"所有的女孩都爱听父母这样说。

我的父母有六个儿女，我排行老五。小时候，每当我为父母做点事，他们总是会说："有个女儿真好！"这句话让我觉得，父母最疼爱我、最欣赏我。其实，在父母眼中，六个孩子都一样。

长大了，因为工作的需要，我常常外出采访，没有更多的时间陪伴爸妈，心里觉得很内疚。所以，每次去外地都会买很多好吃的给他们。妈妈逢人就讲："有个女儿真好！坐在家里就能吃到全国各地的好东西！"于是，我采购的积极性更加高涨。我总是希望能带给爸爸妈妈一份快乐，让他们享受幸福的晚年，我也能从"有个女儿真好"的赞叹中得到满足。

“有个女儿真好！”是父母对女儿的欣赏，也是对女儿最大的鼓励，它能使女儿充满乐观与自信，学会善良与关爱。

曾任团中央书记处常务书记的赵勇有一个聪明可爱的女儿，名叫赵信。赵勇很疼爱他的女儿。

他给我讲了一件有趣的事。

赵信过10岁生日那天，赵勇从外地赶回家。在飞机上，他为女儿写了一篇短文，题目是《有个女儿真好》。回到家，他把这篇文章作为生日礼物送给女儿。没想到，赵信看了一遍又一遍，提出的问题一个接一个：

“爸，您说有个女儿真好，是针对只有男孩的爸爸说的吗？”

“是的，我的确觉得有个女儿好。”

“爸，您说有个女儿真好，是指所有的女儿，还是特指我赵信？”

“我只有一个女儿，当然是特指赵信了。”

这回赵信满足了，高高兴兴收下这份礼物。以后，她变得更开朗，更活泼，更善于思辨，跟爸爸无话不谈。因为，她知道爸爸很在乎她、喜欢她。

你看，女孩多么在乎父亲的爱！父亲在女儿心中的位置是任何人都无法替代的。女儿在乎父亲，并不在乎父亲送她什么东西、满足她什么样的物质要求，女儿在乎的是父亲与自己的交流。能在父亲面前讲一讲自己的感受，这对于成长中的女孩尤为重要。女孩天生感情细腻，善于掩饰自己的感受。父母应给予女儿更细致的关心，让她感到可以向父母随意表达自己的内心感受而不受责备。一个女孩，从小能够得到父亲的关爱，有助于培养她良好的性格、开朗大度的胸怀以及善于交往的能力。父亲也更容易给女儿带来安全感，这在她的成长中是非常必要的。女儿如果从小缺少这种安全感，在她将来的人际关系中就会不断地去寻找“父亲”这个角色。所以，一个从小失去父爱的女孩，在择偶时容易选择一个父亲般的男友，或者总是对男性心怀仇恨。

有父亲爱的女儿是快乐的，有女儿爱的父亲也是幸福的。

有一位年轻的爸爸对我说："一天，妻子不在家，我生病了，独自躺在床上。我5岁的女儿，轻轻走到床边，用手摸摸我的头，细声细语地说：'你发烧了，别哭，我给你拿药去。'她拿来两片小孩吃的果味维C片，倒了一杯凉开水，说：'乖，吃药，这药不苦，好吃。'我乖乖地把'药'吃下去，眼泪却不知不觉地流了下来，我的心中涌起一种幸福感：有个女儿真好！"

心理学家指出：尽管母亲在生活层面上更多地影响了女儿，父亲却对女儿的性格和一生的幸福有着至关重要的影响。父亲对女儿所做事情的评论和反应比母亲对女儿的影响更大。为什么呢？美国著名心理学家莱特博士说："因为父亲的表达是通过一种完全不同的方式，并且次数很少。他的积极介入有助于抑制女儿对母亲的过度依赖。父亲对女儿及其能力的信任会逐渐给她自立的信心。特别是女儿处在青春期的时候更是如此。"因此他建议，作为父亲，千万不要吝惜在别人面前骄傲地介绍："瞧，这就是我的女儿！"莱特博士了解到，中国的爸爸通常不说或是很少说一些充满情感的词语。但是在美国，父亲向女儿说"我爱你！""我为你感到骄傲！"却是很常有的事情。他认为中国爸爸在这一点上要向美国爸爸学习。当然，由于两国的文化背景不同，中国的爸爸可以寻找适合自己和女儿的沟通方式。

《知心姐姐》杂志记者绍梅曾采访过几位女性，请她们谈谈爸爸对自己的影响，其中一位35岁的女士说：

"朋友都觉得我非常自信，我觉得这要感谢我的爸爸。爸爸最常和我说的一句话是：'我觉得你是对的！'记得我上高中的时候，一道老师解得很复杂的几何题，被我用很简单的方法搞定。结果老师非说我做得不对，我很气愤地对爸爸说起这件事。没想到，爸爸竟然又是那句：'我觉得你是对的！'连老师都说我不对，我爸还觉得我对！我觉得我爸简直太伟大了。"

"有个女儿真好！"这句具有中国特色、充满感情色彩的赞语，如果能被父母经常使用，那么你的女儿就会发生奇妙的变化。

5. 享受女儿的善良和贴心

我们的喋喋不休使孩子哑口无言——也许恰恰是我们“逼”得孩子如此“冷”。在培养孩子情感时，把命令变为欣赏，把无穷的唠叨化为一句充满感情的话，事情就会发生神奇的变化！

在这方面，中国教育报记者苏婷深有感触。2002 年暑假，我们在风景如画的河南信阳鸡公山“手拉手”营地举行夏令营，苏婷和她上小学的女儿都去参加。

一天，我主持召开“不知道的世界——我的妈妈”抢答活动，她的女儿语惊四座。

我问她的女儿：“佩服你的妈妈吗？”她不假思索地说：“不佩服。”

“为什么？”

“因为她很爱唠叨。”

“那你佩服爸爸吗？”

“也不佩服。”

“为什么？”

“……”女孩半天没有说出原因。我注意到，苏婷的眼里闪着泪花，流露出遗憾、委屈、失落、无奈的目光。

当着妈妈和众人的面，女儿竟然采取了对妈妈否定的态度，而且一点不顾及妈妈的情面。我很奇怪，事后和苏婷谈起此事。苏婷难过地说：“作为父母，我们不是非要听孩子感激的话语，但是，父母每天的辛劳，难道她都熟视无睹吗？”

“那平时你女儿在家是什么情况呢？”

“每天放学回家，她就闲坐在沙发上看电视，到时间饭会摆到她的面前；每次我拖地板，擦到她的脚下，她会自然地抬起双脚，若无其事；每回买来好吃的，肯定首先保证她的需要，由着她吃个够……自在享受在她看来理所当然。而且，好像不单我的孩子是这样，与周围人聊天，觉得今天的孩子多有这样的‘通病’：对一切都无所谓，显得冷漠无情。”

“是父母对孩子生活的照顾太多了，给她的责任意识太少了！”我向苏婷介绍了自己“享受儿子”的体会，并且对她说，“我从来不在孩子面前扮演强者的角色，不把一切都创造好摆在他面前让他享受。儿子在我面前的表现总是‘顶天立地’，有时他会拍着我的肩膀学着周总理的口吻说：‘小卢同志，你要注意身体呀！’我就答应说：‘谢谢首长关心！’只有让他帮你，他心里才有你！”

苏婷觉得这是一个高招儿，决定试一试，把唠叨变成欣赏。

夏令营结束后的一天，苏婷带女儿外出，行李比较多。她就有意面露难色。女儿什么都没说，自己主动承担了一多半。看着这个小人儿肩背手提的，妈妈一再告诫自己“别心软”，让她坚持下去。果然，女儿帮助了妈妈，有了“成就感”，便来了精神，一路上照顾妈妈。一会儿关照：“你好好睡吧，夜里不用管我了！”一会儿问候：“你喝水吗？你没事吧？”妈妈欣慰地说：“有个女儿真好！”女儿更来劲了，到了目的地，俨然一个小大人，跑东跑西，忙前忙后，好像一下子长大了许多。

回到家，苏婷不敢松懈，着力巩固“战绩”。下班后，不再把自己的疲劳“藏”起来，不再像以前那样只是扮演一个精神饱满、似乎永远不会倒下的好妈妈。女儿也察觉到了这些细微的变化，知道了妈妈工作的辛苦。她经常跑到厨房来问：“老妈，我能干点什么吗？”这时妈妈一定会找个活儿给女儿干，让她感到妈妈需要她的帮助才能做好这顿饭。有时，妈妈躺在沙发上休息一下，在女儿眼里妈妈很少这样，她马上凑过来给妈妈“按摩”，而且不停地下着命令：“闭目休息”“双眼放松”……女儿很卖力气，干得直冒汗。妈妈闭着含泪的双眼，自言自语地说："有个女儿真好！"

说起女儿的这些变化，苏婷异常激动，她说："现在我真从内心里感到有个女儿真好！以前，我没少'教育'孩子，但是，那些道理说得太多，就变成了唠叨，最终让孩子产生了逆反心理。你越说什么她越不做什么，形成对立局面：她越不做，我就越说得多，慢慢竟把女儿'修炼'得'百毒不侵'。其实女儿对我们并不冷漠，有时她想对我们说些什么，但我们的喋喋不休使孩子哑口无言——也许恰恰是我们'逼'得孩子如此'冷'。我由此相信，在培养孩子情感时，把命令变为欣赏，把无穷的唠叨化为一句充满感情的话：'有个女儿真好！'事情就会发生神奇的变化！"

6. 保护女孩儿

做母亲的要细心观察，发现女儿有什么不对劲的情绪，要耐心询问；听到什么情况，要泰然处之，不必大惊小怪。

对"小女孩"，也就是女童，妈妈要教会她"自护"的知识和本事。如不要给陌生的人带路（可以指路），无论他给你什么好处也不要跟陌生人走；不要把家门的钥匙放在显眼的地方；放学回家晚或路远，最好结伴而归；路上发生的任何事情都要告诉家长，不要瞒着；独自一人在家要锁好门，有陌生人叫门不要开；不要让男人碰你的身体；如果遇到坏人拦截要大声呼喊；有人追你，你要往人多的地方跑；有人对你无理，一是不去理睬，严重了要大声斥责，不必害怕……

做母亲的要细心观察，发现女儿有什么不对劲的情绪，要耐心询问；听到什么情况，要泰然处之，不必大惊小怪。大千世界，无奇不有，"吃一堑，长一智"，孩子遇到一件麻烦事，解决了，就是多了一种能力。

对“大女孩”，也就是少女，尤其是青春期的少女，母亲要更加关心。要以朋友的身份与其交心，让女儿懂得，一个女人最重要的品格是自尊、自重。不自尊、不自重的女人是会被人轻视的。

青春期，是由儿童期向成人期的过渡时期。从身体方面来看，到十几岁以后，在生理上多数女孩子开始有月经，乳房开始隆起；在心理上性意识开始萌发，她们渴望与异性交往，渴望了解性方面的知识，并且对爱情产生一种梦幻式的想象，也有些女孩对异性产生爱慕情感。这个时期的女孩有时会有一些荒唐的、轻率的、不负责任的举动。

在我们的生活中，如果你的女儿和别人发生了关系，你会怎么做？做爸爸的不要喊：“你给我滚出去！”做妈妈的不要哭着说：“你给我丢尽了脸！”如果你这样说，你的孩子可能永远也不会回到你身边。重要的是让她认识这件事的严重性，认真吸取教训，再也不犯这样的错误。因为我们的孩子确实生活在比我们过去开放得多的社会。

如果有一天你的孩子问你：“妈妈，你是怎么和我爸好的？”你应该认真回答，而不要敷衍、回避。

对于情感、婚育方面的事情，在孩子们懵懵懂懂的时候，最需要家长耐心的引导。一旦出了事情，再打再骂也不管用了。孩子这时候最需要父母的关怀与理解，如果得不到，他们就会丧失信心，也有可能自暴自弃。所以家长不能强迫孩子避免接触这些事，而是要正确引导。

女孩的安全最令父母操心，教她“自护”的知识和本事，要告诉她“八个不要”：

①不要贪小便宜，不要随便接受别人的东西；

②不要跟陌生人走，自己的下身和乳房是不准异性触摸的；

③不要把家里的钥匙挂在脖子上，要把钥匙藏好，不让别人看到；

④放学回家不要走偏僻的地方，最好结伴而行；

⑤路上发生任何事情（如受到威胁、侵害……）都要告诉父母，不要瞒着；

⑥独自一人在家里要锁好门，有陌生人叫门不要开；

⑦遇到坏人拦截要大声喊“救命”，不要怕；

⑧有人在半路追你，你要往人多的地方跑，不要慌。

对青春期的女孩，要教她“四个学会”：

①学会防卫。防备他人对你身体的侵害。

②学会拒绝。对不良的性诱惑，你需要理智地拒绝。

③学会辨别。对不良的性误导，你需要懂得辨别。

④学会抑制。对自我的性冲动，你需要抑制。

女儿如果真的受到性侵害，父母不要因为顾及面子忍气吞声，而要借助法律的力量保护孩子。媒体披露，某乡村小学一个禽兽不如的男教师公然在课堂上猥亵了几十名女孩，而受害女孩和家长，因怕遭报复，都不敢声张。结果这个男教师胆子越来越大，竟然当众在讲台桌后强奸了几名女学生。最后，终于有家长大胆站出来揭发、上诉，才把罪犯绳之以法。

7. 警惕男孩入团伙

父母要特别注意孩子参加的团体是否正当，发现问题要及时跟孩子沟通并制止，必要时采取法律手段保护孩子。

我们国家颁布的《未成年人保护法》和《预防未成年人犯罪法》，所有父母都该好好学一学。保护孩子靠什么？法律！

小刚放学回家，小刚的妈妈发现他的一边脸肿得很厉害。

首先爸爸妈妈要关注这个事情。比如说你的孩子脸肿了不能不问为什么。如果他自己摔的，要他以后注意一点儿，小心一点儿，保护好自己；如果真的被同学打了，要问清楚。因为孩子有的时候胆怯，在学校里不敢告诉老师，怕告诉老师之后同学说他是叛徒，会受到更大的惩罚。家长不能忽视这个事情，如果孩子真的受了伤害，又没有人及时援助他，他可能很无助，变得非常胆怯。

如果是孩子之间的人际关系的摩擦，这种事爸爸妈妈不要过多干预。如果你去干预，孩子会觉得画蛇添足，但是如果孩子受到了侵害，一定要管。这时爸爸妈妈要先问清楚怎么回事，然后告诉孩子一旦有这种情况发生你是可以解决的。如果发生了人身伤害，一定要和伤人者严肃地把事情做个了结。因为有的孩子也是欺软怕硬，欺负的都是胆小的孩子，爸爸妈妈应该适度地为孩子伸张正义。

吴星上初中二年级了，记得以前有一次他跟妈妈说他们组织了一个什么社。妈妈听着不是什么太好的事，但总觉得他不会做出什么出格的事情。后来校长和年级主任给妈妈打电话，说这个社团有很严重的问题，他们一起结伙去劫其他同学的钱，家长才知道问题大了。

吴星上四年级时，曾经在学校被高年级的人劫过钱，他说参加那个社团就安全了，就有人保护自己了。

一天上午他跟几个初二的朋友一块儿聊天，结果有人就提出来咱们建一个社吧，参加社团就安全了。社团一共有 20 多个人，有初一的，有初二的，常参加和外校学生打架的活动。吴星觉得所有的和平都是建立在战争上的，威风是打出来的。对这个小孩儿来说，小的时候弱小受欺负，现在他长大了，他想找一帮人打出威风来，使谁也不敢欺负自己。

社团一般都是一些有共同爱好的孩子组织在一起，做一些非常有益的事。如果光是组织起来做一些坏事就不叫社团，叫团伙。

团伙就要设法解散。为什么要解散？因为是团伙，不是社团，社团是学校允许的。而团伙组织起来就是为了打架，不但自己会受伤，还会伤害别人。

这些团伙不光是学校的人，还有学校外边的人参加，那就更糟糕了，就会打群架，打群架受伤害的往往是学生自己。所以家长要坚决阻止。

曾有一个少年犯的妈妈找到我哭诉。因为她觉得孩子很无辜，就是没事和别人一块儿出去溜达溜达，有一个大男生说走带你们兜风去，于是他们就打了一辆车兜风去了。没想到走到半路的时候，前面大男孩把匕首掏出来对着司机说把钱掏出来，后面的人看到就帮忙，都说把钱掏出来，结果所有的孩子都构成了抢劫罪。

一位来自中国公安大学的在相关领域非常权威的专家王教授说：

> 中小学的社团特别是高年级还是比较多的。比如一些中小学生在一块儿赛诗，这是好事，可能赛诗同时还品品茶，学学茶道，这个东西还是好事。但是还有一种是学校里较小的亚文化，这个亚，不是坏的意思，就是跟主流不一样。这些孩子组织在一起，里边有男有女，他们有时会做一些犯罪的事。

因此，父母要特别注意孩子参加的团体是否正当，发现问题要及时跟孩子沟通并制止，必要时采取法律手段保护孩子。